为政九章

——历史之鉴

石志刚 著

国家行政学院出版社

北京

图书在版编目（CIP）数据

　　为政九章：历史之鉴/石志刚著 . —北京：国家
行政学院出版社，2022.1（2022.5 重印）
　　ISBN 978-7-5150-2560-5

　　Ⅰ.①为… Ⅱ.①石… Ⅲ.①干部—道德修养—中国
—古代—文集 Ⅳ.①D630.3-53

　　中国版本图书馆 CIP 数据核字（2022）第 071262 号

书　　名	为政九章 ——历史之鉴
	WEIZHENG JIUZHANG——LISHI ZHIJIAN
作　　者	石志刚　著
统筹策划	陈　科
责任编辑	陆　夏
出版发行	国家行政学院出版社
	（北京市海淀区长春桥路 6 号　100089）
综 合 办	（010）68928903
发 行 部	（010）68928866
经　　销	新华书店
印　　刷	北京盛通印刷股份有限公司
版　　次	2022 年 1 月北京第 1 版
印　　次	2022 年 5 月北京第 2 次印刷
开　　本	170 毫米×240 毫米　16 开
印　　张	14.75
字　　数	225 千字
定　　价	45.00 元

序 言

在中共中央党校（国家行政学院）主办的《学习时报》上阅读了石志刚老师发表的关于中国古人为政的一系列文章，我很有收获，深受启发。得知石志刚老师将把这些文章结集出版，名为《为政九章——历史之鉴》，我觉得这是一件好事。在和石志刚老师交流之余，他请我为他的这部新作作序。诚意难却，有感而发。

为政，顾名思义，为官从政。为政，从古至今都是仁者见仁，智者见智。有人认为，这是一个崇高的职业，从事这个职业，需要胸怀天下，需要远大的政治抱负和强烈的使命感、责任感，需要"砍头不要紧，只要主义真"的革命气魄；有人认为，这是一个高风险的职业，这个职业的核心是权力，其中的奥秘讳莫如深；有人认为，这个职业就是"当差"，吃公家的饭，为公家办事，受公家约束；有人认为，这个职业与其他职业没有本质区别，都需要踏踏实实地干活，都需要靠能力凭本事吃饭……

为政的要义是什么？通过深入学习领会三卷《习近平谈治国理政》，我们可以看出，公职人员为官从政，要以服务人民为己任，夙夜在公，恪尽职守，兢兢业业，依法依规办事，勇于担当，开拓进取。

遵循为政的要义，可以造就治国理政的成功典型。中国古人为政的理想有修身齐家治国平天下、立德立功立言、内圣外王，等等。在新的历史时期，习近平总书记提出的好干部标准是：信念坚定、为民服务、勤政务实、敢于担当、清正廉洁。纵观古今为政者共同的能力素质要求，简而言之，就是德才兼备；通俗地说，既要把人做好，也要把事做好。司马光在《资治通鉴》中写道："才者，德之资也；德者，才之帅也。"意思是说，才是德的辅助，德是才的统帅；才可以帮助德、实现德，德是统帅才的、引导才的。如果没有德，才会失去把控，对社会造成危害。有德是好人，有才是能人。德才兼备要求既要做好人，又要做能人。有德无才之人，是好人，但不能干事；有才无德之人，是能人，但可能干坏事。因此，一定要把做人和做事统一起来。

为政者，以承担公职为前提，必须把政务公务履行好，必须经受实践和时间的检验；为政者，是国家机器上的零部件、螺丝钉，必须随国家机器的运转而运转，必须在工作中做到优质高效，又好又快；为政者，履行的是公权力，必须公开公平公正，必须接受社会方方面面的监督；为政者，是社会的精英，要能服众，必须率先垂范，必须在做人上堪称楷模。

为政，有基本规律，也有特殊规律；有共通的能力要求，也有特殊的能力要求；有"规定动作"，也有"自选动作"。为政之道，蕴藏在为政者的一言一行之中，蕴藏在为政者的业绩之中，蕴藏在为政者的家风之中。时势造英雄，岗位塑造人，有为才有位，必须讲政治、必须出以公心……这些都是为政之道。

为政，需要学习借鉴古今中外的成功经验和做法。在这方面，中国历史上积累了大量宝贵财富；在这方面，我们应该自信，也有理由自信。石志刚老师的文章，充分体现了这种自信，再现了中国历史上遵循为政规律、勤勉敬业、廉洁奉公、具有珍贵价值的一系列典型人物和典型事例。他的这部新作，收录了他在《学习时报》等刊物上发表的文章，共分为九个篇章，分别是"循吏篇""政绩篇""用人篇""家风篇""治国篇""治理篇""古风篇""廉洁篇""学习篇"。通览全书，每一章的主题都很鲜明。在"循吏篇"中，他总结古代不同循吏的为官气质与突出成就；在"政绩篇"中，他对古代名臣的政绩内容进行了再现；在"用人篇"中，他概括出古人用人的方法；在"家风篇"中，他对古代家书家训家诫进行深入剖析，找出其立世传人的精髓所在；在"治国篇"中，他展示了不同类型的几个君主在治理国家中所形成的不同特质；在"治理篇"中，他从灾难治理的角度剖析古代社会应对灾难的举措；在"古风篇"中，他将古人的智慧进行梳理；在"廉洁篇"中，他列举古代官员如何守廉戒贪；在"学习篇"中，他总结古人读书学习的经验。

历史是最好的老师，是最好的教科书，也是最好的镜子。正如习近平主席在致第二十二届国际历史科学大会的贺信中所说："重视历史、研究历史、借鉴历史，可以给人类带来很多了解昨天、把握今天、开创明天的智慧。"通过对历史的学习，可以从中获得治国理政的成功经验，吸取反面教训，不断提高领导干部和各界人士干事创业的主动性、积极性、自觉性，更好地推动事业发展和社会进步。

石志刚老师甘于"坐冷板凳"，潜下心来思考历史、分析历史、叩问历史，撰写出大量的党政干部喜欢的、社会各界愿意看的文史类文章，这是一件很有意义的事，难能可贵！真诚地希望他的这部新作，对于为政者，对于关注国事政事、研究历史、热爱学习的各界人士，能抛砖引玉、带来启迪，推进为政理论和实践，助力做人和做事。

蔡启明

全国公共管理专业学位研究生教育指导委员会委员

国家公务员局原综合司司长

2021 年 11 月

目 录

循吏篇

政绩篇

用人篇

家风篇

治国篇

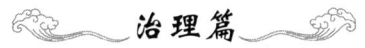

治理篇

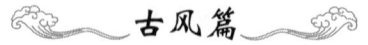

古风篇

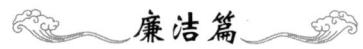

廉洁篇

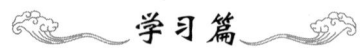

学习篇

循 吏 篇

从善如流的循吏

古代循吏能够从众多合理化建议中汲取养分，广开言路、积极纳言、从善如流，为良好政治秩序的构建奠定基础。吕坤说："役一己之聪明，虽圣人不能智；用天下之耳目，虽众人不能愚。"① 通过对不同观点的甄别和采纳，有助于提升执政水平。唐甄说："直言者，国之良药也；直言之臣，国之良医也。"② 那些敢于表达不同观点的循吏被誉为"国之良医"，可见敢于直言的循吏在历史中的地位。

古代循吏为了能够得到各方面建议，从制度设计上下功夫，通过创设机构、完善程序，营造让大家敢于说话的氛围。刘备去世后，诸葛亮事必躬亲地做事，但这并不妨碍他听取众人建议。他专门设立了参署制度，面临重大决策，每个人要充分发表建议，最终签署自己意见。他耐心地对众人说，参与签署的这个方法，能集中大家的智慧，扩大为国尽心的效益。假若为躲避小的嫌疑，就不会提出不同的意见，那么，政事可能就会亏损了。如果能够从不同议论中得到中肯的意见，就好比丢掉破鞋子而捡到珠玉一样。诸葛亮能够有那么大的成就，离不开他集思广益的制度设计和循循善诱的劝导。

---

① ［明］吕坤：《呻吟语》，中华工商联合出版社 2017 年版，第 117 页。
② ［清］唐甄：《潜书》，岳麓书社 2010 年版，第 95 页。

古代循吏善于从诤言中品出真知灼见，为制定科学合理的决策打下扎实的基础。《史记·商君列传》中说："千人之诺诺，不如一士之谔谔。"①"诺诺"是顺从之言；"谔谔"是铮铮之言，意思是一千个人顺从你还不如一个人对你提出不同的建议。曹操之所以能够成为一代雄主，在于能够听取各方建议尤其是真知灼见。曹操在远征乌桓之前，让众人进行决策，大多数人表示反对，有人认为孤军深入得不偿失，有人认为大军前行易巢穴被击等。此时，谋士郭嘉科学地分析了当时的时局，认为乌桓虽远，但是正好可以攻其不备；后方虽然薄弱，但是荆州刘表因家庭纠纷，一定不会攻击。曹操最终采纳了郭嘉的建议，一举击败了乌桓。

古代循吏能够在主政地方的过程中从正确对待施政效果方面进行认真分析，如果是对的建议，就推倒自己过去的主张。唐代名臣陆象先在四川当官的时候，就能够做到从善如流，这对他在地方施政起到了积极的作用。当时，从长安到嘉州路途遥远。陆象先上表朝廷，请求在岷山南面开发一条新路以缩短路程。朝廷同意他的主张后，他积极推进施工工程。然而，工程量浩大，导致工期延误、工人逃走。当时有一个叫张宣明的人，经过实地调查研究，发现该工程自然环境艰险，还要耗费大量人力、物力、财力，完成是不可能的。于是，张宣明向陆象先提出建议，不要再搞此项劳民伤财的工程。陆象先接受了他的建议，果断地叫停了工程。陆象先能够认识到自己决策的失误，在采纳张宣明中肯的建议后，果断地否决了自己先前的主张。

古代循吏为了巩固统治者执政基础，确保国家长治久安，力劝统治者广开言路，确保各种声音有"上达天听"的渠道。汉安帝时期的名臣陈忠看到汉安帝担心"开谏争"产生臣僚之间"不相容"的矛盾，于是上疏汉安帝进行说理："臣闻仁君广山薮之大，纳切直之谋；忠臣尽謇谔之节，不畏逆耳之害。"②陈忠针对汉安帝担心不当言论影响朝政和人心，分门别类地进行阐释："若嘉谋异策，宜辄纳用。如其管穴，妄有讥刺，虽苦口逆耳，不得事实，且优游宽容，以示圣朝无讳之美。"③陈忠条分缕析地阐

---

① ［汉］司马迁：《史记》第三册，天津古籍出版社 1997 年版，第 2099 页。
② 许嘉璐：《二十四史全译·后汉书》第二册，汉语大词典出版社 2004 年版，第 1023 页。
③ 许嘉璐：《二十四史全译·后汉书》第二册，汉语大词典出版社 2004 年版，第 1023 页。

释了广开言路的重要价值。唐太宗李世民在历史上留名，是因为他善于纳谏，从隋朝灭亡的教训中得到认识，当然这也来源于其父李渊的言行传教。李渊考第群臣，"李纲、孙伏伽为第一"。李渊为何选此二人为群臣之首呢？原因就在于此二人敢于直言，敢于向皇帝提出有建设性的良言。李渊对群臣进行教育，希望他们能够改掉见风使舵的不良习气。他告诫群臣："朕视卿如爱子，卿当视朕如慈父，有怀必尽，勿自隐也！"① 李渊树立了鲜明的用人导向，对于那些敢于、善于谏言的臣僚大胆提拔重用，形成了人人敢谏言的良好政治氛围。李世民继承了善于纳谏的优点，为开创贞观之治奠定了基础。

爱民为民的循吏

中国传统文化中，民本思想占有重要的地位。爱民为民的民本思想在古代循吏身上得到了鲜明体现。他们在自己的岗位上尽最大可能为践行民本思想理念，兢兢业业、不懈奋斗。古代循吏的政声留在了民间，成为人们传颂的对象。

一、拥有一颗爱民心

郑板桥在知天命的年纪出任河南范县县令。当时范县贫穷落后。来到范县县衙，映入郑板桥眼帘的是东倒西歪的破草屋："廨破墙仍缺。"艰苦的条件没有阻碍他为民干事的决心和信心。他关心民生，致力于改善民生的事业，最终做出了"清河得意"的政绩。在范县干了四年后，郑板桥被调到山东潍县当县令。虽然潍县经济基础比较好，但是当时遭遇旱涝等自然灾害，受灾面积较大，持续时间较长，加之当地官员没有据实上报，地方豪族乘机囤积居奇、哄抬物价，民不聊生，大批老百姓外出逃荒。

郑板桥在上任潍县后写的第一首诗《逃荒行》中再现了当时潍县百姓度日如年的惨状："十日卖一儿，五日卖一妇，来日剩一身，茫茫即长

---

① ［宋］司马光：《资治通鉴》第十九册，中华书局 2013 年版，第 6034—6035 页。

路。"① 为了解决民生问题，郑板桥采取了"三步法"。第一步，建议当地官员带头捐款，赈济贫困。自己带头捐出俸禄，作出示范效应，以缓灾情。第二步，据实上报灾情。当时山东官场存在瞒报灾情现象，郑板桥打破常规，据实上报，虽遭到当时山东行政长官的打压，但最终还是辗转将灾情上报了朝廷，得到乾隆的力挺，为朝廷查问督办灾情提供了依据。第三步，开仓赈贷。清代朝廷在各县设有粮仓，归国家专管，用于救灾。如果用此粮仓，必须执行严格的申报请示制度，因为申报请示时间较长，等不到开仓时间，好多灾民就已经成了饿殍。郑板桥当机立断，"不俟申报，即出仓以贷"。在郑板桥的努力下，潍县百姓度过了灾荒。

郑板桥在范县、潍县能够干出政绩，原因在于他有一颗爱民心。他出身于社会底层，长期接触底层人民的艰辛生活，加之受儒家思想影响，进入仕途后，形成了浓厚的民本思想情结。他说："我想天地间第一等人，只有农夫，而士为四民之末。"② 为什么农夫是"第一等人"呢？因为农夫"皆苦其身，勤其力，耕种收获，以养天下之人。使天下无农夫，举世皆饿死矣"③。郑板桥经常拿出薪俸来捐助贫困百姓，还提倡家人也要学习这种尊重百姓的精神。

郑板桥的诗歌中也常关注民生、民情。在《田家四时苦乐歌》中描绘农夫的生活："夜月荷锄村犬吠，晨星叱犊山沉雾。到五更惊起事荒鸡，田家苦。"④ 在《潍县竹枝词》中再现被豪族兼并土地的农夫的不幸命运："绕郭良田万顷赊，大都归并富豪家。可怜北海穷荒地，半篓盐挑又被拿。"⑤ 他对百姓的牵挂在诗歌中得到了深入呈现。

二、拥有一颗为民心

王骘在顺治十二年中进士，当时他已经 43 岁。走上仕途后，他为民服务，政绩卓越，受到康熙的赞许。康熙二十四年，王骘因政绩卓越被调至直隶当官。他得知工部决定由四川上供朝廷楠木 2663 根以修建太和殿。王

① 王同书：《郑板桥》，江苏人民出版社 2014 版，第 64 页。
② 刘英浩：《郑板桥》，辽海出版社 2014 年版，第 129 页。
③ 刘英浩：《郑板桥》，辽海出版社 2014 年版，第 129—130 页。
④ 王同书：《郑板桥》，江苏人民出版社 2014 版，第 75 页。
⑤ 王同书：《郑板桥》，江苏人民出版社 2014 版，第 76 页。

骘在蜀地为官 5 年，深知蜀道艰险，运输不易，且蜀地刚经战乱，民生凋敝。他决定为民请命，向康熙陈辞。

陈词中，王骘陈说用蜀地木材会遭遇两难。一难在伐木，蜀民跋山涉水、深入陡坡、砍伐树木。二难在运输，从山林中将木材运到船上，经过激流险滩和弯曲河溪，才能运出山区。如果要求蜀民砍伐木材加上运输之费，不仅影响蜀民自身农业生产，而且周期太长，影响太和殿工程建设。

康熙看了他的陈说之后，感同身受，于是放弃了从四川取楠木的想法，转而从塞外想办法。蜀民由此得福。蜀民由此对王骘非常感激，作《松威治绩略》来赞扬他的功绩，为后人传颂。

此后，王骘在江西巡抚任上，秉持一颗为民心，严格要求自己，清正廉洁、为官一任、造福一方，做出了业绩；在户部尚书任上，为民理财，一丝不苟，清介如故，得到了康熙的认可："凡事实心办理，操守清廉。"

三、拥有一颗敬民心

南宋名臣范成大不仅在诗词方面颇有建树，而且在从政为民方面成绩也非常卓越。淳熙元年十月，他被任命为四川制置使兼知成都府。深受宋孝宗重托，他决心以"既来万里，敢计一身"的精神治理好祖国的西南屏障。

在蜀期间，范成大的敬民之略得以施行："得民有道，仁之而已。省徭役，薄赋敛，蠲其疾苦而便安之，使民力有余而其心油然。"[1]范成大来到蜀地后，看到蜀民承担沉重的赋税。他提倡免酒课。蜀地的酒课是南宋时期以对金作战作为由头而征收的杂税。蜀民承担了繁重的酒课任务，生活苦不堪言。淳熙二年六月，范成大上奏朝廷，希望朝廷能够根据实际情况逐年废除蜀地的酒课，得到了宋孝宗的批准。蜀民得知这一消息非常高兴，修建道场以表感恩之情。

蜀地施行的和籴政策成为蜀人身上的又一沉重负担。和籴本意在于百姓将手中物资上缴给官府，官府给付其钱，百姓和官府之间形成一种约定性契约。然而在实践过程中，官府经常压低价格，强行征收百姓手中物

---

① 四川省廉政建设研究中心：《四川古代廉政故事》，四川人民出版社 2015 年版，第 90 页。

资；官仓中的物资却被豪族巧取豪夺，当地百姓苦不堪言。范成大了解了和籴政策的弊端，向宋孝宗作了报告。经过范成大的努力，和籴政策被永久性废除，减轻了蜀人的负担。

范成大由于敬民而亲民，因亲民而采取了惠民之策，得到了蜀人的爱戴。他离开蜀地的时候，蜀人从成都合江亭将其送到青神中岩寺，仍不忍离别。范成大在其诗中也记录了这一时刻："明朝真是送人行，从此关山隔故情。道义不磨双鲤在，蜀江流水贯吴城。"① 在他离开蜀地后，宋孝宗向他转告蜀人对他的思念："蜀民思卿如慈亲。"

秉公执法的循吏

古代官员为了稳定社会秩序，能够从法律的角度去思考和解决问题，显得非常难得。《尚书》中指出："无偏无党，王道荡荡。"《史记》中强调："不别亲疏，不殊贵贱，一断于法。"古代循吏能够将法律作为公平正义的裁决器，产生了积极的影响。

古代循吏将律法作为工作信条，哪怕是付出生命代价亦要坚决捍卫其公正性。武则天时期有一个臣僚叫徐有功，担任司刑寺丞，其执法刚正不阿。当时颜余庆案中，博州刺史李冲因反对武则天被杀，官员颜余庆被告发与李冲共同谋反。实际上，颜余庆并没有参与李冲谋反事宜。但是，在酷吏来俊臣的严刑逼供下，颜余庆被屈打成招，在供状上写下了"与李冲谋反"的供词。按照法律程序，颜余庆案转交司刑寺才可正式判刑。担任司刑寺丞的徐有功通过仔细阅读颜余庆案件卷宗，发现颜余庆可能是屈打成招的，于是通过援引法律条文，作出了减轻颜余庆罪责的判决。结果，这个判决遭到了来俊臣的反对。来俊臣纠结群臣上奏武则天，要求判颜余庆死罪。听信来俊臣一面之词的武则天下旨批准了对颜余庆死罪的判决。徐有功得知后，在朝堂之上，与武则天进行了深入的交流。他凭着对法律的执着和超凡的勇气，对武则天的疑问对答如流。最终，武则天认可了徐有功流放颜余庆的判决结果。颜余庆这条命因徐有功犯颜执法而被挽救，

① 四川省廉政建设研究中心：《四川古代廉政故事》，四川人民出版社 2015 年版，第 92 页。

徐有功亦实现了他"守正行法"的夙愿。时人评价徐有功："唯一于法，身蹈死以救人之死，故能处猜后、酷吏之间，以恕自将，内挫虐焰，不使天下残于燎，可谓仁人也哉！"[①]

身为执法人员的徐有功对自身职责有着清晰地定位："大理，人命所系，不可阿旨诡辞，以求苟免。"[②] 一方面，为了维护法律，他可以选择不从强权；另一方面，为了维护法律，他可以舍弃个人恩怨。当时有一个权臣叫皇甫文备，曾经与徐有功一起审理和讨论案件，因徐有功不同意他的意见，就诬陷徐有功包庇坏人。等到皇甫文备被人控告时，案件由徐有功审理，经过调查审讯后，徐有功没有治罪于皇甫文备。旁人很好奇地问徐有功，从前皇甫文备诬陷你，企图置你于死地，可你为何现在要对他宽大处理呢？徐有功回答，你所说的是个人之间的恩怨，我所遵守的是国家的公法，怎么能以个人私怨来损害国家公法呢？他的一生为了维护法律的公平正义，曾先后四次被判死刑，但均没有使他屈服。他守法执法的意志，成为当时维护法律公正的一面旗帜。

古代循吏将律法作为衡量事物的标准，在封建社会皇权至上的社会秩序中，这一点显得难能可贵。汉文帝时期负责司法事务的是廷尉，张释之担任廷尉期间，合理地审理惊了汉文帝车驾的肇事者，按照律法，只能是罚款而已。汉文帝得知这个审理结果后震怒，不满张释之的审判结果。张释之向汉文帝解释道，陛下，国家的法律至高无上，所有人都要遵守，包括皇帝您。您不能带头违反法律啊。于是汉文帝接受了张释之的审判结果。法律不仅成为制约皇权滥用的利器，也成为保护弱势群体免遭强权欺凌的利剑。

古代循吏能够按照律法去执法，不因私情而违背律法。《墨子》中强调："不党父兄，不偏贵富，不嬖颜色。"这段话意思是不袒护自己的父兄，对有钱有势的人不讲私情，不宠爱女色。康熙时期名臣张鹏翮被称为"风度端凝"，主要是说在其为官期间，能够做到不畏权贵，依法从事。张鹏翮调任刑部尚书期间能够做到秉公执法，每当有大案发生，朝廷看重他执法不避权贵这个优点，总是派他去处理。当时，川陕总督吴赫侵吞钱

---

① 黄永年：《二十四史全译：新唐书》第五册，汉语大词典出版社 2004 年版，第 2833 页。
② 黄永年：《二十四史全译：新唐书》第五册，汉语大词典出版社 2004 年版，第 2832 页。

财,张鹏翮受命前往查处。他能够全身心投入案件审理和处置中而不受外界因素影响,违法者皆能按律治罪。康熙听后欣慰地说道:"鹏翮往陕西,朕留心察访,一介不取,天下廉吏无出其右者。"张鹏翮不受说情羁绊和利益集团阻挠,出于公心,敢于执法,维护了律法的尊严。

敢于纠错的循吏

古代循吏在面对各种难题的时候,不仅要做到决策正确,而且要确保正确的决策落地生根,在实践中得到检验。更为难能可贵的是,古代循吏不是完人,身上也有缺点,但是他们都愿意改正这些缺点进行自我惩罚,向世人亮明刀刃向内的刮骨疗毒精神。

诸葛亮北伐中,派马谡为先锋。结果马谡违背诸葛亮决策,不听王平劝阻,擅自进行错误部署,致使街亭惨败,导致首次北伐失败。诸葛亮与马谡私人关系非常要好,是维护私谊,还是依法惩罚,是摆在诸葛亮面前的难题。冷静思考后的诸葛亮选择了后者,挥泪斩了马谡。与马谡同时被杀的还有将军张休、李盛。赵云也被牵连,由镇东将军贬为镇军将军。

事后,蒋琬来到汉中,对诸葛亮说,昔日楚国杀死得臣后,晋文公非常高兴。现在天下未定而杀智谋之士,难道不可惜吗?诸葛亮对蒋琬说,孙武之所以能够致胜于天下,是因为执法严明。现在天下分裂,北伐刚刚开始,如果废弃法令,如何讨贼!诸葛亮信奉的"犯法怠慢者虽亲必罚"准则得到坚决贯彻。紧接着,诸葛亮上疏以自贬:"臣以弱才,叨窃非据,亲秉旄钺以厉三军,不能训章明法,临事而惧,至有街亭违命之阙,箕谷不戒之失,咎皆在臣授任无方。臣明不知人,恤事多暗,《春秋》责帅,臣职是当。请自贬三等,以督厥咎。"①刘禅看过诸葛亮奏疏后,批准其自贬请求,将他贬官三级,由丞相降为右将军。诸葛亮治下的蜀军之所以能做到纪律严明,作战勇敢,很大程度上在于诸葛亮提倡的赏罚必信必准,能够从自己及身边的人做起。后世学者对诸葛亮这种以身作则地承认自己的决策失误进行充分的肯定:"第一次出兵北伐失败,诸葛亮向全军发出

---

① 许嘉璐:《二十四史全译:三国志》第二册,汉语大词典出版社 2004 年版,第 589 页。

《劝将士勤攻己阙教》；又向后主上表《街亭自贬疏》，自贬三等。"①

古代循吏告诫统治者要有一种敢于纠错的勇气和态度，对于夯实统治基础、推进社会事业发展具有重要作用。明代名臣杨士奇劝谏明仁宗敢于纠错，在史书上留下浓墨重彩的一笔。1425 年，大理寺少卿弋谦上疏直指刚即位不久的明仁宗执政失误。明仁宗刚开始还能接受，由于弋谦反复上疏，"词太激"，导致"上不怿"。当时一些臣僚见风使舵，为了讨好迎合明仁宗，不惜以"卖直沽名"之罪弹劾弋谦，最终使得明仁宗作出了停止弋谦的上朝资格的决定。

这个决定在朝堂之上激起了极大波澜，形成了一种错误导向，那就是为了避免皇帝怪罪选择三缄其口，朝政出现了"遂月余无言"的局面。看到臣僚噤若寒蝉，明仁宗后悔之余，请教大学士杨士奇。杨士奇一直劝诫明仁宗要明白"主圣则臣直"这个道理，要为大臣敢于说话创造条件。为了让明仁宗迅速打开群臣不敢说话的不利局面，杨士奇希望明仁宗能够写下敕书，公开承认自己的错误，而且对弋谦进行提拔重用。明仁宗答应杨士奇的要求，并且命令杨士奇代己起草敕书，向全国公布。

敕书中指出："朕即位以来，臣民上章以数百计，未尝不欣然听纳。苟有不当，不加谴呵，群臣所共知也。间者，大理少卿弋谦所言，多非实事，群臣迎合朕意，交章奏其卖直，请置诸法。朕拒而不听，但免谦朝参，而自是以来，言者益少。今自去冬无雪，春亦少雨，阴阳愆和，必有其疢，岂无可言？而为臣者，怀自全之计，退而默默，何以为忠！朕于谦一时不能含容，未尝不自愧疢。尔群臣勿以前事为戒，于国家利弊、政令未当者，直言勿讳。谦朝参如故。"② 杨士奇为明仁宗起草并公布的这封敕书，一方面体现出一名循吏的担当和才华，另一方面体现出明仁宗敢于纠错的巨大勇气和政治智慧，帮助明仁宗重新树立了起知过能改、虚怀纳谏的形象。

---

① 梅铮铮：《诸葛亮研究文选》，四川人民出版社 2020 年版，第 310 页。

② 许嘉璐：《二十四史全译：明史》第五册，汉语大词典出版社 2004 年版，第 3217 页。

干练担当的循吏

古代循吏长期在一线工作，接触到大量现实的复杂难题，悉心研究，分条梳理，不断总结经验，在治理复杂难题方面作出了重大成绩。干练担当是他们能够作出成绩的基础和本领所在。

赛典赤曾经追随成吉思汗西征，因为干练担当，颇受成吉思汗的信任。成吉思汗的儿子窝阔台继承汗位后，云内、靖、丰州地区百姓流离、匪患严重、权贵践踏现象时有发生，三州地区急需一名干练之臣来治理。窝阔台于是委任赛典赤主政三州。上任后，赛典赤安抚流民、肃清匪患、惩治不法权贵，经过几年努力，三州地区社会秩序逐渐稳定，经济社会发展逐渐走向正轨。此后，赛典赤在其他多个地方上进行历练，都干出了卓越的政绩。

忽必烈继承汗位后，仍然重用赛典赤。公元1274年，忽必烈委任60多岁的赛典赤为刚建立的云南行省的首任平章政事。当时云南已经建立行政章制，然而民族矛盾和阶级矛盾十分尖锐，云南的元朝统治者之间为了争权夺利，加剧了局势的混乱。如果不能治理好云南，就会为下一步统一中国的部署造成不良影响。肩负重任的赛典赤来到云南后，受到云南王秃鲁的质疑和排挤。赛典赤通过以诚动人、以情感人、以理服人的方式，最终说服秃鲁和衷共济，共同治理好云南。

赛典赤进入云南后，做的第一件事就是明确行省和王府的职责界限，经过与秃鲁协商，确定行省是执行中央命令的权力机关，王府是监督行省办事的机构。随后，赛典赤改革云南政治体制。公元1275年，赛典赤向朝廷上疏奏请取消军官民政制度，明令武职人员不许过问民政，解除了过去武官问政导致为政多暴的弊政枷锁，为云南人民扫除一大祸患。赛典赤引进川蜀地区的农业技术人才，给云南带来先进的种植技术，改变了当地人不会种稻子、不会养蚕、不会种麻的落后的农业发展状况。当时的滇池水患十分严重。为了治理滇池水患，他亲自调查有关水患的情况，研究以往滇池治理经验教训，提出具体治理办法。经过近两年的努力，滇池治理工程基本完成，滇池之水被治理好了，滇池旁边的沼泽变成了沃土良田。经过赛典赤的认真工作，云南经济实现了快速发展，颇有江南风采。

云南地处祖国南疆，文化比较落后，人才比较匮乏，当时只有有地位、有金钱的人才能受到先进文化教育，绝大多数人没有接受教育的资格和权利。赛典赤修建孔庙，积极支持孔庙建设，聘请川陕等地硕儒之士到云南传道授业，鼓励青年入学读书。这些举措促进了云南文化教育事业的发展。1279 年，赛典赤在云南病逝，时年 69 岁。当地百姓为他举哀，忽必烈充分肯定他的政绩，下诏云南省官吏要遵守赛典赤制定的各项典章，不得随意更改。

方克勤自幼爱学，被誉为"神童"。1371 年，方克勤被朱元璋征召为济宁府知府，实现了他报国为民的夙愿。济宁府本来经济比较发达、文化比较悠久，然而元朝末年，元朝派军队频繁剿杀济宁府的反元活动，造成当地经济凋敝、田园荒芜、人口减少。这里急需一名干练担当之臣着力于恢复被破坏的经济。上任后，方克勤问计于民。他轻车简从来到民间，深入了解百姓疾苦，并且寻找一些在当地有权威有影响有声望的长老询问为政得失。他还拓宽反映情况、建言献策的渠道，告诫府衙官员禁止他们叱骂来府衙反映情况的老百姓。

当时济宁府百姓遇到的最大问题就是沉重的赋税。虽然，当时朱元璋深感济宁府连遭兵燹，便下诏三年不征济宁府税收，希望当地老百姓能够通过积极垦荒使经济面貌发生变化。但是，济宁府官员为了出政绩，暗地里征收赋税，要求百姓参加各种不当徭役，加重了百姓负担。方克勤了解到这个问题的严重性，将情况上报中书省，请求罢免不时之徭役，得到了朝廷的支持。

明朝在每年的夏、秋季节征收税粮，验粮官被称为"斛卒"。手持量具的斛卒在称量税粮的时候，随其下手轻重不同，所征收的量就不一样。斛卒为了从中捞取油水，肆意盘剥百姓，百姓民不聊生。方克勤了解情况后，改斛卒掌握量具为百姓自己掌握量具。百姓欢呼雀跃，至此之后可以不被盘剥。

朝廷出于维护稳定秩序考虑，不允许百姓行船，运送货物全凭牛车。济宁府每遇到雨雪天气，牛不堪寒冷，死掉很多。老百姓希望官府能够准许船运。州县官吏担心违法，不敢答复，上报给方克勤。方克勤当即表态：我只知道应该方便老百姓，为百姓着想，应该抵制这种过时的诏令。

没有为民担当的勇气和魄力，怎能够作出这一符合百姓利益的决断。老百姓从中受益很多。"是方知府，让我们活下来"成为百姓感恩他的口头禅。

方克勤奖励垦荒、兴修水利、发展经济，使得济宁府短短几年间面貌就发生变化，一改过去荒凉衰败的景象，家家有余粮、人人安乐业，人口数增加，鸡犬声不绝。方克勤还深知教化的重要性，认为治政之本当"以教化为先"。一方面，他大力兴修学校，广聘名师，提升济宁府文化气息。在他提倡和督办下，济宁府内新增学校数所、校舍数百间，有2000多名学生。另一方面，他亲自登上讲台，讲授儒家经典。他还利用一切机会和平台，传道授业解惑。公务之余，他召集属吏，讲授诗书律法，寒暑冷热均不曾间断，属吏不仅增长了知识，还提高了办事效率。他还经常教民以实际知识，让百姓学以致用。当地百姓原来用芦苇编制成仓库以蓄粮，容易遭火灾。方克勤移风易俗，教会百姓烧制砖瓦，改草房为瓦屋，避免火灾。

方克勤在济宁府担任三年知府后，朝廷考查各地官员业绩，济宁府为"六府之最"。1375年，朱元璋因方克勤担当干练且政绩卓越，特在朝廷赐宴，对其奖赏勉励。他也得到了济宁府百姓的爱戴。当地百姓编了首歌谣称赞他："谁罢免了我们的徭役，是方知府出的力，是谁使我们的庄稼成活，是方知府的及时雨，方知府不要离开这里呀，他是我们这一带百姓的父母。"

履职尽责的循吏

古代循吏认为，为官是一种责任。吕坤在《呻吟语》中指出："做官都是苦事，为官原是苦人。官职高一步，责任便大一步，忧勤便增一步。""世上没个好做的官，虽抱关之吏，也须夜行早起，方为称职。"履职尽责是官员干事创业的基础。如果做不到履职尽责，就谈不上干事创业；如果做到履职尽责，就可以更好地干事创业。

明代名臣丘濬在每一个岗位上都能够圆满认真地完成各项工作。丘濬在考中进士后，被选为翰林院庶吉士。他在翰林院任职的时候，充分利用翰林院藏书丰富的条件，"翻阅书史，口诵心惟"，认真阅读和钻研翰林院所藏经史子集。他在自己的"槐荫书屋"中，以书为伴，手不释卷，废寝忘食。1454年，朝廷纂修地理志，才学渊博的丘濬担任地理志的编纂。为了更好地编纂地理志，他努力收集全国各地风俗美恶、赋税多少、山川险易、地理远近等方面资料，认真阅读，悉心领会。1456年，地理志编撰成功，皇帝为该志作序，并赐名《寰宇通志》。因丘濬参编《寰宇通志》业绩卓越，朝廷授予他正七品翰林院编修一职。

在翰林院工作期间，他非常注意朱熹学说的系统学习和消化。经过挑灯夜战、苦心耕耘，丘濬完整辑录了朱熹的语录。1463年春，他将朱熹的言论进行编辑整理，出版了自己第一部著作《朱子学的》。该书起名为"学的"，是因为受杨时"学以圣人为的"的影响。《朱子学的》全书分为上、下两卷。该书为当时广大知识分子全面系统地了解朱熹学说提供了方便。

丘濬的志向不仅在于从事文章撰写，更在于参与实际政务，实现报国理想："既登名仕版，旦暮授官，可以行吾志矣。"1491年10月，丘濬被提拔为礼部尚书兼文渊阁大学士，入内阁参与机务，由此跻身于权力中枢机构。他工作认真，任劳任怨，多次向明孝宗上疏献策。

首先，他对时政的看法进行系统梳理。他向皇帝上疏《公铨选之法》《建都议》《贡赋之常》《漕挽之宜》《漕运之宜》《漕运河道议》《制国用议》《盐法议》《边防议》《赏功议》《马政议》《山泽之利》等，这些奏议系统论述了政治、经济、民族、军事、教育、民生等方面的内容，为明孝宗的统治提供了较为完整的方略和理论依据。

其次，他能够针对朝政中存在的现实问题提出建设性的建议。当时任用奸佞、贬斥贤良、大肆腐败等现象丛生。丘濬给明孝宗上了一个题为《论厘革时政奏》的折子，告诫皇帝治理天下的根本在于从端正自己行为做起，谨慎运用财物而不加重百姓负担，谨慎听取臣民意见而不至于偏听偏信。以直言的方式大胆地向皇帝提出宝贵的建议，既需要学识，也需要勇气。幸运的是，明孝宗对丘濬提出的观点表示认可。

当时国家藏书损毁严重，为了让书籍更好地发挥作用，用于治国理政，丘濬向明孝宗上折子，说明保护好国家图书资料的重要性，提出抄录重要古籍、搜罗民间经史子集之书、修建藏书楼等建议。明孝宗看了这个折子，非常赞同丘濬的建议，批示翰林院要及时认真执行，使国家典籍得

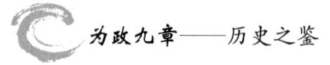

到应有的保护。

在丘濬等老臣辅佐下，明孝宗执政前期，锐意改革朝政，裁汰冗员、抑制宦官、体恤民情、节省营缮，有效革除了当时朝政的各种积弊，缓解了日益激化的社会矛盾，使得明王朝展现出政治清明、经济发展、社会安定的局面，史称"弘治中兴"。与丘濬同朝为官的刑部尚书何乔新评价丘濬："公之在位，调燮均平，百吏奉法，百度惟贞。"

1495 年 2 月，丘濬溘然长逝，享年 75 岁。丘濬去世后，明孝宗赐"文庄"。在明孝宗御祭丘濬的文章中高度评价了丘濬的一生成就："惟卿早擢高科，历事累朝，博学能文，名闻允昭，简在朕心，置卿近密，入告谋猷，每多裨益。"[1] 其文章学问得到业内人士的认可。唐枢在《国琛集》中描述丘濬好学博学所取得的成绩："博极群书而欲为适用之学，乃援笔以富著述，如《学的》《世史正纲》《大学衍义补》《家礼仪节》，搜罗古今，斟酌可行，总数十万言，可以广益聪明而权衡百度，天下人诵其文，家有其书。"焦竑在《玉堂丛语》中说："丘濬文章雄浑壮丽，四方求者沓至。"丘濬事功业绩亦比较突出。凌迪知在《国朝名世类苑》中称赞丘濬为"中兴贤辅"。

谦逊和善的循吏

古代循吏对个人修身极为看重，修身的重要内容之一就是谦逊和善。中国传统官德发展源远流长，循吏是官德精神的集中体现者，在个人仕宦生涯中，为了达到一种理想化的为官状态，将自己的言行置于更高的道德背景下，展示谦逊和善的儒家风采，润滑僵冷的人际关系，增强个人魅力，提升为官的品位和境界，显示出循吏独有的精神风貌。

一、地位越高，态度越谦和

古代循吏随着职位的晋升，如何在更大平台下，合理地支配资源、科学地筹划事项、细致地协调各种关系，是他面对的一项重大命题。要做好

---

① 李焯然：《丘濬评传》，南京大学出版社 2010 年版，第 94 页。

这道命题，须配以谦逊和善的道德品质，才不至于心态膨胀、追求物欲奢华、滥用权力、危害社会。

汉朝有一个官员叫郑当时，在汉景帝时期当过太子舍人；在汉武帝时期，逐渐升迁到九卿的官位。等到他当了大官之后，变得更为谦逊，对待客人一视同仁地加以热情接待。他经常告诫门人无论贵贱，不要让客人在门口等候多时，要及时通报，"客至，无贵贱亡留门者①"。对待下属，他非常注意沟通方式，"未尝名吏，与官属言，若恐怕伤之②"，从不对属下官员直呼其名，小心翼翼地与各级官员交流。

西汉后期的思想家刘向，校订古籍，研究学问，希望将儒家理念渗透到为官中。在他求好学问之风的影响下，其子均学有所长、仕宦有位。他的小儿子刘歆继承刘向的学问传统，在六艺、诸子思想、诗赋等方面均有建树。刘向对刘歆寄予了很高的期望，为其取名也颇费了一番心思。《诗经·大雅·生民》中有一句话："履帝武敏歆"，其中"歆"是感动的意思。刘向希望刘歆能够作出一番伟大的事业。刘歆也不负众望，少年得志，很年轻的时候就担任了黄门侍郎这一显要官职。

为了助推刘歆更好地平稳发展，刘向写下了《诫子歆书》。刘向从道德基础夯实的人才能得到福报这一立论高点进行阐释："若未有异德，蒙恩甚厚，将何以报？③"然后，引经据典地加以说明，职位越高，越要保持谨慎态度。刘向谆谆告诫刘歆："今若年少，得黄门侍郎，要显处也。新拜皆谢，贵人叩头，谨战战栗栗，乃可必免。④"刘向所提倡的"敬慎"理念在这篇家书中体现得淋漓尽致，希望刘歆能够做一个"色思温、貌思恭、忿思难"的儒官。

当然，态度谦和并不代表循吏没有原则据守。张居正作为内阁首辅，大胆荐赏在抗御蒙古战争中作战勇敢的辽东总兵李成梁，对朝廷言："成梁屡立战功，忠勇为一时冠，唯有封爵，才可以鼓励将士。⑤"在张居正的建议下，朝廷封赏李成梁为宁远伯。不久之后，李成梁为了报答张居正的

① ［汉］司马迁：《史记》第四册，天津古籍出版社1997年版，第3182页。
② ［汉］司马迁：《史记》第四册，天津古籍出版社1997年版，第3182页。
③ 匡济：《历代名人的家风家训故事》，中国方正出版社2015年版，第256页。
④ 匡济：《历代名人的家风家训故事》，中国方正出版社2015年版，第256页。
⑤ 朱东润：《张居正大传》，北京联合出版公司2020年版，第327页。

推荐之恩，派家人给张居正赠送金钱，被张居正拒绝。第二年，张居正对辽东巡抚周咏提到过此事，"（李成梁）曾馈我以厚礼"，"当即谢却"，希望李成梁"唯当殚忠竭力，以报国家"。① 张居正作为一代循吏，地位虽高，但是没有丧失原则，展示出应有的风采。

二、身份越尊，做事越低调

身份尊贵，有摆排场的资格，有炫富的条件，然而古代循吏能够定心持身，追求低调的行事风格，从严要求自己，在臣僚中树立起崇高的威信，显示出被后人称赞的为官品格。

古代循吏身份越尊贵，做事却越低调和善。北周将军达奚武久在军旅屡建奇功，在朝廷中身份越来越尊贵。他身居要职，却"不持威仪，行常单马，左右止一两人而已"②。他的朋友认为他这样做显示不出将军的威严和排场，对他进行劝说："公位冠群后，功名盖世，出入仪卫，须称具瞻，何轻率若是？"③ 达奚武回答道："子之言，非吾心也。吾在布衣，岂望富贵，不可顿忘畴昔。且天下未平，国恩未报，安可过事威容乎。"④ 出身布衣的达奚武能得到朝廷的赏识已经觉得非常荣幸了，况且"天下未平"，自己没有很好地报效国恩，怎能计较个人的排场问题呢？

晋代的刘寔在年轻的时候非常贫穷，卖蓑衣以自给。等到他后来做了大官，"及位望通显，每崇俭素，不尚华丽"⑤。这在当时朝臣互相攀比、竞相追求奢华的氛围中是一种难能可贵的清流，"虽处荣宠，居无宅第，所得俸禄，赡恤亲故。虽礼教凌迟，而行己以正"⑥。

三、资格越老，说话越客气

年纪、资历、阅历铸就的资格，会成为推进事业的强力剂，也会成为阻碍发展的绊脚石。元代的史天泽因其兄死，代理其兄行使职权。然而，

① 朱东润：《张居正大传》，北京联合出版公司 2020 年版，第 327 页。
② 孙雍长：《二十四史全译·周书》，汉语大词典出版社 2004 年版，第 221 页。
③ 孙雍长：《二十四史全译·周书》，汉语大词典出版社 2004 年版，第 221 页。
④ 孙雍长：《二十四史全译·周书》，汉语大词典出版社 2004 年版，第 221 页。
⑤ 许嘉璐：《二十四史全译·晋书》第二册，汉语大词典出版社 2004 年版，第 959 页。
⑥ 许嘉璐：《二十四史全译·晋书》第二册，汉语大词典出版社 2004 年版，第 959 页。

史天泽没有因为自己的长辈身份而忘记引荐自己的侄子史楫，面见元太宗时说自己在暂行其兄之职权，"今楫已成人，乞解职受之"。史天泽不仅没有摆资格，而且还能主动让官，得到元太宗的赏识："今之争官者多，让官者少，卿此举殊可嘉尚。"元太宗分别授予史天泽和史楫不同的官职。

经历朝争祸患而隐匿山中，待新主诏见，始被重用，这样的人应该说是老资格了，然其言语措辞，稳妥审慎，令人尊敬。杜根就是这样的循吏。汉朝邓太后临朝的时候，杜根为郎中，向邓太后谏言让太子亲政，触怒邓太后，被邓太后处以极刑。非常幸运的是，杜根逃了出来，隐居山中十五年。等到汉安帝亲政，杜根才重被重用。有人问杜根，你的朋友也有好多，为什么十五年中，你只隐居山中，而没有选择投奔亲友呢？杜根担心"祸及亲知"而忍于山中。平和的言辞，显示出他隐忍山中，只待国家昭雪，有机会能再次报效国家的心志。其言没有怨恨和激愤，忠诚之心可见一斑。

守俭自律的循吏

节俭的思想在中国传统文化中占有重要的地位。先民在从事农业生产的过程中，认识到勤俭是持家兴业的根本。随着经济的发展、分工的细化、国家的出现，统治阶级为了更好地管理国家，亦提倡节俭的理念，这种理念的提倡和推广，对净化社会风气、重塑政治生态具有重要的作用。

古代循吏为了更好地治家持家，坚持以节俭为原则。范仲淹父亲早亡，他两岁的时候，随母亲改嫁到朱姓人家，生活非常清苦。艰苦的条件培养了他崇高的志向和勤俭的作风。后来他回忆这段清贫生活，用一句诗来概括："陶家瓮内，腌成碧绿青黄；措大口中，嚼出宫商角徵。"[1]他走上仕途后，仍然以严格的节俭精神要求自己和家属。他在担任广德军司理参军时，想回苏州老家一趟，下属看他积蓄不够，要为他筹措路费，被他果断拒绝。当他召开家庭会议的时候，看到儿孙穿着朴素衣服的情景，非

---

① ［宋］范仲淹：《范仲淹全集》第四册，中华书局 2020 年版，第 1247 页。

常高兴，但仍不忘告诫："贫贱时，无以为生，还得供养父母，吾之夫人亲自添薪做饭。当今吾已为官，享受厚禄，但吾常忧恨者，汝辈不知节俭，贪享富贵。"① 范仲淹治理家极严，对于可能出现的危害家风的各种事件都要提出严格的批评。他的儿子范纯仁娶了朝廷重臣王质的长女，儿媳在娘家过惯了养尊处优的生活，来到范家不适应俭朴清贫的生活。当范仲淹看到儿媳从娘家拿来上好的丝绸做帐幔，就对儿子和儿媳进行了严厉的批评："罗绮非帏幔之物，吾家素清俭，安能以罗绮为幔坏吾家法，若将帏幔带入家门，吾将当众焚之于庭。"② 此后，范仲淹儿媳改变了先前的生活习惯，与范纯仁一起过上了清贫的日子。范仲淹去世后，家中没有余财，"殆无新衣"，朋友筹钱"以奉葬"。他的儿子范纯仁继承了其父勤俭的家风，所得俸禄赏赐都用在了扩大义庄上。范纯仁从布衣一直做到宰相高位，仍能够做到廉洁如一，像他父亲一样。《宋史》评价道："纯仁位过其父，而几有父风。"③ 范纯仁提倡的"惟俭可以助廉"铸就了他一代名臣的风范。

古代循吏为矫正追求奢华的不良社会习气，力倡节俭。司马光生活的时代，物质较为丰富，士大夫争于奢侈。官员家中设宴，如果没有皇宫酿造的酒，没有从远方采购的珍奇果蔬，饭菜的种类不是多种多样，器皿上不摆满食物的话，都不好意思招待客人，担心被讥讽。差役穿得像士大夫，农民穿丝绸做成的鞋子。不同阶层的人追求奢华的风气日益浓厚。为矫正这种不良的社会习气，司马光通过写文章、明观点、引例子、释道理，深入浅出地推广节俭精神。司马光的一生极为节俭。从 1961 年文物出版社影印的《宋司马光通鉴稿》中可以看出，他撰写《资治通鉴》所用稿纸都是用过的，经常将淡墨的字迹涂掉后继续写东西。当时，别人讥笑他寒碜，但他仍以节俭为美德，乐之于故。他在《训俭示康》中告诫家中孩子，自己是"寒族"出身，"吾本寒家，世以清白相承"④，并引述孔子

① 李存山：《家风十日谈：中国古人的治家良训和故事》，广西人民出版社 2018 年版，第 91 页。

② 李存山：《家风十日谈：中国古人的治家良训和故事》，广西人民出版社 2018 年版，第 92 页。

③ 倪其心：《二十四史全译·宋史》第十一册，汉语大词典出版社 2004 年版，第 7085 页。

④ 方羽：《中国古代家训三百篇》，商务印书馆国际有限公司 2019 年版，第 285 页。

"与其不逊也宁固"的节俭思想，还讲述李沆的事例作为范例：李沆当宰相的时候，修建住宅太过狭窄遭到门人议论，李沆回答说，这已经很阔绰了，司马光讲述此事，是为了说明高明的人是从精神层面认可节俭的。

古代循吏为了建构良好的政治生态，能够以身作则，以上率下。曹操出生于富贵之家，从小衣食无忧，但他却能严谨自律。当时，北方经济发展缓慢，物资储备不丰，民生改善乏力，于是曹操力主节俭并身体力行。他自己的衣服已经穿了十多年了，但每年都要对这些衣服进行缝补，以备继续穿用。"孤不好鲜饰严具，所用杂新皮韦笥，以黄韦缘中。遇乱事无韦笥，乃更作方竹严具，以皂韦衣之，粗皮作里，此孤之平常所用者也。"[1]曹操的这段话成为他带头倡行节俭的真实写照。他还用这种节俭精神勉励家人和下属。他在家书《内戒令》中告诫家人不得燃香："昔天下初平，吾便禁家内不得熏香。后诸女配国家为其香，因此得烧香。吾不好烧香，恨不遂所禁，今复禁不得烧香，其以香藏衣著身亦不得。"[2] 当时，燃香是用香料改善室内空气的一种办法，是贵族的一种生活习惯，是奢侈生活的体现。作为一方权要，曹操能够厉行俭朴精神，告诫家人禁止燃香，可见其重视节俭的力度。

古代循吏将节俭的理念渗透到自己的工作和生活中，使之成为一种纪律要求和生活习惯。《周易》中说，"用过乎俭"，强调一种用度节俭的生活态度。汉朝名臣朱博生活非常节俭，"不好酒色游宴"，即使身份地位逐渐升高，但他对自己的严格要求一直不变，"食不重味，案上不过三杯"，一生守俭如一。汉朝名臣王良，在为官期间，"在位恭俭"。他的妻子"不入官舍，布被瓦器"。当时一个小吏鲍恢因事路过王良家。王良的妻子穿着麻布衣裙，拖曳着柴火从田地里回来。鲍恢问她："我司徒史也，故来受书，欲见夫人。"她回答："妾是也。苦掾，无书。"鲍恢没有想到堂堂王良大人的妻子竟然穿着如此简陋，但也心生敬佩之意，从中可见王家节俭之风。朱博和王良将节俭之风化为自己的生活常态，成为时人学习的榜样。

---

① 赵威：《皖籍思想家文库：曹操卷》，安徽人民出版社 2019 年版，第 211 页。
② 赵威：《皖籍思想家文库：曹操卷》，安徽人民出版社 2019 年版，第 211 页。

守住公心的循吏

古代循吏在读书为官期间，能够做到以公心对待工作。守住公心就成为他们的为官底色。怎样才能更好地守住公心？刘基的"四不"理论或许能为官员提供某种启示："弱不可陵，愚不可欺，刚不可畏，媚不可随。"这段话意思是说，不可欺凌弱者，不可欺骗愚昧者，不可畏惧强悍者，不可附和献媚者。

有些循吏出身于草野，天然有一种民本情怀，等到他们走上仕途后，能够竭尽全力地为百姓服务，做到"弱不可陵"。刘秀当皇帝后，名士费贻被任命为合浦太守。合浦北依丘陵，南临南海，是古代百越族居住的地方。费贻上任后，合浦经济、文化都比较落后。他能够站在百姓的角度，为百姓做实事。当地盛产珍珠，又圆又大，百姓以采珠为业。采珠民众过多，致使土地荒芜，粮食缺乏；奸商故意降低珍珠价格，拿少量粮食换取珍珠。如果费贻不闻不问，听之任之，在某种程度上，算是变相加重了百姓负担。然而，费贻经过调查研究后，秉持着对百姓负责的态度，积极引进中原地区发达的农耕技术，在合浦大力奖励百姓开垦荒地，种植粮食和蔬菜。他还亲自到农村指导农民生产劳动，与农民同吃同住，带领农民修建水渠、山塘，合浦农业得到快速发展，合浦百姓解决了温饱，过上了幸福的生活。当费贻因为任期满而离开合浦的时候，合浦百姓不忍其离开，攀辕百里相送。

古代循吏在为官生涯中，能够发现治政中存在的问题，为了解决这些问题，不遗余力地思考对策、打破陈规、废弃陋习，让官员能够摒弃杂念，让百姓能够减轻负担，试图达到"愚不可欺"的目的。明代名臣刘大夏，居官廉洁，关心民生。在担任两广总督期间，他发现广州驿站没有人手。经过调查了解，刘大夏发现镇守太监王敬从中做了手脚。王敬将广州驿站的百名船夫私自提调外出搞副业，这些船夫搞副业所挣的钱中要拿出大部分钱交给王敬，这种行为不仅影响了广州驿站正常工作的开展，而且损害了船夫的正当权益。王敬看似聪明，实则对船夫搞"愚民政策"。刘大夏直接起草文书，废弃这一弊政，既有效运转了广州驿站正常工作，又切实维护了船夫的利益，还打击了王敬从中捞取钱财的不良行为。

古代循吏能够对具体事务详细参详，在掌握真情实况的基础上，作出正确的决策。即使遇到强力干涉或利益集团阻挠，仍然能够排除阻力，着力解决难题，做到"刚不可畏"。宋仁宗时期的唐介，为官期间，敢于触碰豪族权贵，为百姓做主，做出了一番事业。唐介在岳州为官期间，有不法官员恃势为恶，为害乡里。当时有个宦官叫杨怀敏，他占着一处水塘，水塘之水经常淹没农田，给当地百姓带来水患灾害。杨怀敏利用水塘之水淹没农田之机，企图将受灾村民赶离田地。前任岳州官吏因杨怀敏背景深厚、权大势高，不敢依法惩办杨怀敏。唐介就任岳州沅江令后，发现杨怀敏之事，在深入调查取证基础上，明确了杨怀敏欺凌百姓利益的事实，毅然依法惩办了杨怀敏，维护了百姓的利益。

古代循吏在具体工作中，依据法律和事实，正确处置各类事物，试图做到"媚不可随"。宋朝名臣刘随，被誉为"邦之司直"。他总能在自己的不同岗位上，不随陈俗、不畏权贵、不怕流言，按照事实本来的样子评人论事、处理问题。刘随在当大理寺丞的时候，负责断案。当时有一个叫李溥的官员，利用职务之便，贪污敛财。李溥贪污之事败露后，此案牵涉到许多权贵，主审李溥案件的官员为了迎合皇帝之意，对李溥没有深究。刘随则不然，负责断案的他发现李溥案有诸多疑点，再次弹劾李溥，使李溥最终接受了法律的制裁。刘随在担任右司谏的时候，江淮发运使钟离瑾利用职权，将数十艘船的奇花怪石运到京城，贿赂京城权贵。刘随了解情况后，大胆地向皇帝谏言，让钟离瑾得到应有的惩处，因此刹住了奢靡和贿赂之风。

忠诚爱国的循吏

中国自古就有优秀的爱国主义传统。不同时代均能涌现出一大批为了国家和人民的利益尽忠报国的循吏。他们或是忠诚于自己的职位；或是发别人不敢发之言，指摘时弊，忧国忧民；或是在国家危难之际挺身而出，秉持视死如归的精神，去抵抗、拯救。这些都体现了循吏的忠诚。

古代循吏在仕宦生涯中遇到困难之事时，能够直面问题，积极通过各种方法来解决困难和问题，体现出对身份职位的忠诚。汉代名臣杜延年在担任谏大夫职位的时候，左将军上官桀与燕王打算谋反作乱。当时有人将此事告诉了大司农杨敞。杨敞"惶惧""移病"，并将此事告诉杜延年。是为了避免惹祸上身，袖手旁观，远离此事，还是积极地报告朝廷，及时地制止和解决这个问题，杜延年面对着忠诚的考验。杜延年选择了后者，他将此事报告给了皇帝和霍光，及时制止了这场叛乱。史书评价他"首发大奸，有忠节"，由此被提拔。

古代循吏遭逢权臣当道、政治黑暗的时代，能够不畏权势，为了国家兴盛而不惜敢于指摘时弊，体现出赤诚之心。汉和帝即位之时，尚书令韩棱上疏陈辞指责侍中窦宪犯有命案，惹怒了临朝的窦太后，"以切责棱"，但是韩棱秉持一颗忧国之心，"固执其议"。等到窦宪出击匈奴，有功而还，"威震天下"，朝臣阿谀者众，独韩棱以为不然。当韩棱看到一个朝臣欲称窦宪为万岁时，正色曰："夫上交不谄，下交不黩，礼无人臣称万岁之制。"[1] 韩棱的这句话使得"议者皆惭而止"。"及窦氏败"，韩棱"案举其事"，"数月不休沐"。不畏权势一时容易，忠诚为国一生实难，韩棱却做到了。他也因此得到了"忧国忘家"的评价。

古代循吏在国家面临危亡之际，能够挺身而出，秉持"捐躯赴国难，视死忽如归"的理念，展示出坚毅的爱国精神。《左传》中说："将死不忘卫社稷，可不谓忠乎？忠，民之望也。《诗》曰：'行归于周，万民所望。'忠也。"[2] 这段话的意思是一个人临终前，还不忘记保卫国家，难道能说他不忠诚吗？忠诚是百姓的希望。

明朝末年的史可法生逢乱世，却能够独扛忠义之旗，为挽救明王朝贡献全部力量，展示出他鲜明的忠诚品格。崇祯年间中进士的史可法在 1643 年 7 月，被授予南京兵部尚书一职。当时农民起义风起云涌，清军势力正兴，明王朝摇摇欲坠。"有持重之材，将略非其所长"的史可法用"鞠躬致命，克尽臣节"的精神严格要求自己，彰显了臣子的忠诚之心。史可法率军在扬州坚守期间，上演了悲壮的一幕。清军在多铎带领下团团包围了扬州，史可法刚毅自持，忠诚报国。清军多次向扬州城中的史可法劝降，希望他不要做无谓的牺牲。劝降行为遭到史可法的申斥："吾为朝廷首辅，岂肯反面事人！"清军获悉史可法没有投降之意，便加大了进攻力度。

史可法知道大势已去、孤城难守，在多铎攻城之前，仍示国以忠诚。他在给叔伯兄弟遗书中表达了自己"一死以报朝廷"的决心。1645 年 4 月 21 日，史可法集聚扬州城中残存兵力，誓师梅花岭："上阵不利，守城；守城不利，巷战；巷战不利，短接；短接不利，自尽。"从当天他写给亲戚的最后一封遗书中，可以窥见他持"早晚必死"之心已定。1645 年 4 月 24 日，多铎率军攻破扬州外城，最后一次致书史可法："若好让城，不戮一人。"史可法没有理会，而且强调："一人当之，不累百姓。"1645 年 4 月 25 日，多铎攻入扬州旧城，史可法拔剑自刎，没有成功，被部署簇拥着带出小东门。当史可法看到清军大肆屠戮百姓，正色曰："我是史督师也！万事一人当之，不累满城百姓。"清军闻声寻来，史可法被俘。

史可法被带到多铎军帐之中，他与多铎的一番对话，慷慨激昂，展示出他为国尽忠的勇气。多铎劝说他："累以书招，而先生不从，今既竭臣忠，不为负国，能为我收拾江南，当不惜重任。"史可法回答："我来此只求一死，但虑死不明白耳！"多铎仍然不甘心地劝道："君不见洪承畴乎，降则富贵。"史可法蔑笑地回答："我岂肯效其所为！吾为朝廷大臣，岂肯偷生为万世罪人！吾头可断，身不可辱，原速死，从先帝于地下。"多铎看到劝说无效，对史可法说："既为忠臣，当杀之以全其名。"于是史可法被杀，时年 44 岁。多铎率清军进入南京后，为史可法建立祠，以旌其忠。清代乾隆对史可法非常崇敬，称史可法为"一代完人"，赐其谥号"忠正"。

追求卓越的循吏

中国自古出英才。古代循吏自然在英才之列。古代循吏能够在自身成长和仕途生涯中，追求一种极致的工作状态，做常人难以做的大事，最终青史留名。

明代名臣杨一清在《明史》中地位很高，他一生中三次当选三边统帅，两次入阁当上首辅大臣。其出则为将、入则为相的传奇经历令人称道。《明史》评价杨一清："于时政最通练，而性阔大。爱乐贤士大夫，与共功名"①，"博学善权变，尤晓畅边事。"②

杨一清自幼聪颖好学，积淀了深厚的学识。他在地方为官的时候，先后创办了正学书院、关中书院、绿野书院，聘请名师前来讲学，营造了浓厚的学习氛围。在办学过程中，他提倡健康的读书观："读书志在圣贤，非徒科第；为官心存君国，岂计身家。"在治学风格方面，他要求大家秉持实事求是的态度，"学贵于有用"，身体力行地实践某种理念。当时兵部尚书刘大夏非常赏识他的才华，向明孝宗作了推荐。明孝宗考察后，认为他是不可多得之才，提拔他为都察院左副都御史，负责陕西马政。马匹在古代是重要的交通工具，是经济和军事领域中非常重要的一部分。明成祖曾说："古者掌兵政谓之司马，问国君之富，数马以对。"既然马匹如此重要，管理马匹饲养、使用的马政的地位亦为人所重视。杨一清不负众望，在这个职位上干出了政绩。

随后，他被提拔为陕西巡抚。让他担任陕西巡抚，主要是让他更好地抵御蒙古的骚扰和进攻。上任后，杨一清大胆任用人才。曾经与他一起共事过的陕西都司指挥金事房怀，谋略丰富、魄力过人，杨一清委以重任。同时，他将那些庸官进行调离。当时有个庸官叫郭英，作风松散、战斗力匮乏。杨一清将其派回京城担任其他职务。人才聚集起来后，陕西官员队伍战斗力就得到了强化。杨一清能够未雨绸缪，积极储备粮草。发现粮草匮乏这个问题后，他上奏户部，希望能够申请足够的粮草。户部在认真核准粮草数量后，为陕西提供了充足的粮草。粮草准备充沛后，就能够从容应对蒙古的进攻。明孝宗去世后，明武宗即位，蒙古军队趁机入侵陕西。在前期做好准备的基础上，得到情报的杨一清亲率部队迎战，取得了胜利。

后来杨一清进入朝廷权力中枢，竭心尽力为朝廷办事，亦作出极大政绩。云南状元袁嘉谷曾经评价杨一清："他不但武功卓越，论才学、论政绩都当数云南第一人，吾乡先贤何其伟也。"杨一清才华满腹，他的才华

---

① 章培恒、喻遂生：《二四十全译：明史》第六册，汉语大词典出版社 2004 年版，第 3936 页。
② 章培恒、喻遂生：《二四十全译：明史》第六册，汉语大词典出版社 2004 年版，第 3939 页。

不仅能匹配他的工作，还能够使他在诗文撰述方面贡献颇多。他的诗歌文风朴实，一改华丽富贵的台阁体诗歌统治时局的局面。因他曾有过驻守边关的经历，边塞的苍茫景色、百姓生活的艰辛，都能在他的诗歌中有所体现。忧国忧民的情怀在他的诗歌中体现得淋漓尽致。他的文章能够做到针砭时弊，给人以启发。他的书法苍劲有力、沉稳雄健，给人以大气之感。他的围棋造诣颇高，是当时围棋"京师派"的领军人物。其文治武功的业绩证明了他追求卓越的决心。

王祯在元代担任过知县，虽然职位不高，但仍然能够兢兢业业，以追求卓越的心态去干事创业，赢得了百姓爱戴。古代中国是农业社会，提倡农桑、开垦荒地是统治者治政的重要内容。王祯认为，"农业是天下之本"。他不以从事农事为耻，经常出入田间地头、泥舍茅棚，向百姓请教稼穑之事，注意观察庄稼生长规律，不仅熟悉了农时农事，还能够将所学知识应用到指导农业生产的实践中。

在农业调查实践中，王祯发现能够指导农业生产的书籍较少，决心写一部有关农业生产的书。顾炎武在《与友人论学书》中指出，"自一身以至于天下国家，皆学之事也"。王祯在工作过程中，秉持勤奋的学习精神，钻研有关农业方面的书籍，颇有成效。他在安徽旌德县县尹任上，在繁忙的政务之余，广泛学习《氾胜之书》《齐民要术》等著名农业要著，对历代劳动人民长期积累的农业生产经验进行系统总结。他又非常善于吸收当时农业生产新技术、新经验。他为当时所撰的书起名为《农书》。后来，他调到永丰县担任县尹，利用闲暇时间，收集资料，作深入思考，丰富了《农书》的内容。

《农书》共 37 卷，约 14 万字，配有插图 306 幅。《农书》分为三个部分。第一部分是"农桑通诀"，记载了垦耕、播种、施肥、灌溉、收获、植树、种桑、饲养等具体方法。第二部分是"百谷谱"，介绍了各类谷物、瓜果、麻、棉、茶等的起源、特征、栽培方法。第三部分是"农器图谱"，介绍了农业生产工具、器械。该书的创新之处在于不仅兼论了南北农业技术，而且记录了历史上已有的各种农具。该书所记载的作物、器械分布在我国南北 17 个省区，试图勾勒出我国整个农业生产的全貌。东汉时期发明的水排，后来失传。王祯通过收集、查阅大量资料和向民众虚心请教，搞清楚了水排的构造原理，成功将其复原，绘制于图，记于"农器图谱"

中。《农书》是我国历史上一部规模宏大的农业科学著作，涵盖了农、林、牧、副、渔、土、水、肥等，为研究古代中国农业生产工具发展情况提供了极为珍贵的资料，有力提高了农业生产力。

王祯利用业余时间，钻研印刷技术，改进了活字印刷技术。北宋时期，毕昇的活字印刷虽然成就巨大，但是存在上墨困难、泥字易坏、难以多印的缺点。王祯经过继承和钻研，创造出比泥活字印刷效果更好的木活字印刷。他还发明了"轮换排字盘"，提高了排字效率。王祯用两年的时间创制了30000多个木活字，而且付诸实践。他撰写的60000篇幅的《旌德县志》，就是采用了他的印刷技术进行印刷，印刷质量好、速度快。为了推广他的印刷技术，他还写了《造活字印书法》，系统论述了他的印刷技术。

尊师好学的循吏

传统文化中对老师尊敬的内容有很多。《礼记·学记》中说："师严然后道尊，道尊然后民知敬学。"老师是知识的传播者、智慧的携带者、经典的温习者，在社会中享有很高的地位。古代循吏能够干出一番成功的事业，很重要的一个原因就在于其尊师好学，能够从老师那里学习各类知识，不断提升自己的水平。

尊师可以提升自己、开阔眼界，帮助自己的事业更上一层楼。曾国藩的父亲曾竹亭是个劳若积学的人，在家中创设家塾。5岁的曾国藩就在父亲的家塾中读书受教。但父亲知识有限，于是他决定外出求学、拜访名师。曾国藩来到衡阳涟滨书院，拜访了当时饱学之士刘元堂。在学习中，曾国藩认识到自身有许多缺点，并立志要改正。他在老师点拨下，取号涤生，"涤者，取其涤其旧染之污也；生者，取明袁了凡之言'从前种种，譬如昨日死；从后种种，譬如今日生也'"[1]。在刘元堂亲自指导下，曾国藩在一年后赴长沙考试中顺利考中了秀才。

考中秀才后，曾国藩选择了去中国四大书院之首的岳麓书院学习。当

---

[1] 姜志勇、孔珍珠：《曾国藩家风》，新华出版社2016年版，第13页。

曾国藩看到岳麓书院楹联上的八个字"惟楚有才、于斯为盛"时，深深叹服，坚定了在这里刻苦学习的决心。曾国藩在此求学期间，深刻践行南宋大儒朱熹为该书院制定的博学、审问、慎思、明辨、笃行的校训，精研文章之学，在书院举行的测试中，考出了第一名的好成绩，得到了书院山长欧阳坦斋的关注，并亲自辅导他，让他的学问更进一步。在岳麓书院学习一段时间后，他考取了举人，四年后考中进士。

考取功名后的曾国藩在京师为官期间，十分注重与高水平的人切磋甚至以之为师。曾国藩与书法名家何绍基接触后，发现自己在书法方面有所欠缺，开始着力用功于此，渐有所长。理学名家吴竹如的座右铭是"生平笃信朱子，不敢师心自用，妄发一语"。与理学名家吴竹如接触后，曾国藩在修身治国方面更有深刻体会。

在曾国藩交往的师友中，唐鉴和倭仁两人对他的思想与治学影响最大。唐鉴是 1809 年进士，为晚晴著名理学家，对程朱理学颇有研究。唐鉴"潜研性道，被服洛闽，力践精思，与世殊轨，亦豪杰之士矣"。1841 年，曾国藩在道光召见唐鉴的乾清门见到了唐鉴，对唐鉴的学问非常敬赏，主动提出拜访唐鉴的要求，而且是施以弟子礼去拜访。曾国藩拜访唐鉴，受到唐鉴的悉心点拨。唐鉴告诫曾国藩读书"当以《朱子全书》为宗，此书最宜熟读，即以为课程，身体力行，不宜视为浏览之书"[1]。为了进一步强调理学的重要性，唐鉴对曾国藩说，"为学只有三门，曰义理，曰考核，曰文章。考核之学多求粗而遗精，管窥而蠡测；文章之学非精于义理不能至；经济之学即在义理内。"[2] 谈到读书门径的时候，唐鉴说："至于用功着力，应该从读史下手。因为历代治迹，典章昭然俱在；取法前贤以治当世，已经足够了。"听完唐鉴一番话，在当天的日记中，曾国藩写道："听之，昭然若发蒙也。"[3] 曾国藩还写信给乡友，表达自己的喜悦之情："我最初治学，不知根本，寻声逐响而已。自从认识了唐鉴先生，才从他那里窥见一点学问的门径。"此后，曾国藩经常与唐鉴一起钻研学问，在唐鉴的教导下，曾国藩的义理之学大有长进。

① 唐浩明：《唐浩明评点曾国藩日记》，青岛出版社 2017 年版，第 4 页。
② 唐浩明：《唐浩明评点曾国藩日记》，青岛出版社 2017 年版，第 4 页。
③ 唐浩明：《唐浩明评点曾国藩日记》，青岛出版社 2017 年版，第 4 页。

唐鉴的学生倭仁在 1829 年考中进士，成为曾国藩的良师益友。倭仁根据自己多年写日课的经验，希望曾国藩也写日课，"当即写，不宜再因循"①。曾国藩当即照做"每日一念一事，皆写之于册，以便触目克治"②。倭仁对曾国藩写的日课不太满意，进而提出严厉的批评："扫除一切，须另换一个人。"③ 曾国藩"悚然汗下"，以为"药石之言"。

曾国藩从这些师友中"汲取养分"，提升自己，在文史书法考据方面皆有进益。黎庶昌高度评价了曾国藩在京师多方拜师交友，切磋学问，像海绵吸水一样，吸收不同性格、不同风格、不同类型人的学问和知识，"往复讨论，以实学相砥砺"④，为自己之后大干事业奠定学问基础。

除恶惩奸的循吏

古代循吏十分注重对基层问题的关注与解决。当他们看到扰民甚深的恶霸豪强、奸佞之徒为害一方、鱼肉百姓时，不惜奋力制止、除恶惩奸，努力为百姓安居乐业提供良好的政治生态。他们也非常注意这些恶霸豪强奸佞背后的"保护伞"，即使拼尽全力甚至牺牲也要去除，可谓壮哉。

宋朝的胡顺之出身于离京城较远的偏僻之地。年幼之时，他目睹豪强恶霸横行乡里的斑斑劣迹，百姓却告而无门，这在胡顺之幼小的心灵中种下了未来要除恶惩奸的念头。后来，他高中进士，走上了仕途。在浮溧县当县令期间，他以解决县中蛮横势力为己任，积极地为百姓安居乐业营造出良好环境。浮溧县中有一个叫臧有金的恶霸，为人蛮横，做事霸道无理。他家蓄养多条恶狗，当地百姓一旦路过其家门口，屡遭犬咬。他在自家院墙密植橘柚之树，使百姓不能入其内。臧有金之所以这么严地看管自家门户，最大原因在于他从来不交租税，而是通过非法手段隔断征税之人

① 姜志勇、孔珍珠：《曾国藩家风》，新华出版社 2016 年版，第 111 页。
② 姜志勇、孔珍珠：《曾国藩家风》，新华出版社 2016 年版，第 111 页。
③ 姜志勇、孔珍珠：《曾国藩家风》，新华出版社 2016 年版，第 111 页。
④ ［清］黎庶昌：《曾文正公年谱》第一册，朝华出版社 2018 年版，第 23 页。

入其门的路径。以前的知县均知这个情况，但是慑于其威势，不敢惩罚臧有金。臧有金的租税均由当地里正出资代为捐纳。

等到胡顺之来到浮滦县当县令，不肯忍受为臧有金代交租税的里正来找胡顺之告状。胡顺之派县衙差役前往臧家收税，结果空手而归；他又派级别更高的押司录事前去收缴租税，结果仍然空手而归。胡顺之得知这个情况后，非常震怒，于是亲率里正、衙役，带着柴草来到臧家门口。胡顺之率人将柴草塞进臧家门缝，用柴草团团围住臧家，用火焚之。臧家人见状，纷纷逃窜。胡顺之命令衙役进行追捕，将所捕之人带到县衙，对臧家人中 16 岁以上的男子进行痛仗。臧有金自知理亏，又慑于胡顺之的威严，没有去府里进行投诉。臧有金改过自新，亲自缴纳租税，出现了"臧氏租，常为一县先"的局面。

胡顺之后来被调到山东青州当幕僚。当时，青州有一恶霸叫麻士瑶，暗中勾结朝中宦官，家中私藏兵械，麻士瑶在当地州县作威作福，鱼肉百姓，当地官员莫敢作声。恰逢麻士瑶杀害了他侄子麻温裕，麻温裕的母亲去州里告状，州中官员皆面面相觑，不敢去抓捕麻士瑶。唯有胡顺之自告奋勇，率领衙役来到麻家，对麻士瑶一党进行抓捕。最终，按照律法，麻士瑶被判死刑，麻士瑶族党按照相应罪行均受到了惩罚，称霸一方的麻氏遂得以剪除。胡顺之因此名重于朝廷，被宋真宗特召，职位亦得到了提升。

明朝有个官员叫道同，1377 年出任番禺知县。明代的番禺，虽与外通商，但商民混杂，难于治理。加之当地军士欺压商民，百姓苦不堪言。前几任番禺知县均知其难而不堪其扰，解任而去。在这种背景下，道同来到了番禺出任知县。他上任后，首先按照律法制裁扰民的军士和闹事的商民，社会秩序逐渐走向稳定有序。

可惜，好景不长。1379 年，永嘉侯朱亮祖被派来镇守广东。朱亮祖是明初开国元勋，武将出身，"勇悍善战而不知学，所为多不法"。来到广东，平常松散惯了，不把国家法度放在眼中的朱亮祖成为番禺地方豪强恶霸的"保护伞"。当时，有几十名土豪地痞在集市上欺行霸市、抑买珍货，稍不如意，便打人抓人。道同得知这个情况后，将带头闹事的人抓起来打算示众。土豪地痞一起去找朱亮祖，尽情诋毁道同，且行贿于他，试图寻求保护。

朱亮祖深知道同是一个"不折腰"的强县令，权威逼迫不行，转而设下酒宴，邀请道同来吃饭。酒足饭饱之际，在朱亮祖委婉谈到此事时，道同站起身来厉色曰："公大臣，奈何受小人役使！"朱亮祖恼羞成怒，派人将在街上示众的土豪地痞硬抢了回来，予以庇护。盘踞在番禺的土豪地痞势力看到朱亮祖是"一颗大树"，于是争相攀附。当时还有一个姓罗的富豪索性将女儿送给朱亮祖做妾，其兄弟因此怙势为奸。道同依法将罗氏兄弟抓捕归案。朱亮祖看到罗氏兄弟被抓，故伎重演，派人到县狱中将罗氏兄弟夺去。

义愤填膺的道同将朱亮祖违法诸事写成条陈上报给朱元璋。朱亮祖得知道同上疏弹劾自己，"恶人先告状"，抢在道同之前将奏疏上陈给朱元璋，奏疏中指责道同讪傲无理。朱元璋先接到朱亮祖的奏疏，按照奏疏中指出的道同所犯罪恶，传旨遣使前往番禺，将道同斩首。朱元璋的使者刚离开京城不久，道同的奏折也到了京城。朱元璋看到道同的奏折中罗列的朱亮祖各项犯罪事实，明白了事情的真相。此时，朱元璋急忙再派使者奉旨前往番禺，收回前旨成命。然而，当第二位使者赶到番禺的时候，道同已遭冤杀。朱亮祖的行为对朱元璋来说是一种戏弄。第二年，朱元璋就将朱亮祖绳之以法。番禺的百姓对道同的政绩非常感念，通过各种祭祀来缅怀他。

除恶惩奸的循吏在唐代有薛季昶、左震等。武则天时期，河北道按察使薛季昶在藁城巡视的时候，发现了藁城县尉吴泽是当地恶吏。吴泽为人贪婪骄横，恣意作恶害民。吴泽曾经在光天化日之下，用箭射死了无辜的驿使；他还曾剪下妇女的头发当作假发。当地百姓敢怒不敢言。得知吴泽恶行的薛季昶，带人将吴泽捕获，核实罪行后，将其仗杀。藁城百姓奔走相告，闻者无不拍手称快。唐肃宗的时候，有一个官员叫左震。他在担任湖北黄州刺史的时候，发现当地女巫和恶少互相勾结，扰乱社会秩序。左震率人来到黄州驿馆，拖出女巫和恶少，对其斩杀。左震还将这些女巫和恶少索取的各种贿赂列了一个清单，呈报给唐肃宗，并用不法所得替百姓缴纳赋税。唐肃宗看到了左震的奏报，虽然对他先斩后奏的做法非常生气，但也对他的行为感到钦佩，不久之后就提拔左震为商州刺史。

廉洁如一的循吏

古代循吏非常廉洁，并能够做到始终如一。唐代杜荀鹤《送人宰吴县》中说："字人无异术，至论不如清。"[1] 这段话意思是说爱护百姓没有特殊的办法，最好的道理莫过于为官清正廉洁。如果官员能够做到廉洁如一，不仅是对百姓最好的守护，也是对国家政权最好的维护。

东晋名臣吴隐之，年少喜欢读书，博涉文史，品德高尚，"有清操"。当时，他家中十分窘困，但他不食不义之粟，不取不义之财。后来他走上仕途，能够做到廉洁始终如一。他在晋陵当太守的时候，从来不用仆从，亲自砍柴和做饭。后来，他被提拔为朝中廷尉，廉洁之风仍然不改，穿戴十分破旧，所得薪俸都分给亲族。399 年，吴隐之出任广州刺史，新的挑战摆在他的面前。

当时，广州地处南国，虽依山傍海、十分富庶，但其地气候炎热潮湿，且多瘴疫，达官显贵或者北方官员一般不愿意去广州当官。只有一些贫穷的官员为了广州的丰厚财富，争相去为官。此前的广州刺史都在广州为官期间进行敛财，满载而归。朝廷深知此弊端，但是无力革除。在这种背景下，吴隐之来到广州为官，摆在他面前的是各种诱惑。当吴隐之携其家小来到离广州二十里的石门，听说这里有泉水名曰"贪泉"，凡是喝过这里泉水的人，均会变得贪得无厌。过去不少来广州做官的人，路过"贪泉"，皆尽饮其水，然后到广州搜刮民财，酌贪泉之水也就成为这些人掩盖敛财之过的"遮羞布"。

吴隐之向家人明志，只要廉洁如一，就能摆脱"贪泉"这个魔咒。吴隐之走到"贪泉"边，饮一杯泉水而尽，且赋诗以明志："古人言此水，一酌怀千金。试使夷齐饮，终当不易心。"[2] 他在广州上任后，以身作则，以上率下，影响和带动了广州各级官员的作风。他日常饮食非常平常，只不过是一些蔬菜和干鱼而已。他的下属有一次买来一条鲜鱼，剔除鱼骨而

---

[1] ［唐］杜荀鹤：《杜荀鹤文集》，上海古籍出版社 2013 年版，第 86 页。

[2] 许嘉璐：《二十四史全译：晋书》第三册，汉语大词典出版社 2004 年版，第 2002 页。

存其肉，他发现后，将此人处罚开除。吴隐之以此事来警戒下属，取得成效。在与妻子游览湖边风光时，吴隐之的妻子乘兴送给他一斤沉香，他接过来一看，觉其奢侈，将沉香扔进湖中。

皇帝下诏书表扬他，在家孝顺父母，出任外职以廉洁自守，这是一般人难以做到的，但是吴隐之做到了。吴隐之礼敬亲族，常分食给他们，自己却十分俭朴。吴隐之地处盛产珠宝能满足人各种欲望的地方，而仍能做到廉洁自持；居住在用金子装饰器物的富庶之地，而仍能做到不改节俭之志。革除奢侈，倡导节约，使岭南风俗大为改观。

吴隐之饮贪泉而不贪的故事，被后人传颂。《晋书》对吴隐之的事迹有一个很高的评价："吴隐酌水以厉清，晋代良能，此焉为最。"① 唐朝诗人王勃还写下了"酌贪泉而觉爽，处涸辙以犹欢"的诗句。他为官一生，不管是在中央还是在地方，在富庶之地还是在贫穷之区，始终能够做到廉洁如一。

清朝名臣刘统勋，任官数十载，一直是廉洁如一。1773 年 11 月，刘统勋于黎明之时入朝，"至东华门外忽婴痰疾"②，就此辞世。当乾隆得知大学士居然死于上朝途中，非常震惊。于是，乾隆亲自赶赴刘家，发现"门闾湫隘"，入其室后，"见其俭素，为之恸"。回朝后，乾隆对着大臣说："如刘统勋方不愧真宰相，汝等宜效法之。"乾隆追赠刘统勋为太傅，祀贤良祠，谥文正。乾隆这么看重刘统勋，原因就在于刘统勋为官干练，清正廉洁，始终如一，"遇事既神敏，秉性原刚劲。进者无私惑，退者安其命，得古大臣风，终身不失正"③。

刘统勋在朝中任职的时候，不仅从不向别人炫耀，更不会与其他人进行奢华攀比，即使做了大学士，也"自奉极俭，所戴朝珠都比较廉价"；当他外出任职的时候，也没有显出京官的威严和铺张。1761 年，刘统勋因黄河于开封决口，以大学士身份前去视察。他虽奉旨远出，但只带着两位家仆，六七匹驿马。洪亮吉非常感慨，如果人人都像刘统勋如此俭朴从

---

① 许嘉璐：《二十四史全译：晋书》第三册，汉语大词典出版社 2004 年版，第 2004 页。
② 王钟翰点校：《清史列传》第五册，中华书局 1987 年版，第 1396 页。
③ 王钟翰点校：《清史列传》第五册，中华书局 1987 年版，第 1397 页。

政，吏治还会败坏吗？

刘统勋为官清廉，不仅体现在奉俭节尚，而且还能在任何场合拒绝贿赂，真正做到"立朝侃然"。刘统勋的老友之子出任湖北巡抚，这位老友为寻求刘统勋日后对其子的帮助关照，认为朝中有人好做官，就特派仆人登门给刘统勋馈送黄金千两。面对故友送来的黄金，刘统勋十分清楚，这是老友在为其子"烧香拜佛"、减少政治羁绊而献出的钱财，自己一定不能拿。于是，刘统勋将老友的仆人唤来严词拒绝。仆人携金而回，将刘统勋的话转述给了他的老友，他的老友感慨地说，我真是一时糊涂啊，儿子要想晋官加爵，需要凭真本事啊。

有一位带有厚礼者深夜来访刘统勋，刘统勋知悉其意，因而拒不接待。等到第二天上午，刘统勋来到政事堂，传唤昨夜来访者入见，并且对其说："昏夜叩门，贤者不为，汝有何禀告，可众前言之，虽老夫过失，亦可箴规也。"来者听后，支支吾吾，最后面有愧色地离去。刘统勋有理有据地回应行贿者，颇有大臣之风。

所谓官风不正，民风必歪。百姓都会盯着上面的官员，如果上面官员的行为稍有偏颇，必定会对下面有很大的影响。反之，亦成立。如果上面的官员行为端正，对下面的影响也是很大的。刘统勋对自己的要求非常严格，己正而下方能正。当下面出现不良风气的时候，己正的刘统勋就能理直气壮地进行巡视和查处。担任都察院左都御史的时候，刘统勋对那些贪赃枉法的官员进行查处且从不容情。当时，广东粮驿道明福、云贵总督恒文、云南巡抚郭一裕、山西布政使蒋洲、归化将军保德、江西巡抚阿思哈等人贪污受贿，都是刘统勋在外出巡视过程中审查处理的，"皆论如律"。

廉洁自持的循吏

一、以身作则

桓宽在《盐铁论》中说："夫欲影正者端其表，欲下廉者先之身。"[①]

---

① 陈桐生译注：《盐铁论》，中华书局 2021 年版，第 347 页。

古代循吏在仕途生涯中，敏锐地判断到只要自己在高位以身作则，就能刷新吏治，整顿作风，形成风清气正的局面。被孔子称为"忠"的楚国令尹斗子文位居要职，作风却十分简朴，无论饮食还是穿着，都对自己要求极严。当时，楚国财力贫乏，为了充盈国库，斗子文以强烈的家国情怀，带头毁家纾难，把自己家中财产捐出来给国家。楚国由此从大臣到老百姓都向他学习，国库不仅充盈了，而且培养出了楚人强烈的国家责任感和使命感。

古代循吏自幼读圣贤书、立志守节，清廉自守成为他们做人为官的座右铭。他们走上仕途，立志要实现自己治吏治国的抱负。康熙时期的名臣汤斌出生于明朝末年，虽遭逢乱世，但其家仍不废耕读传家之习。汤斌在追随其父辗转各地过程中，目睹百姓艰辛，坚定了他读书做官为民的决心。1652 年，汤斌进士及第，被顺治裁定为"品行清端，才猷瞻裕"。汤斌走上仕途的第一站是陕西潼关道副使，从仕途第一站，他就扣好了人生第一道扣子，谨守廉洁之则。汤斌骑着骡子，带着破被褥、竹书箱，在赴任潼关路上，甚至被潼关守关把总瞧不起："把你放到锅里煮也煮不出个官味来"。汤斌就这样以身作则，此后一直以廉洁自守要求自己。1684 年，康熙亲自点名汤斌出任江苏巡抚，临行前，对汤斌说，做官应以正风俗为先。江苏习俗崇尚奢侈，应该努力教化引导，这不是一朝一夕可以做成的事，一定要慢慢地进行，使他们改变原来的观念。汤斌铭记康熙教诲。在他去了江苏后，能够以身作则，真正做到移风易俗。他上任后，在廉洁自守这一点上，真正做到了以身作则。因其每餐只有一块豆腐，百姓亲切地称其为"豆腐汤巡抚"。

二、独出淤泥

古代循吏即使身处不良风气之中，仍然能出淤泥而不染，真正做到廉洁守身，这点实属难得。"有局量，立行清苦"的柳俭在由前朝入仕隋朝过程中，能够独扛风气。隋政权是靠武官撑起执政基础的，以文官身份成为隋朝地方大员的柳俭在主政地方过程中，能够对不尊法度、祸害地方的武官行为进行纠正和严惩。他担任广汉太守时，严惩贪赃枉法之徒，净化了当地政治生态；担任蓬州刺史时，为官清廉，不敛钱物，营造了风清气正的政治气候。因品行端正、不善逢迎，柳俭得罪了蜀王杨秀被免官。柳俭还乡时，"乘敝车羸马，妻子衣食不赡"，清正之风从中可见一斑。隋炀帝即位后，政风逐渐恶劣，柳俭仍然能够做到洁身自好。他在出任弘化太守后，所受俸禄散发给属吏，又严办仗势欺人之豪强。当时，他的清名天下传颂。

古代循吏在宦海生涯中，由于清廉自守，留清名在外，亦遭到了朝野舆论的攻击或好心的"劝导"。然而，他们仍然能够摒弃流俗，敢于坚持己见，真正做到不被流俗所染。唐朝名臣陆贽在出任宰相后，对自己要求非常严格，一概拒绝地方藩镇的重金拉拢行为。他的行为得罪了一些奸邪小人，"沽名钓誉"之说随之加在他的头上。唐德宗了解这件事后，下密旨责备陆贽"清慎太过"，并劝导他："如不接受贵重财物，细小物品受亦无妨。"善于为文的陆贽没有顾忌皇权的权威，在回复唐德宗的疏中告诫皇帝不能从细节小事处放松警惕："利于小者必害于大，易于始者必悔于终。贿道一开，辗转滋甚，鞭靴不已，必及衣裘，衣裘不已，必及币帛，币帛不已，必及车舆，车舆不已，必及金璧。日见可欲，何能自窒于心；已与交私，固难中绝其意。是以涓流不止，溪壑成灾；毫末既差，丘山聚衅，自昔国家败亡多矣。"① 陆贽深刻地剖析了"贿道一开"的危害："伤风害礼，莫甚于私；暴物残人，莫大于赂。"陆贽没有奉皇帝之诏，这股清流为当时政治注入了清廉之风和生机活力。

三、金刚不坏

古代循吏在追逐自己梦想的时候，能够做到不染一尘，练就金刚不坏之身。戴震在为一代廉臣王敏撰写的传记中，称赞他身上具有"廉洁自持"的品格。王敏遭逢灾年，每两天才吃一顿饭。他的弟弟给他带来了丰裕的钱财，让他用来买食物，遭到他严词训斥："奈何干人败家风？"② 他命令其弟把钱财拿走。他的朋友了解他的贫困境遇后，"欲有赠"。其友袖子中带着银子，来到王敏家中待了一天，回去的时候袖子中仍然装着来时带着的银子，因为王敏不受。时人有感于他的清廉自持，称其为"王廉士"。从王敏身上可以看出"富以苟，不如贫以誉"对他的深刻影响。廉

---

① 于景祥：《陆贽》，辽海出版社 2014 年版，第 19—20 页。
② ［清］戴震：《戴震文集》，中华书局 2017 年版，第 190 页。

洁自持使他获得了众多赞誉。

古代循吏在仕途生涯中，虽能干且清廉，但也会遭遇官场潜规则，然而，他们能够打破官场潜规则，身正影正，树立起清官这面旗帜，赢得了良好官声。康熙时期名臣张伯行在1706年被提升为江苏按察使，是当时巡抚的属下。当时官场流行送礼之风，新任官员要给巡抚、总督等上司送礼，期其能提携。张伯行廉洁自持、秉性耿直，对此腐败习气深恶痛绝："我为官，誓不取民一钱，安能办此！"他拒绝送礼，打破当地官场潜规则，得罪了总督和巡抚，受到他们的排挤。1707年，康熙亲巡江苏，在当地总督和巡抚举荐名单中，没有看到具备良好官声的张伯行，对总督、巡抚进行严加申饬，质疑其举荐不公。康熙当场破格提拔张伯行为福建巡抚。1709年，张伯行调任江苏出任巡抚，上任后，颁布檄文《禁止馈送檄》，严禁下属馈送钱财物："一丝一铢，尽民脂膏。宽一分，民受一分之赐；受一文，身受一文之污。"① 这份庄重嘱托既源于他切身经历，又感遇当时渐下的风气。他也由此成为名重一时的清官循吏。

守边卫国的循吏

古代循吏强调文能安邦，武能定国。他们在外敌入侵之际，挺身而出，竭尽自己的谋略才华，用英武的气概统帅大军，迎接挑战，最终成功维护了边疆安全，为百姓安居乐业奠定了扎实的基础。

唐代名臣张仁愿在706年，被唐中宗任命为朔方军总管，率领部队抵御侵入唐朝宁夏地域的东突厥默啜可汗。当时，抢夺了陇右牧马万余匹之后的默啜部队北撤。张仁愿率部队一路紧随北撤的默啜部队，攻破突厥之众，夺回被掠夺的马匹和财物。为了解除东突厥经常侵扰唐朝国境的祸患，708年，张仁愿趁默啜率其部队击西，向朝廷建议沿黄河北岸筑三座受降城，以防御东突厥，进一步有效巩固边防安全。虽然朝中大臣认为此举会兴师动众、劳而无功。唐中宗却希望借此机会能够彻底解除北部边患，因此同意了张仁愿的建议。

---

① 卜宪群：《中国历史上的腐败与反腐败》下册，鹭江出版社 2014 年版，第 800 页。

张仁愿在默啜部队返回漠南之地之前，加紧施工、督促工事，仅用了三个月的时间就将三座受降城修好，分别是东受降城托克托、中受降城包头西南的拂云祠，西受降城五原，三座受降城各相距四百余里。三座受降城占据黄河北岸的险要之地，遥相呼应，构成一道坚固的防御屏障。在营建三座受降城过程中，张仁愿亦展示出他出众的军事战略思想。他一反常规，没有在受降城修筑防御建筑。当有人质疑他没有修建城防设施时，他的回答是："兵贵在攻取，不宜退守。寇若至此，即当并力出拒，回顾望城，犹须斩之，何用守备生其退恶之心也？"①百姓敬佩他御敌千里之外的英雄气概。张仁愿在三座受降城之北拓地300余里，设置1800座烽火台，遇有敌情，便燃烽烟报警。三座受降城和烽火台的建成，挡住了东突厥南犯的去路，"自是突厥不得度山放牧，朔方无复寇掠"②。张仁愿守边卫国，为大唐百姓带来了和平与安乐。在他去世后，边疆人民在受降城为他立祠，表达对他深深的追思和怀念之情。

明代戚继光在抗南倭、北虏过程中建立了很大功勋。其中，北虏指的是经常侵扰北部边镇的蒙古诸部，他们虽然接受朝廷封号，但是抢劫财物，直接影响边疆地区百姓的生产生活安全。北方蒙古诸部中最为强悍的俺答，随着实力的增大，不断骚扰北部边境，其烧杀劫掠，导致北部边疆人民遭受巨大灾难，"膏腴之地，弃而不耕，屯田荒芜，盐法阻坏"。1567年，俺答再犯北部边疆，京城众臣呼吁调戚继光镇守北边。1568年，戚继光来到蓟门，镇守北疆。戚继光到了蓟门后，发现当地士兵不熟悉战事，纪律不严，队伍不整，没有正确的军事操练方法，于是上疏朝廷，调遣浙兵北上蓟门，助他一臂之力。皇帝批准了戚继光的建议。随后，"浙兵三千人至"，"陈郊外"，恰逢大雨，但是浙兵站在郊外一动不动，"边军大骇"，"自是始知军令"，在浙兵的引领示范之下，戚继光在蓟门的军事演练才有了质量保证。

戚继光在蓟门修建敌台，每座敌台都是一座坚固的堡垒，"空心台以上临下，用火器、佛郎机、子母炮更番击打"。当时的军事守备可以说是非常强大了。部队战斗力的提升和军事设施的完善，增强了戚继光守卫北

---

① 黄永年：《二十四史全译：旧唐书》第四册，汉语大词典出版社2004年版，第2445页。
② 黄永年：《二十四史全译：旧唐书》第四册，汉语大词典出版社2004年版，第2445页。

部边疆的决心。强大的国防实力，促成了俺答与明朝的交好，同时，回击了其他土蛮的骚扰。"继光在镇十六年，边备修饬，蓟门晏然。"[1] 戚继光离开蓟门后，他在蓟门的军事思想得以继承，"继之者，踵其成法，数十年得无事"[2]。戚继光守卫北疆，为北疆和平稳定的秩序构建奠定了基础。明朝开放北部部分城市与蒙古各部进行贸易往来、文化交流等，升平景象、幸福安康生活得以再现。

清代的萨布素从一名普通的八旗士兵，经过朝廷培养、个人努力，在抗击沙俄的战场上逐渐成为战功显赫的名将。清朝前期的时候，沙俄将侵略魔爪伸到中国，先后派遣以波雅科夫、哈巴罗夫等为首的侵略军，相继闯入我国黑龙江流域，强占雅克萨等地。沙俄"深入内地，纵掠民间子女，构乱不休"。沙俄不顾清政府多次交涉、劝阻、警告、抗议，侵略活动变本加厉。在这种背景下，1683 年，萨布素被康熙任命为反击沙俄侵略者的前线主将。文武双全的萨布素开始大展宏图，制定了"三步走"战略。

第一，建立基地，搞好战备，为抗击沙俄做足功课、打好基础。第二，集中力量进攻沙俄盘踞的老巢雅克萨。当时，盘踞在雅克萨的沙俄侵略者战斗力极其凶悍，加之火器较多，弹药、粮草充足，做好了长期死守雅克萨的准备。萨布素率领清军团团围住雅克萨城，切断雅克萨与外界的一切联系，最终取得了雅克萨战役的胜利，狠狠打击了沙俄侵略者的嚣张气焰，迫使沙俄能够坐下来谈判。第三，注意发展农业生产，开发边疆，使百姓安居乐业。他鼓励八旗官兵从事农业生产，巡视田间地头，劝农耕种，奖勤戒惰，使得当地出现"咸务稼穑，衣食滋殖矣"的局面。因他军事成就突出，加之能够更好地安民，当地百姓对他非常崇敬。

一抓到底的循吏

古代循吏能做事、敢做事、善做事。其中，善做事是考验循吏的试金

[1] 章培恒、喻遂生：《二十四史全译：明史》第七册，汉语大词典出版社 2004 年版，第4285 页。

[2] 章培恒、喻遂生：《二十四史全译：明史》第七册，汉语大词典出版社 2004 年版，第4285 页。

石。能否秉持一抓到底的理念从政为民，关系到善做事的成效。《颜氏家训》中说："多为少善，不如执一。"① 做得多不见得做得好，还不如专心做一件事。专心致志地做一件事，而且能够持之以恒，做到善始善终，最终才会成功。

元代名臣张养浩在读书、做官等方面都能做到持之以恒。他年少好学，"年方十岁，读书不辍，父母忧其过勤而止之，养浩则磨面诵，夜则闭户，张灯窃读"。② 他走上仕途后，担任堂邑县尹期间，抓住乱设祠庙问题不放，着力拆毁三十多所祠庙。他为官敢言，经历了宦海沉浮后仍不改本色，殊为难得。元英宗即位后，让张养浩参与核心事务决策。恰逢元宵节将近，元英宗想悬挂彩灯以过节，这时，不改直言本色的张养浩奏疏元英宗，告诫皇帝"尤当戒慎"，"以喜奢乐近为戒"。元英宗先怒而喜，大加赏赐了张养浩，"以旌其直"。

关中大旱，民不聊生，朝廷派张养浩任陕西行台中丞。深知赈灾任务沉重的张养浩带着救灾的粮食和其他物品登车赴任，赶往灾区。沿途中，"遇饿者则赈之，死者则葬之"，详细了解受灾情况，发放救灾物资，及时慰问灾民，有序推进救灾工作。当时，因遭旱灾，粮食短缺，米价昂贵，部分米商勾结官府哄抬物价，百姓民不聊生。张养浩想实招、出实策、打重拳，平息了这场风波。"到官四月，未尝家居，止宿公署"，"终日无少息"。当地百姓在他的治理下生活得到改善，但是他却"得疾不起"，"卒年六十"。"关人，哀之如失父母。"

康熙时期名臣伊桑阿在其从政近 50 年的时间中，做事认真，实心勤谨，被康熙评为"勤劳岁久"。伊桑阿之所以能够有"勤劳岁久"的美誉，得益于其对待不同工作总是能够以一抓到底的精神去把握和落实，作出了应有的贡献。因他在工作中能够做到"凡事推诚，从公料理"，被康熙推为心腹大臣、贤良宰辅。

1677 年，清军与吴三桂军在湖南对峙，清军因缺船只而久攻不下。康熙于是派遣得力干将伊桑阿修乌船、沙船，以满足前线作战人员的军事需求。伊桑阿亲自带领造船官员前往江南地区"速行督造"乌船 60 艘、沙船

---

① 楼含松：《中国历代家训集成》第一册，浙江古籍出版社 2017 年版，第 36 页。
② 李修生：《二十四史全译：元史》第六册，汉语大词典出版社 2004 年版，第 3270 页。

200艘。由于伊桑阿直接负责，一抓到底，确保造船任务在次年得以顺利完成，如数运往湖南前线，保障了战场的军事需要。

1679年，"沙俄犯边"，沙俄侵略我国东北边疆日益加剧。随着东北军事形势的严重，通过备战打仗维护我国合法权益成为当务之急。而制造军事武器成为当时北御沙俄的重中之重。伊桑阿"奉命往宁古塔督修战舰"，他立即出关北上，不顾东北天寒地冻，与当地官员进行赶造战船，为之后反击沙俄做好了军事武器上的充足准备。

1688年，额鲁特蒙古准噶尔汗噶尔丹在沙俄唆使下攻打喀尔喀蒙古，北部边疆危机激化。康熙为了解决北部北疆危机，决定亲率大军，征讨噶尔丹。在康熙三次亲征噶尔丹过程中，伊桑阿均随驾亲征。虽然当时伊桑阿已经年过花甲，但他仍能积极协助康熙处理政务军务，传达谕旨，督修道路，令康熙十分满意。

伊桑阿非常注重刑狱工作。因为人命至重，不可不察，"每侍直勾本，上有所问，辄能举其词，同列服气精详"。1699年，伊桑阿参加朝审，复核死刑罪犯83人后，向康熙提出其中有疑点的事项。经康熙仔细盘查，83人中有30余人免于死刑。这期间，如果伊桑阿没有耐心细致的工作精神，没有一抓到底的坚持精神，就不会严谨对待这些案子所涉及的人。

伊桑阿多次上疏请求退休，没有被批准，直到康熙四十一年，才答允其以原官致仕，第二年伊桑阿去世。康熙非常悲痛，给了伊桑阿很高的评价："伊桑阿历练老成，效力年久，简任机务，镇静和平，实心任职，自请告以来，尚期优游颐养，长享升平，用副眷注，忽闻溘逝，朕心深为轸悼！下部议恤。"①

康熙时期有一个知县叫陶元淳，他在广东昌化任职期间，兢兢业业，对待所出现问题秉持扭住不放、一抓到底的精神，干出了政绩，赢得了当地百姓的爱戴。虽然昌化位置偏僻、条件艰苦、问题繁杂，但是陶元淳能够在上任后通过细致入微的调查研究，"时步行村落间，问民疾苦，煦妪如家人"，为其制定科学决策奠定基础。

在调查研究过程中，陶元淳发现昌化县原来额定上交租税之田有400余顷，因频遭水患，"半沦于海"，原额中已有三分之一成为不可能完成、

---

① 王钟翰点校：《清史列传》第三册，中华书局1987年版，第629页。

无法落实的"浮粮",官府催之甚急,百姓为之所困。爱民心切的陶元淳就此奏报上官,请求免去该地"浮粮",上官置之不理。没有灰心的陶元淳经过认真思考,撰写《浮粮考》一文,详细介绍该县"浮粮"产生的来龙去脉,奏报上官后,如石沉大海,久久没有收到回复。

如果陶元淳此时选择逃避,可能就没有他后来的政绩和美誉。既然朝廷的税额不能被免除或减少,他只能在其他方面想办法,以减轻百姓的负担。他认为,"所以苏民困者",只有"革正供外杂项","裁革杂征,自坊里供帐始"。陶元淳积极发展当地农业,劝课农桑,培植财源,增强当地财力。鉴于该县"海滨土瘠,禾稼鲜登"的状况,"乃度隙地立墟市,大招流亡,劝开垦,予以牛种,不责偿",且给予新开垦之地不征税的优惠政策,出现了"民始相率以力耕为业"的局面。①

昌化县有黎族人居住。以往官员为了方便管理黎族人,选择当地"黎头"为"土舍",协助官府征粮理讼。这个制度在当地贯彻过程中,产生了上下各取所需的严重弊端,"下之为土舍者,将凭官府之势以纵豁壑之欲;而上之为官府者,又将役土舍之力以规物产之利也。上下交徇其欲"。了解到"土舍"一职设立后带来的巨大弊端,陶元淳决定"力行清理",下令裁去土舍一职,并派人赴黎族人居住的山寨张贴榜文,"有冤者得诣陈诉"。在陶元淳治理下,"一权量,定法度",解决了"土舍"之患,使得"黎民乐业"。

陶元淳认准一件事,就会想方设法地进行解决,从不懈怠。只要是涉及百姓的事情,他都会及时地奏报上官;只要是涉及百姓的问题,他都会及时地进行解决。他日常的工作状态是白天处理政务、解决问题,晚上撰写文章,伏案不息。在他担任昌化县知县的四年时间里,他写下了《论昌化海防》《筹昌化营汛兵制议》《上萧巡抚请抵粮支谷议》《议昌化县徙居所城状》《请禁崖州营将肆虐状》《议设土舍之患状》《搜捕盗贼责成文武议》《条陈四政议》等有关地方行政事务的文章,为其驰而不息抓政务、解民忧提供智力支持。

在陶元淳的努力之下,昌化县的面貌焕然一新。原来的昌化县一派萧条景象,城外村烟稀少,城内居民仅70余家。通过几年的治理和耕耘,百

---

① 王钟翰点校:《清史列传》第十九册,中华书局1987年版,第6137页。

姓房屋错落有致，生活十分惬意舒适。昌化县面貌发生变化的同时，陶元淳因为劳累而身体日衰。他原先身体很好，"素强无疾"，担任昌化县知县后，对自身要求非常严格，"节衣缩食，署中尝至绝粮"。他忙于政务，没有充足的睡眠作保证，"坐是精力消之"。在他身体日益衰弱的情况下，遭逢昌化县旱灾降临。陶元淳积极组织抗旱，由于劳累和受寒，疾病逐渐加重，"竟以勤绩卒于官"，去世时年仅52岁。他的灵柩在运回家乡的途中经过琼州海峡渡口时，参加乡试的百名生员得知是陶公的灵柩，争相护行。陶元淳的好友冯景评价陶元淳："名传后世，岂必位高年长哉？"

政 绩 篇

古人的政绩观

古代循吏在为官过程中，尤其是在基层为官过程中，非常重视民情。他们秉持"为官一任，造福一方"的理念，在任职期间，深入基层、深入群众、深入实际，了解存在问题、解决疑难杂症、化解各种纠纷，赢得了百姓爱戴。在这个过程中，他们从思想上树立了正确的政绩观，注重民生问题，做了一些打基础、利长远的事情，并弘扬求真务实的工作作风，最终做出了政绩，名留青史。

一、注重"潜绩"

严象祖在宋绍定五年被授吉州判官。他上任之后，面临盗寇猖獗的现实情况，有人提出"清野"之策。严象祖认为，盗寇还没有来，就将百姓之屋毁掉，从道理上来讲，是不可以的。如果采取坚壁清野的政策，固然会消灭盗贼，会出一时政绩，但会产生危害百姓的后果。严象祖通过"严保伍、结士兵、联厢禁"这样强基础、壮实力的举措，最终平稳地消除了匪乱。

42岁的黄莘田在清雍正二年出任广东四会县知县。《麟峰黄氏家谱》记载四会县"邑旧有堤，绵亘数十里"，虽然有旧堤这个防洪的良好基础，但是也抵挡不住洪水的侵袭。黄莘田在前人基础上，继续做打基础、利长远之事，"畚筑厚且坚"，对旧堤进行修缮和加固，最终起到了良好作用。

黄莘田的政绩被人称道"有古良吏风"。

1817 年 8 月，阮元出任两广总督。当时岭南地区比较偏僻，属于文化不发达地区。在粤近十年间，阮元看到广东"束书不读，不立文字之流弊"，决定大兴文化之事。在粤期间，阮元修《广东通志》，创学海堂，建三水行台书院，培养汉学人才，开广东近代文化兴盛之端。

二、以民为本

余廉征在清顺治六年中进士，被授予平顺县知县、苏州知府，在任职期间，"简静宜民""整躬率属"，他对老百姓好，老百姓对他亦好。其为官有"古君子风"。毛际可在顺治十五年中进士，被授予彰德府推官。在他的为官过程中，能够为民做实事、做好事。"修涓河五门堰，溉田五万余亩"，百姓非常受益，"至今赖之"。

方象璜是顺治十六年的进士，被授予湖南理刑，任职期间，为民除盗患，政绩卓越。后在合肥任职期间，在包拯祠住宿，以"誓将黾勉清节是砥，倘不恤民，有如此水"为自勉之词。除火耗，革职弊，"代民偿槽米七八余石"，当地百姓对他感恩戴德。

徐士讷在清康熙十五年中进士，被授河南嵩山县知县。上任之后，他坚持以民为本。徐士讷开荒辟土，奖勤罚惰，革除无名杂派，建伊川书院，修邵康节祠，亲自讲学教化，经济由此发展起来，当地百姓视之为父母官。当时名臣汤斌赞誉他："冰清玉洁，实心爱民，第一廉吏也。"因其爱民心显，政绩卓越，被提拔为山东济宁知府。徐士讷在这个新的岗位上，仍然能够坚持以民为本，为民做实事。当时济宁面临饥荒，徐士讷率先捐俸，并倡导富民捐资，赈济贫困，"活十余万人"。黄河决口，"患及济宁南乡"，徐士讷亲自到一线了解灾情，"浚河治水"，"工程已达十之七"，终因积劳成疾，在任上病逝。

侯鸣珂在清同治四年被任命为陕西孝义厅同知。当时孝义厅遭灾，户户断炊、饿殍遍地。看到此情此景的侯鸣珂给自己立下誓言："不解民倒悬，鸣珂宁愿一死!"上任之后，一方面，侯鸣珂向朝廷汇报灾情，请求赈济，等到赈济下来之后，他亲自赶着骡马将粮食运送到各地，拯救灾民两万多人；另一方面，侯鸣珂号召百姓搞生产自救，与百姓一块上山种地、下田插秧。侯鸣珂更以俭朴的作风严格要求自己。他给自己和家人定下了规矩："一日三餐，不得过斤；洋芋、苞谷、糠菜各三一，不得妄加细粮。"侯鸣珂所在厅衙有一个叫余言吉的小吏，不甘忍受俭朴生活，向百姓勒索了十斤猪油，自己留下五斤，将剩下的五斤暗地里送给侯鸣珂夫人杨芝香。侯鸣珂知道此事后非常生气："刮民脂膏，如杀我父兄；百姓倒悬，尔等安享清福，不堪造就。"随后，将余言吉削职为民，责令自己的妻子将五斤猪油还给百姓，并以受贿罪仗责四十。侯鸣珂率先垂范，赢得了百姓爱戴。等到侯鸣珂离任之时，当地百姓为了感恩他，敬送"仁德如春"巨匾给他。

三、求真务实

林则徐在各地为官期间，其治水之功，常被百姓称赞。他在江苏主政时间较长，治水业绩亦颇为显著，"吴中称为数十年之利"。当时江苏涝灾严重，林则徐就如何疏浚除涝进行积极的调查研究，在调查研究过程中，发扬求真务实精神，为科学制定治水政策、切实解决水患问题打下扎实基础。林则徐发现疏浚河水直通海口这个方案花费太大且没有实际效用，故采取就近疏通到河的方案，既疏通河水，又可以灌溉农田。林则徐建议，在河口建闸坝，既防潮汐泥沙进入，又可使所积之水从所建之坝归海。闸坝建好后，林则徐亲自察看和验收，如遇堤坝有崩塌的危险，便下令逐段"挑砌加固"。水利工程在之后的实践中得到检验，成效显著。林则徐根据江苏不同地区、不同水情具体情况而采取不同应对之策。在高堰，他多设闸放水，减轻压力；在太湖，他侧重在下游进行疏通，防止侵占荡田；在海州，他注重疏导防涝；在徐州，他注重河道挑挖，因地制宜。如果自己没有调查研究和实证分析，林则徐是不敢提出相应治水对策的，正如他在致邹锡淳书中所说："此事弟未习地形，亦不敢妄议。"① 从中可见他的求实精神。

清乾隆七年，郑板桥出任范县知县。他上任之后，经常带一名衙役扮作村民模样，到田间地头察看农情和民情。当时许多民间实情都在郑板桥

---

① 本书编委会：《林则徐全集》第七册，海峡文艺出版社2002年版，第36页。

的调查研究中被获悉，他再以此为基础科学制定决策。有一年大旱，灾情严重，百姓民不聊生，到龙王庙求雨。看到此情此景的郑板桥积极地与群众进行交流，写下了一首打油诗开导民众，还把这首诗当成告示四处张贴，让老百姓知晓其中的道理，放弃祈雨，转而走引水灌溉之路。经过努力，灾年变丰年，出现了"种得新蔬雨后肥"的局面。郑板桥求实的行为为范县带来一股清风，通过干实事、察实情、出实效，他作出了政绩，正如清代郑方坤在《郑燮小传》中所说："既得官，慈惠简易，与民休息，人亦习而安之。"①

欧阳修的政绩观

欧阳修作为北宋文坛领袖，其文学造诣被后人所称道。除了文学造诣，他为官期间内，深受儒家思想熏陶，将儒家理念灌注到政治实践中，在不同地方、不同岗位上，均能做出巨大的政绩，福泽于民的同时，对后世政治思想亦产生了极为深广的影响。

一、良好的家风传承

欧阳修的父亲欧阳观，勤奋好学，50 岁的时候考中进士，出任道州判官，其为人刚正不阿，为官清正廉洁、勤政为民、匡贫济困。政声人去后，民意闲谈中。欧阳观去世后，其政绩仍为人所称道。此时，年幼的欧阳修追随着二叔欧阳晔，在欧阳晔身边深受其熏陶。欧阳晔在中了进士之后，担任地方官。他"为人严明方质，尤以洁廉自持"②，其为人处世做官的态度，深深影响了欧阳修。欧阳晔担任随州推官时，恰逢灾荒，大洪山奇峰寺上百个僧人却囤积大量粮食。京西路转运使怀疑这些僧人囤积居奇、哄抬物价，命令欧阳晔前去查封僧人所囤积的粮食。这些僧人闻讯后，非常惊恐，给欧阳晔送来白银千两，请求其手下留情。欧阳晔拒收贿赂，难能可贵的是他还能为僧人着想，告诫僧人只要把囤聚的粮食卖给官

---

① 初国卿：《郑板桥：绝世风流》，辽宁人民出版社 2015 年版，第 136 页。
② 王水照、崔铭：《欧阳修传》，人民文学出版社 2020 年版，第 8 页。

府用来赈济灾民，就不会有灾祸。这些僧人高兴地答应了。欧阳晔的决策，既免了僧人之灾，也让饥民免于饿死。

欧阳晔在桂阳当官的时候，一伙人为了争夺船只，相互斗殴，闹出了命案。欧阳晔接手后，详细了解和调查案情后，让所有嫌疑犯卸除枷锁，在厅堂吃饭。饭后，欧阳晔留下一人，认定此人就是凶手。欧阳晔说，我刚才观察你们吃饭，大家都是右手拿筷子，只有你左手拿筷子，死者的致命伤在右胸，说明凶手是一个左撇子。最终此人承认自己是凶手。欧阳晔身上廉洁的、求实的作风给欧阳修带来深刻的影响。

欧阳修的母亲郑氏对欧阳修要求非常严格，不仅教儿子读书学习，而且还把欧阳观生前为官的"廉"、奉亲的"孝"、从政的"仁"，传授于欧阳修。当时家庭贫困，为了鼓励欧阳修养成爱学习的习惯，郑氏虽然没钱购买笔墨纸砚，但是，仍想方设法地创造条件让欧阳修学习。郑氏拿家乡的荻草为材料制成笔，以沙盘为纸，让儿子欧阳修认字写字，这就是流传至今的"欧母画荻"的故事。郑氏让儿子欧阳修诵读《毛诗》《春秋左氏传》等经典书籍，培养孩子清朴思想。史书记载郑氏辛苦为子学习非常上心的情形，"母郑，守节自誓，亲诲之学"[1]。欧阳修在母亲影响下，主动积极地去读书，经常跟邻居借阅书籍，终为其后来成为大文豪奠定基础。"吾家又贫，无藏书"的欧阳修看到邻居"有弊筐贮书在壁间，发而视之"，得"唐《昌黎先生文集》六卷"，借阅后，回家潜心研读，终有所获。

二、识见高对策实

经过努力的欧阳修在考中进士后，走入仕途，开启了他的宦海生涯。欧阳修有着浓厚的民本思想情结，对百姓疾苦非常重视。1044 年 4 月，宋仁宗委派欧阳修赴河东路巡视考察民情。临行前，欧阳修上书宋仁宗，请求皇帝向河东路颁发诏令，此次巡视，沿途官员不准出城迎送，不准奢华接待，一切宜简，不能给基层加重负担。在巡视河东路及周围地区过程中，欧阳修能够在掌握真实民情民意基础上，通过给皇帝上折子，提出科学的解决对策，进而为化解民忧奠定基础。欧阳修来到绛州等地的时候，老百姓前来倾诉，过去从近处解池领取蚕盐，后来官府下令，让百姓去远

---

① 倪其心：《二十四史全译：宋史》第十一册，汉语大词典出版社 2004 年版，第 7155 页。

处三门这个地方领取蚕盐，由于路程较远，又是农忙季节，有的百姓缴纳盐钱、放弃领盐，结果官府竟然不答应，强迫百姓前往三门领取蚕盐。欧阳修了解这个情况后，给宋仁宗写了一个折子《免绛等州人户远请蚕盐牒》，不仅反映了百姓的苦楚，而且请求朝廷允许百姓缴纳盐款后放弃远程领取蚕盐的任务。

欧阳修来到芦洲的时候，发现有一些县人丁稀少、土地荒凉、诉讼很少，不值得配有县名，浪费了执政资源。欧阳修据此上奏朝廷，建议朝廷能根据实际情况，撤销这些县的建制，裁减官员，减百姓负担。这些意见虽然当时朝廷没有采纳，但是在后来得到采纳，并取得了良好效果。随后，欧阳修来到麟州，亲临黄河之边，通过询问戍卒、考察地形，经过权衡和思考，给朝廷上书，认为麟州"城壁坚完，地形高峻，乃是天设之险，可守而不可攻"，不赞成迁废麟州之举，而应该保留麟州建制，减少常驻士兵，提升士兵质量和战斗力。朝廷采纳了欧阳修这一建议，麟州得以保全，宋朝西部边防有了一道坚实的屏障。

三、一任接着一任干

1048 年，欧阳修在扬州为官的时候，刚上任，就给前任扬州行政长官韩琦写信："疏简之性，久习安闲，当此孔道，动须勉强，但日询故老去思之言，遵范遗政，谨守而已。"[①] 他在扬州的施政方向是继承韩琦的施政风格，宽简待人，不图虚名，遵循规律，讲求实效。这种继承前任施政风格，与欧阳修一贯提倡的理政务简思想是相吻合的："夫理繁而得其要则简，简则易行而不违。"欧阳修的理政务简思想不是消极不为的，而是积极进取的、是力求高效的。他在扬州为政，吏治井然有序，百姓安居乐业，扬州人在他离开之后为他建祠。

1058 年 6 月，欧阳修权知开封府。欧阳修的前任是有名的包拯，以威严刚毅著称于世。欧阳修的施政风格却是宽简，当时被人诟病，指称他不能够与包拯相提并论。然而，宽简不是不作为、乱作为，而是按照规律和法则办事。包拯的威严是对非法官员而言，然其亦有宽舒一面，是对百姓而言；欧阳修的宽舒是对百姓而言，然其亦有威严一面，亦是对非法官员

---

① 朱安群、徐奔：《欧阳修大传》，中国文史出版社 2013 年版，第 262 页。

而言。从这一点上看，欧阳修继承了包拯施政的某些风格。欧阳修上任后，面对京师权贵有恃无恐的违法现象，非常痛恨，并决定予以严加惩罚。当时有个宦官叫梁举直，私自动用官兵，触犯法律，被交付开封府处置。当时，宫中传出口令，希望欧阳修能够对梁举直法外开恩，宽舒其罪。欧阳修顶住压力，最终将梁举直绳之以法。欧阳修在《论梁举直事封回内降札子》中对"曲庇小臣，扰屈国法"的行为进行痛斥，入情入理地批判宽舒罪过是不允许的事情，从中可见欧阳修"威严"的一面。

冯梦龙的政绩观

"才情跌宕，诗文丽藻，尤明经学"① 的冯梦龙，一生有着丰富的人生阅历和学识。1634 年，61 岁的冯梦龙来到"地僻人难到，山多云易生"的福建寿宁，当了 4 年知县。在任期内，留下了"政简刑清，首尚文学，遇民以恩，待士有礼"② 的美名。

一、以事实为准绳进行断案

冯梦龙在寿宁知县任上，处理狱讼案件非常有成效。对待这些案件，他没有主观臆断，亦没有偏听偏信，而是采取调查研究，以事实为准绳，对案件进行系统分析、科学归纳，最终得出经得起检验的结论。

寿宁县一座山坳上住着上村人和下村人，两村人由于历史原因结下世仇。等到冯梦龙来寿宁之后，出现了一件争斗之事。上村的水牛和下村的水牛进行角斗，周围围观的上村人和下村人很多。时间不长，上村的水牛把下村的水牛弄死了。

上村人和下村人为此进行争吵，下村人要求上村人赔水牛，上村人坚决不赔偿，两村人将官司告到冯梦龙那里。冯梦龙升堂后，将两村的村长、当时的村民代表、牛主、牧童等一并叫到堂上。怎么解决这个纠纷，成为考验冯梦龙的一道难题。如果解决得不公平，将会激化矛盾。

---

① 王尧、顾建宏：《冯梦龙研究》第六辑，苏州大学出版社 2020 年版，第 69 页。
② 冯保善：《东吴畸人：话说冯梦龙》，江苏人民出版社 2016 年版，第 142 页。

经过详细地了解，冯梦龙认真分析、判断、归纳、总结案情，最终给出十六个字的判词："两牛相争，一死一生；死者同吃，生者同耕。"① 公平思想渗透其中，解决了此案纠纷。上村人和下村人都接受冯梦龙的调停和判词，而且两村之后过上了和谐的生活。

二、以实际难题为突破对象

寿宁的虎患非常严重。当时山林中有一种伤害人畜的花斑虎，给当地群众带来祸患。《寿宁县志》中记载花斑虎经常"损伤人畜"。由于寿宁城楼坍塌，加之年久失修，山林中花斑虎乘夜跑入城内，危害百姓和百姓家中牲畜家禽。当地百姓谈虎色变，无奈之下，去城隍庙向神灵叩头祷告，祈求神灵消除虎患。冯梦龙看到此事，没有选择逃避，而是主动解决这个虎患难题。首先，他不顾年老体弱，走村串巷、翻山越岭，寻访捕虎能手。然后，他发动群众修缮城楼，在很短的时间内完成修缮任务。在此之后，在山后、树林设置捉虎陷阱。"其制如小屋一间，分为三直，内外壮根，闭羊左右以饵虎，空其中设机焉。触之则两闸俱下，虎困而吼，众乃起而毙之。"② 因为措施得当，在很短时间内消除了虎患。

寿宁重男轻女的陋习非常严重。"闽俗重男而轻女，寿宁亦然，生女则溺之。"③ 他写下对联"神灵有赫，不溺女定生奇男；天道无私，能孝亲必生贵子"悬挂于寺中，以示反对溺女陋习。他通过调查研究，思考成熟后，亲自撰写发布《禁溺女告示》，对溺女行为进行道德谴责："为父者你自想，若不收女，你其中从何而来？为母者你自想，若不收女，你身从何而活？"④ "如今好善的百姓，畜生害怕杀害，况且活活一条生命，置之死地，你心何安？"⑤ 在道德谴责基础上，对溺女行为进行实际惩罚，"本县拿男子重责三十，枷号一月"⑥。道德上教化、律条上惩罚，最终极大限度地遏制了寿宁的溺女行为。由此，冯梦龙骄傲地说："自余设厉禁，

① 马步升、巨虹：《冯梦龙》，江苏人民出版社 2014 年版，第 185 页。
② 马步升、巨虹：《冯梦龙》，江苏人民出版社 2014 年版，第 191 页。
③ 马步升、巨虹：《冯梦龙》，江苏人民出版社 2014 年版，第 200 页。
④ 冯保善：《东吴畸人：话说冯梦龙》，江苏人民出版社 2016 年版，第 137 页。
⑤ 冯保善：《东吴畸人：话说冯梦龙》，江苏人民出版社 2016 年版，第 137 页。
⑥ 冯保善：《东吴畸人：话说冯梦龙》，江苏人民出版社 2016 年版，第 138 页。

且捐俸以赏收养者，此风顿息。"①

寿宁民贫地瘠，说其民贫，因为"民无余欠，库无余财"；说其地瘠，"山无涓滴不为用，山任崔嵬也要耕"。当时处于明朝末年，政治动荡、战争频发，统治阶级的各种赋税非常严重，加重了当地百姓负担。有的百姓只能"典妻卖子"，结果"犹不能偿"。冯梦龙在寿宁知县任上所作《催征小诗》："不能天雨粟，未免吏呼门。聚敛非吾术，忧时奉至尊。带青耷早稻，垂白鹭孤孙。安得烽烟熄，敷天颂圣恩？"② 这首诗流露出冯梦龙对当地民情困难的同情和关注。针对民贫，"自古攻守之策，未有不以食为本者"的冯梦龙十分注重发展农业，修仓贮粮，反对"税外横取""无名之敛"；针对地瘠，因地制宜进行开垦，取得了显著成效。

三、以打基础之事作为施政方向

冯梦龙在寿宁主政期间，"学校虽设，读书者少"，"经书而外，典籍寥寥，书贾亦绝无至者"，由于寿宁地理位置偏僻，百姓不知学习的重要性，冯梦龙在寿宁修缮县学、兴文立教，自己还亲自捐出银两资助所建之学。同时，他还延聘儒学大师在县学中进行知识讲授。

冯梦龙还颁布《四书指月》，亲自讲解，在他的倡导下，寿宁学习之风渐兴，"士欣欣渐有进取之志，将来或未量也"。他还将自己在寿宁任职的经历写成志书《寿宁待志》，该书文风朴实、流畅优雅、内容丰富，详细地记载了疆域、城隍、县治、学宫、土田、户口、升科、赋税、恩典、积贮、兵壮、狱讼、物产、盐法、风俗、贡举、官司、劝诫等内容，既是他为政以文、感化百姓过程的展示，也是他施政思想的真情流露。

冯梦龙在寿宁期间，积极提倡植树造林。冯梦龙之前二十年的寿宁知县蒋诰，曾经大力提倡植树，"捐钱植松树数百于九岭，以蔽行人"，"苔罪亦许种松自赎"。九岭是西南到寿宁的必经之路，冯梦龙上任之时路过此地，并在蒋诰所栽之树下面歇脚纳凉，对蒋诰的行为大加称赞。冯梦龙在前任基础上，注重潜绩打造，不断倡导种树植树。

① 马步升、巨虹：《冯梦龙》，江苏人民出版社2014年版，第200页。
② 马步升、巨虹：《冯梦龙》，江苏人民出版社2014年版，第188页。

明末有位民间藏书家在《寿宁冯父母诗序》中称赞冯梦龙的政绩："计闽中五十七邑令之闲，无逾先生者。顾先生虽耽于侍，而百端苦心，政平讼理，又超于五十七邑之殿最也。"① "百端苦心，政平讼理"是对他政绩的最高评价。

于成龙的政绩观

作为清朝名臣，于成龙的为官历程十分精彩。他不怕艰辛、不畏困难、勇于担当、善于行政、为官清廉的官品，帮助他作出了巨大政绩，为后人所景仰。

一、勇于任事的担当风格

1661年，45岁的于成龙，怀着"此行绝不以温饱为志，誓勿昧天理良心"的抱负，赴经济落后、人烟稀少、流寇甚多的蛮荒之地——广西罗城出任知县。经友人劝阻、路途艰险、身染重病而不改初衷，等他到了罗城之后，亲眼看到年久失修的罗城县衙，茅草搭建的堂屋，没有围墙的知县宿舍，亲临水土不服、非常荒凉之地，亦动摇过于成龙的决心："边荒久蛮之地，一官一仆，难以理事，乞赐生归。"② 上级没有批准于成龙乞归的请求。既如此，他决定留在罗城大干一场，以安其心，以尽其责。

于成龙来到罗城之后，勇于任事，采取了"三步走"战略。第一步是整治匪患。罗城县当时匪患非常严重，社会治安极其不好，严重影响百姓生命财产安全。看到这个情况，为了加强基层管理、维护社会治安，于成龙果断地实施了保甲法这一管理制度，集中居住的居民，五家为一小保，十家为一大保，保的上一级是甲，保长和甲长对外具有防御职责，对内具有管理职责，层层领导、层层管理。官府再给其一定的资助。一旦有匪盗入侵，保长和甲长就会组织百姓，同仇敌忾，共同御敌。通过建立保甲制度，严禁盗贼，严惩为非作歹

---

① 吴妤：《冯梦龙研究》第四辑，苏州大学出版社 2019 年版，第 124 页。
② 中共吕梁市委宣传部：《大道之行 天下为公：清官廉吏于成龙》，中共中央党校出版社 2018 年版，第 21 页。

之徒，对于改邪归正的盗贼采取安抚政策，罗城县社会治安得到管控。

第二步是发展农业。"劝农赈贫"是知县职责之一。于成龙鼓励百姓发展农业，采取"勤而获者旌其门，惰而荒者群言以辱之"的方针。他经常走访于田间地头，看到哪户的田地经营得好，就给这户题个匾，写副对联，表彰一下，鼓励他们好好干；看到谁家的田地种得不好，就动员邻居去做工作，把这家人拉到田地去干活。没过几年，罗城农业获得大丰收，百姓安居乐业。

第三步是解决讼案。罗城百姓有许多困难和纠纷，通过打官司的途径，把这些困难和纠纷反映到官府来。作为罗城的长官，他非常重视讼案。当时，罗城械斗非常厉害。当地两大家族赵家和廖家为了争得五亩土地而发生械斗，双方各有死伤，赵家觉得吃亏了，便来县衙要求主持公道。于成龙在判语中说"械斗恶习，犯王章，伤和气，天理不容，人神共嫉"，强调了自己上任后屡屡苦口婆心告诫父老乡亲们不要械斗，但是"听之藐藐"，发生了"赵廖两姓械斗之事"，最终通过斩首赵家族长和廖家族长的方式，震慑了一批人，械斗之风从此收敛。罗城县上到重要事件，下到民情礼俗，百姓都可以到官府申诉，于成龙都会审理，依法判决。

二、敢于碰硬的解难精神

于成龙的政绩受到上级的肯定。1667 年，广西官府保举于成龙的批语是："罗城在深山之间，民风顽悍，成龙洁己爱民，建学馆，创养济院，任事练达，堪列卓异。"[①] 于成龙作为广西唯一"卓异"被推荐给朝廷。由此，于成龙被提拔为四川合州知州。

于成龙上任合州后，发现合州交通不便，夏天酷热难耐，民风较为彪悍。从当时合州所辖铜梁县的情况来看，能够想见于成龙治政之难。铜梁县在战争后出现了人口锐减、生产落后等状况，此时的官府仍下达繁重的赋税任务，加重了百姓负担。于成龙上任后，四处张贴告示，宣传朝廷对招抚外逃流民的好政策，告诉外逃的老百姓可以随时随地回家投靠亲友、从事生产，等到生活、生产逐渐恢复，走上正轨后，再考虑合理收税。当

---

① 王若东、刘乃顺、林祥：《天下第一廉吏》，山西人民出版社 2014 年版，第 33 页。

时，许多流浪在外的老百姓在这一政策感召下回乡从事生产工作。同时，在铜梁县的流寓，即从外地逃亡到铜梁的人，于成龙按照朝廷律法，鼓励他们生产，保护其在铜梁的合法权益。于成龙再辅之以奖励垦荒、以文治民等措施，没多长时间，合州实现大治。

由于于成龙政绩卓越，被朝廷多次提拔。1678 年 6 月，他被提拔为正三品的福建按察使，按察使的职责是"振扬风纪，澄清吏治"。于成龙的任务是负责福建全省的监察和司法管理工作。上任后的于成龙面临的最大难题是如何解决关在狱中的违反"迁海令"的百姓。清朝顺治帝为了牵制和对付盘踞台湾的郑成功家族的反清势力，下达了"迁海令"，这一政治主张严禁内地商船在附近海域通行，企图割断台湾的粮草来源，为最终收台奠定基础。"三藩"之乱后，靖南王耿精忠盘踞福建、虎视东南，清廷担心福建对面的台湾郑经搞反清复明的行动，一旦和三个藩王合兵，后果不堪设想，沿用了顺治帝的"迁海令"，通过禁止贸易，让台湾缺衣少粮。当时，"迁海令"非常严格，好多福建百姓以渔猎为生，被全部下狱。于成龙察看卷宗，发现狱中被关百姓好多是被冤枉的。于成龙就此事禀报福建总督姚启圣，姚启圣不敢违背朝廷法令。于成龙又去找驻守福建的康亲王杰书。杰书认为于成龙说的有道理，就答应了于成龙为民请命的请求。于成龙回去后，将犯人的案子全部调出，详加审视，最终斩杀几名重要罪犯，其余良善百姓全部释放，赢得了当地百姓的拥护。

1680 年，于成龙在康亲王的保举之下，被康熙提拔为直隶巡抚，成为直隶省最高行政长官。上任后，于成龙面临直隶吏治松弛这个问题，于是提出了整顿吏治的施政主张。一方面，他以小节约束官员，严禁官员之间互相送礼。当时大名县知县为试探虚实，在中秋之日，给于成龙送了一份礼。于成龙见到此物后，直接斥回，并颁布《严禁馈送檄》，对大名县知县进行严厉申饬："本应题参，姑念初犯，暂从宽宥。"[①] 于成龙随即下令："以后凡遇重阳、冬至、元宵灯节，并过路送礼，各衙门概行禁止。如有私相馈献，查出并行题参，决不姑宽。"[②] 另一方面，他从制度设计层面指

---

① 中共吕梁市委宣传部：《大道之行 天下为公：清官廉吏于成龙》，中共中央党校出版社 2018 年版，第 116 页。

② 中共吕梁市委宣传部：《大道之行 天下为公：清官廉吏于成龙》，中共中央党校出版社 2018 年版，第 21 页。

导官员，在其颁布的《饬查劣员檄》中强调要以"察吏安民"为各级官员的职责。于成龙要求各级官员对勒索百姓、贪污敛财的官员要认真审察，"细加体察，务将不肖贪酷官员，据实揭报，以凭飞章参处"。于成龙在直隶整顿吏治，卓有成效。

于成龙为官期间，在不同地方、不同职位上所作出的政绩，得到了民意认可，也得到了康熙认可，终于成为一代名臣。于成龙去世后，"金陵人为之巷哭"。熊赐履为其撰写墓志铭，称赞道："予以谓公之清德令望，即海内孰不知之！""性善吃辛苦，诸人所不能堪者，一处之恬如。"① 康熙评价于成龙："两江总督于成龙操守端严，始终如一。朕巡幸江南，延访吏治，博采舆评，咸称居官清正，实天下廉吏第一。"② 康熙御书"高行精粹"四字为其匾额。清代学者戴震评价于成龙："成龙清严忠直，勤劳治事，官吏无不敬畏，归于廉慎。"③ 在民间、朝廷、名臣、学者眼中，于成龙都享有盛誉。

陈瑸的政绩观

作为清代名臣，陈瑸从基层干起，一步一个脚印，扎实向前迈进。他为官廉洁、遇事沉着、做事干练，颇有官声。他注重实际，经常搞调研，能够精准地把脉基层难题，提出较为正确的施政方子，维护基层群众的利益。

一、兴调查研究之风

1694年，39的陈瑸中了进士。过了5年，陈瑸才接到吏部通知，出任福建古田知县。来到古田后，陈瑸看到古田贫穷落后的样子：街道狭窄，路面坑洼，店铺破落，集市冷清。摆在陈瑸面前的最为头疼的事情是古田年年拖欠国家赋税，前几任古田知县都因为没有及时向国家缴纳赋税而坐

---

① 赵桂溟等校：《于清端公政书》下册，三晋出版社2019年版，第394页。

② 中共吕梁市委宣传部：《大道之行 天下为公：清官廉吏于成龙》，中共中央党校出版社2018年版，第155页。

③ ［清］戴震：《戴震文集》，中华书局2017年版，第185页。

累离去。陈瑸开始兴调查研究之风，分步骤了解实际情况。

古田每年的税额为两万六千余两，然而年年征收不齐。征收不齐既完不成国家赋税任务，又不能给为官衙办事的官吏发放充足的薪俸，更不能为古田经济社会发展多做有益之事。陈瑸考虑到是不是赋税任务比较沉重导致缴纳任务完不成，随即招来古田县丞询问古田人口和人头税、田亩税。县丞回答说，古田有五万人口，每人交人头税银四钱七分，田亩税银三钱六分，如果这两项都能如实收取上来，远远超过了上缴定额。

陈瑸思考，为什么古田每年都完不成上缴任务呢？前任知府告诉陈瑸，因为古田的刁民比较多，所以完不成赋税任务。当陈瑸看到大街上百姓穿着破烂、生活贫苦，就想到这样贫苦的百姓怎能负担赋税。为了了解真实情况，陈瑸找来破衣服穿上，打扮得蓬头垢面，深入山上的村民家中了解情况。经过调查了解，百姓租种地主的田地不仅要给地主交租，还要承担国家赋税，交完地租后，百姓就没有多少钱了，根本负担不起赋税。

陈瑸找到了问题的症结所在，地主的土地，本应该自己承担赋税，结果把赋税担子转嫁给了村民百姓。为解决这个问题，陈瑸设宴，请古田的豪绅地主来赴宴，向他们说明情况，打算颁布一个田契，谁交赋税，谁领田契。豪绅地主听了之后，纷纷表示愿意承担赋税。陈瑸此举，既让豪绅地主缴纳赋税，完成了上缴国家赋税的任务，又减轻了村民百姓的负担。上缴赋税中返回来的钱财用于改善民生、发展经济、昌隆文化，古田发展势头良好。

二、扬求真务实之风

在古田干了几年，陈瑸因政绩卓越，被福建巡抚张伯行看重。张伯行向康熙推荐了陈瑸："瑸旧任古田、台湾二县，廉能著称，舆情悦服，至今不忘。"[①] 康熙同意后，将他派到台湾。1702 年，陈瑸任台湾知县。当时，台湾刚被收回政权，民风彪悍，迭生民变，一场大的执政考验正等待着陈瑸。由于台湾土著居民对过去荷兰殖民者的痛恨，对统治阶级普遍存在反感、仇恨情绪。来台湾的官吏，对台湾高山族一律称之为"生番"，

---

① 王钟翰点校：《清史列传》第三册，中华书局 1987 年版，第 809 页。

对他们的行为视为谋反。

陈瑸来到台湾之后，没有对高山族歧视和打压，而是弘扬求真务实的作风，深入了解台湾民众真实情况，为科学制定政策奠定了基础。陈瑸首先来到狱中，接见参与民变的台湾群众。看到牢房阴暗潮湿、腐臭不堪，陈瑸在日记中写到，"狱中污秽，暗无天日"。时值寒冬腊月，狱中所关犯人全是单薄穿着。陈瑸为犯人送去衣物、施以汤药。狱中犯人生活有了改善，对新知县陈瑸已心存感激，对官府敌意已去，向陈瑸说了实际情况。陈瑸了解到赋税层层加码，到百姓头上，已经不胜其负。没办法的百姓只能起来反抗，不幸被抓捕。陈瑸决定为狱中犯人平反，放他们回家。

他的这一求真务实的决断虽然遭到台湾知府的阻挠，但得到了朝廷和福建巡抚张伯行的支持，最终取得成功，赢得了台湾民众的民心支持，民变消失。随后，根据台湾实际情况，陈瑸发展农业、鼓励生产，同时进行道德教化，感化人心，台湾大治。台湾由"俗晓悍"变为"民知礼让"。因其政绩卓越，李光地和张伯行联名向朝廷推荐，1705 年，陈瑸被提拔为云南清吏司主事。

三、彰廉洁自持之风

经过古田、台湾知县职位的历练，陈瑸的仕途走上了快车道，若干年之后，他被提拔为湖南巡抚。地位越高，责任越大。走马上任湖南后，陈瑸能够平等待人，没有高官架子。整顿吏治，成为陈瑸上任后的首要任务。"官吏妄取一钱，即与百千万金无异"成为陈瑸廉政为官的座右铭并在实践中加以推行的廉洁信条。陈瑸临衙亲政，在前任巡抚存卷中，陈瑸发现一封密告湘潭知县王爰溙横征暴敛的信。上任巡抚在信上批了"匿名滥告，不予理会"几个字，便将其放进卷宗不管了。长沙知府薛琳声因熟悉长沙风土人情被陈瑸点名问话。二人谈话过程中，薛琳声便将同窗好友兼姻亲的王爰溙的政绩大加赞赏一番，试图给陈瑸留一个好印象。

陈瑸心想，到底是卷宗中告发的是事实，还是薛琳声所说的是事实，事关廉政，决意去调查一番。陈瑸微服私访来到湘潭，看到的是民生困顿，通过与百姓攀谈，发现民怨沸腾。陈瑸随后亲临王爰溙私宅，宅第陈设奢华、王宅家人着装奢华。回到府衙后，陈瑸派人去调查，发现王爰溙徇私舞弊、聚敛聚财。陈瑸召见王爰溙，当着薛琳声的面，声色俱厉地斥责了王爱溙的腐败行为，同时，斥责了薛琳声不仅包庇王爱溙，而且为王爱溙美言的行为。不久，王爱溙得到处罚，薛琳声被连降三级，湖南官风得到整肃。当地百姓对陈瑸廉洁从政的行为评价甚高。张伯行在与陈瑸书信中称赞陈瑸"廉勤著绩"。康熙称赞陈瑸"陈瑸居官甚优，操守廉洁"。《清史稿》称赞道："瑸性清介。"陈瑸的廉洁品质和操守获得了极高的评价和认可。

陈瑸在《十月上疏》中强调："崇节俭以惜民财"，"应申严奢侈之禁"，"宜安俭朴"，"不许收受州县馈送"。看到陈瑸的《十月上疏》，又听闻他人对陈瑸政绩的肯定，1714年底，康熙单独召见了陈瑸。看到他身穿粗布、身体瘦削、脸色苍白，从知情大臣中了解到陈瑸提倡节俭并身体力行地加以实践，导致身体虚弱，康熙告诫陈瑸要多注意身体、改善生活。康熙在临别之际，书赠陈瑸一首诗："留犊从来汉史传，建牙分阃赖官贤。宽宏驭吏当持法，休养安民务使全。岭海屏藩靖蜃气，关山保障息烽烟。迎年节近新春至，援笔枫宸饯别篇。"[1]

1716年，陈瑸任福建巡抚兼理闽浙总督。虽位高职重，但是陈瑸主仆二人共居一室，俭朴可见一斑。1718年开春之后，陈瑸屡感身体不适，经常咳嗽，经查，确诊为痨病，可谓积劳成疾。随后，病情严重，陈瑸无力处理公务，上表奏请回家调养。康熙获悉此事后，非常关注，嘱其在任上诊治，以免舟车劳顿加重病情。当年10月，陈瑸病情恶化，不幸去世，享年62岁。临终前，陈瑸将在巡抚任上应得俸银一万三千两捐入国库。噩耗传到京师，康熙告谕群臣："陈瑸居官甚优，操守极清。朕亦见有清官，然如伊者朕实未见，即从古清臣亦未必有如伊者。"[2]追授陈瑸为礼部尚书，谥号"清端"，推为廉吏典范。

---

① 易卓奇：《天下第一清官陈瑸》，安徽文艺出版社2018年版，第264页。
② 王钟翰点校：《清史列传》第三册，中华书局1987年版，第809页。

用 人 篇

古人如何识人用人
——"廉"与"贪"

古人对"廉"与"贪"这对关系有着很深的认识。包拯在《乞不用脏吏疏》中说:"臣闻:廉者,民之表也;贪者,民之贼也。"[1] 统治者在识人选人过程中,发现廉洁的官员是国家的财富,在守护百姓、促进发展、增强国家实力方面起着积极的作用;贪婪的官员是国家的蛀虫,对百姓、社会、国家起着消极的作用。一旦发现廉洁的官员,就会挖掘、提拔;一旦发现贪婪的官员,就会斥责、降职甚至判刑。这样才能形成正确的用人导向,更好地净化政治生态。

古代社会,有为的统治者对廉洁的官员非常敬重,注意发挥廉洁之官的能力、弘扬廉洁之官的品性,对于净化政治生态具有积极影响。曹丕时期的官员孟康,由散骑侍郎后被提拔为中书令,因为他在不同的岗位上都能够做到"清己奉职",得到百姓和统治者认可。南朝宋孝武帝时期,被任命为广州刺史的王琨,面对这一美差而没有产生贪念。广州当时土地肥沃、物产丰富、远离京城、控制较松,一些在此担任官职的官员搜刮民财、勒索百姓,很快就会成为巨富,当时民间有"广州刺史但经城门一过,便得三千万"的说法。王琨却在担任广州刺史期间"无所取纳",非

---

① 季风:《季风讲圣贤家训》,广东旅游出版社 2019 年版,第 111 页。

常清廉。等到王琨离任广州时，宋孝武帝"知其清"，"为廷尉，加给事中"，提拔了王琨。唐朝尚书左仆射李廙"有清德"，其妹夫户部侍郎刘晏看到李廙家中门帘破旧，让人编织了一个新的门帘，打算送给李廙，"三携至门，不敢发言而去"。因刘晏对李廙清廉品德的敬畏，才会有那样的行为。能够做到自清、慎独的廉洁之官，对于纯洁社会风气、维系统治秩序有非常重要的作用。

清廉为官，是有正确价值观的官员的做官基础。这些官员得到统治者认可、鼓励、支持，加之自身素养所塑造出廉洁作风，影响和带动更多人形成良好为官规范。古代许多廉洁之官，对己要求非常严格。唐代名臣郑余庆从宰相职位上退下来后，"一日忽召诸朋朝官数人会食"。当时许多在朝官员"以故相重望，皆凌晨诣之"。郑余庆在与众臣僚聊天过程中，把自己家仆叫过来进行吩咐："厨家烂蒸去毛，勿拗折项"，众臣僚听了这个描述之后，"以为必蒸鹅鸭之类"，肯定是大餐，结果等到出餐的时候，"人前下粟米饭一碗，蒸葫芦一枚"。郑余庆此举在警醒这些臣僚，虽然位居高位，但是仍要食粗茶淡饭，才能做到廉洁从政。郑余庆的家风比较好，他的儿子郑浣亦是传承其父俭约之家风，"以清规素履，嗣续门风"。郑浣虽居高位，但是选任人员当官非常严格。"从父昆弟之孙"来投奔他。郑浣看到此人穿着朴素，行为粗犷，想必是农家耕读之人，打算培养他。在一次聚餐中，郑浣发现这个人在吃蒸饼时，"搴去其皮，然后食之"，非常生气，将丢掉的蒸饼之皮自己吃掉，并严厉申斥这种纨绔之习，"赠以束帛，斥归乡里"。

古人在很早的时候，就认识到了官员贪腐对政权巩固和国家发展的消极影响。《贞观政要·贪鄙》中说："且为主贪，必丧其国；为臣贪，必亡其身。"有作为的统治者在发现官员有贪腐行为后，定会对其严惩不贷。在南朝齐的时候，当时有一个典签叫刘道济，假公济私，利用职权，中饱私囊，"脏私百万"，齐世祖知道后，非常生气，"赐道济死"。明成祖时期有一个叫丁珏的官员，"居官十年，贪黩不顾廉耻"，被明成祖发现，"遂谪戍边"。清康熙时期，出现了一个官场"双面人"，名字叫赵凤诏。赵凤诏对康熙大谈贪污之危害，"比之妇女失节"，受到康熙赏识："尔言虽鄙俚，能如此存心甚佳"。结果，赵凤诏因"巧立税规，贪墨不识，受脏三十余万两"而被弹劾，康熙下旨彻查，赵凤诏贪腐属实，"凤诏遂伏诛"。

在封建社会，如果统治者自身腐化，就会使许多臣僚效仿，政权危亡之日就不远了。隋炀帝沉湎于声色犬马的生活而不能自拔。为了满足隋炀帝自身贪欲，他用权力赏罚进行导向，能够为他提供好的物质享受的被提拔，不能够为他提供好的物质享受的被罢黜，这就加重了吏治腐化的程度。"郡县官人，竞为献食，丰厚者进擢，疏俭者获罪。"① 这种不良的用人导向，加大了贪官盘剥百姓的力度，"奸吏侵渔，内外虚竭，头会箕敛，人不聊生"②。故王夫之在《读通鉴论》中对隋炀帝的行为进行深刻的批判："四海一王，舟车衔尾以相济，而敛民之粟，积之窖窖，郁为曲尘，化为蛾蚁，使三旬九食者茹草木而咽糠秕，睨高廪大庾以馁死，非至不仁，其忍为此哉？"隋炀帝物欲追求奢华，必然要盘剥百姓，出现了宫廷之中累累之财，贫巷之中穷苦无财的现象。在封建社会，统治者自身不贪腐，但是对臣僚的贪腐采取默许、纵容的态度，亦会恶化政治生态。梁武帝萧衍在位期间，非常俭朴，然而他的弟弟萧宏敛财如狂，财物装满三十间房子，值"三亿余万"，被萧衍查出来之后，对这些贪腐得来的钱财不仅没问，还赞赏着说："汝生活大可。"萧宏以房屋作抵押，搜刮民财，萧综实在看不下去，撰文《钱愚论》以讽萧宏。梁武帝萧衍知道后，不仅没有下令彻查萧宏敛财之事，反而禁止《钱愚论》流传。梁朝倏忽而亡此事亦有大关联。

古人如何识人用人

——"名"与"实"

古人非常注重"名"与"实"这对关系。事物需要借助特定的名称来显示其内容，让人知晓。古代社会许多官员向往的就是具有儒者之风的儒官，践行儒家思想观念，将仁义礼智信贯彻到实处。由此，人们对"名"还进行高度评价，王夫之说："因义而立，谓之名义；有节而不可逾，谓

---

① 孙雍长：《二十四史全译：隋书》第一册，汉语大词典出版社 2004 年版，第 78 页。
② 孙雍长：《二十四史全译：隋书》第一册，汉语大词典出版社 2004 年版，第 78 页。

之名节；人君之求于士者，节义而已。"① 然而，"名"带来负面的部分，比如崇尚虚名、追求浮华、喜好阿谀，需要节制。故从这个层面上，古人提出："故好名为士之大戒。"为什么这些负面要素成为封建士大夫的"大戒"，主要在于这些负面要素会促使国家衰微。如何避免"名"的负面影响，就需要说老实话、当老实人、做老实事，在"实"方面下足功夫。

明末清初有一批大儒，他们勤奋好学，富有才华，在国家遭难之际，讲究"名义"，持有"名节"，体现出名士之风骨，被后人景仰。顾炎武，身性耿介，不谐于俗，留心经世之学，遭逢国难，不仕清廷，在争相罗致之时，发出"刀绳具在，无速我死"的英烈之声。王夫之，适逢国变，誓死抵抗，在苗瑶山洞，以破纸烂薄为稿纸，著书立说，以明心志。清朝统一全国成为时代发展趋势，清朝统治者亦是看到了他们这批大儒的"名义""名节"而倍加珍惜，终致不敢加害。这些大儒读书做学问，亦是念念不忘"名义""名节"，认为这些好的东西是涵养学问的源泉和基础。清史专家郑天挺认为，顾炎武读书治学的前提在于对气节进行阐述："他（顾炎武）认为，一个人应该有气节，有廉耻，也就是有理想，没有气节没有廉耻没有理想的人，念多少书也没有用。要多念书，更要有气节，要有崇高的理想。"②

汉宣帝执政的时候，发现许多地方官经常说大话、空话、假话，与实际情况严重不符，为博得虚名而丑态百出。汉宣帝申饬这些人："考察所行以质其言，有名实不相应，必知其所以然。"如果汉宣帝对臣僚出现的名实不符的情况不予以纠正而任其发展，必然会导致国家衰微。封建社会中，有的皇帝因为追求浮华而把国家推向衰微。南朝最后一个皇帝陈叔宝，与自己宠爱的妃子过着奢华、浮华的生活而置国家存亡于不顾，最终亡国。唐玄宗后期政治黑暗，其中一项重要原因就是喜好阿谀之语，忠奸不分，最终酿成安史之乱。唐玄宗指着安禄山的肚子问："此胡腹中何所有？其大乃尔！"安禄山发表媚上之言："更无余物，正有赤心耳！"唐玄宗听了非常高兴，于是对安禄山委以重任，放松了对安禄山的警惕，使得

---

① 勾利军、刘海文：《文白对照全译读通鉴论》，山西人民出版社 1994 年版，第 797 页。

② 吕振羽、斐文中、尹达、杨向奎：《大师讲史：中央党校经典讲稿选编》第二册，中共中央党校出版社 2017 年版，第 418 页。

安禄山拥有实力进行叛乱。连皇帝都重名轻实，大臣们亦会受皇帝重名轻实言行影响，势必会造成朝廷黑暗、政治腐败、国家衰微。

晋武帝时期有一个名臣叫和峤，出任要职，当他看到晋武帝的儿子司马衷不太聪慧，对晋武帝进言："皇太子有淳古之风，而季世多伪，恐不了陛下家事。"[①] 和峤进言的初衷是希望晋武帝提升皇太子司马衷齐家治国能力，说的是老实话，晋武帝听了之后选择沉默。后来，晋武帝对大臣讲，近来司马衷谈吐有长进，你们去与他进行交流，回来禀报你们交流的结果。其他大臣与司马衷交流后回来向晋武帝禀报，夸赞太子见识高明；而和峤与司马衷交流后回来向晋武帝禀报："圣质如初耳"，意思是还与以前一样，没有太多的变化。晋武帝听了之后，"不悦而起"。和峤"言及社稷，未尝不以储君为忧"的责任感和使命感，使得他能够说出符合实际的老实话，尽管这些老实话让晋武帝不高兴，让后来即位的司马衷不理解，但是仍然能够得到晋武帝和司马衷的信任，实属难得。统治者选用这些敢说实话、勇说实话、善说实话的官员，原因在于和峤的实话是为了国家，出于公心。

清康熙时期的名臣汤斌，就是一个典型的老实人、老实官。这种老实体现在很多方面。在北京考取进士后，他能够自甘清苦，潜心留意古今治国之道，以益时政，冷静对待功名。他向康熙进言，每每后朝修史，都会将前朝扛烈义士当成是忠诚榜样以入史册，清朝修明史，也要正确对待明朝扛烈义士。他的建议遭到朝臣攻讦，但却得到康熙赞赏，因为这种行为是老实人为国着想的值得鼓励的行为。汤斌随后赴地方当官，不久辞官休假，回家为父守丧，守丧期满后，听闻孙奇逢在夏峰讲学，"负笈往从"，不断夯实自己的学问基础。汤斌只是希望自己多学点知识，以后能够为国家更好地效力，这种踏实稳健的作风，使他的仕途之路走得更为顺畅。康熙十七年，下诏开博学鸿儒科，汤斌应试，考试得一等，授翰林院侍讲，得到康熙的信任和重用。不久之后，康熙派汤斌去江苏，移风易俗，改善当地颓废的社会风气。到了江苏后，汤斌发现江苏由于遭受水灾，农民耕种负担很重，据此向康熙进言，希望康熙能够减免江苏赋税，以轻百姓之重。没有实事求是的作风，是不会向皇帝提出这个建议的，康

---

① 许嘉璐：《二十四史全译：晋书》第二册，汉语大词典出版社 2004 年版，第 1032 页。

熙批准了他的建议，江苏的经济社会发展很快又呈现出繁荣的局面。因政绩卓越，汤斌被提拔到京城做官，他不依附权贵，不搞团团伙伙，在当时朋党苗头已出的局面下，实属一股清流，殊为难得。在朝为官，汤斌不阿从权贵明珠一党，秉公做事，遭到明珠一党的攻击。然而，康熙始终信用汤斌直到汤斌去世。统治者为什么要对汤斌一类儒臣信任有加，原因在于他们身上有一种当老实人的气派和决心，有了这个气派和决心，国家治理和吏治整顿就会有希望。

清朝道光年间的名臣陶澍，历任陕西省按察使、安徽省布政使、安徽巡抚、江苏巡抚，官至两江总督，死后谥号"文毅"，追赠太子太保。他在地方任职期间，之所以政绩卓越，在于任用了一批富有实干精神的官员，这些富有实干精神的官员立足岗位、认真履职、兢兢业业，很好地完成了工作任务。难能可贵的是陶澍还对这些实心干事的干吏向朝廷推荐，其中苏元璐就是典型例子。当陶澍在安徽任职的时候，发现安徽宿州知州苏元璐在匪患严重的管辖片区内，能够认真做事，敢于面对"难治"之局面，通过三年的努力，"匪棍多经就获，凶暴之徒均知敛迹，命案渐少"[1]，这就为宿州安定的政治环境奠定了基础。苏元璐治理匪患取得了显著成效，在此基础上，他又着手改善民生生活，并且把改善民生重点放在劝课农桑方面，"劝民开浚沟渠，俾资蓄泄"，使许多人受益，"行旅农田，均称便益"[2]。陶澍在道光五年向皇帝陈奏，希望道光帝能够提拔苏元璐。陶澍在推荐苏元璐的折子中说："臣查宿州知州苏元璐办事实心，勤求治理，舆情相安，实属地方得力之员。"[3] 不久之后，道光擢升了苏元璐："洵为地方得力之员，着加恩赏加同知衔，仍留宿州之任，以示奖励。"

古人如何识人用人
——"信"与"疑"

古人在识人用人过程中，十分重视对"信"与"疑"这对关系的把

---

① ［清］陶澍：《陶澍全集》第一册，岳麓书社 2017 年版，第 236 页。
② ［清］陶澍：《陶澍全集》第一册，岳麓书社 2017 年版，第 237 页。
③ ［清］陶澍：《陶澍全集》第一册，岳麓书社 2017 年版，第 237 页。

握。如果对人才在了解、正确分析基础上，发现其有匹配相应岗位的才华与能力，就要授权于此人，让这个人大胆地去从事相应的岗位工作，这就是"信"；如果对人才在错误分析基础上，对其才华与能力产生怀疑，进而束缚此人手脚，这就是"疑"。

为什么会出现"忠而见疑"的不公平现象呢？在于决策者在听取言论的时候，受到了舆论的左右尤其是谗言的影响，对所信赖之臣产生了怀疑。汉高祖时期，谋臣陈平足智多谋，当刘邦听到有人诽谤陈平，对陈平开始产生"疑"，开始疏远陈平；汉文帝时期，将军魏尚如此忠诚，被人诬告，差点丢了性命。更为复杂的情况在于，对同一件事，不同的判断和理解会产生不同的态度。战国时期魏国大将乐羊率军攻打中山国，乐羊的儿子当时正在中山国。中山国国君把乐羊的儿子杀掉，将其肉做成羹汤，送给乐羊，乐羊毫不犹豫地吃光了。魏文侯知道后，赞赏乐羊的忠诚："乐羊以我故，食其子之肉。"但有人向魏文侯进言："其子且食之，其谁不食？"这段话让魏文侯开始对乐羊产生怀疑。等到乐羊灭掉中山国后，魏文侯表面上赏赐他，内心却质疑他的忠诚。从中可以看出，对臣下真正做到信任，是非常难的一件事情。

《尚书》中有一段话讲得非常透彻："任贤勿贰，去邪勿疑，疑谋勿成，百志惟熙。"意思是说，任用贤才勿存疑心，去除奸佞不要犹豫不决。心中怀有疑虑，有好的谋略也不会成功。让美好的德行广泛流布。"勿疑"就是"信"。

有一种"信"是在将领实权在握、功高震主的情况下，统治者仍然对其信赖有加。汉光武帝刘秀下面有一个叫冯异的将军，作战有功，为人谦虚，论功时常坐在大树之下以避功降，人称"大树将军"。当冯异手握重兵，在关中作战时，被人诬陷其挟威自重。刘秀却给予冯异无比的信任："将军之于国家，义为君臣，恩犹父子。何嫌何疑，而有惧意？"[①] 当然，刘秀对冯异的信任是建立在冯异忠诚之上。冯异始终忠诚于刘秀，不敢有私，最大限度发挥了自己的作用。

有一种"信"是在政治谣言充斥于某人身上时，统治者仍然对其信赖有加。诸葛亮的兄长诸葛瑾躲避战乱到江东，受到东吴孙权赏识，被委以

---

① 许嘉璐：《二十四史全译：后汉书》第一册，汉语大词典出版社 2004 年版，第 556 页。

要职。当诸葛亮为刘、孙联合之事前来东吴，爱惜诸葛亮才华的孙权希望诸葛瑾能通过各种办法将其留在东吴，为其效力。诸葛瑾回答孙权，虽然自己与诸葛亮是亲兄弟，但是诸葛亮选择刘备，自己选择孙权，都不会背叛自己的事业。孙权表示理解。后来，诸葛瑾奉命到益州去见刘备，与其弟诸葛亮"俱公会相见，退无私面"，以示其忠。后来，刘、孙联盟破裂，刘备率大军讨伐东吴，诸葛瑾写信给刘备，责备他不该为报关羽之小仇，而破坏刘、孙联盟，放弃恢复汉室大业。此时，政治谣言四起，说诸葛瑾派亲信与刘备联系，有可能投降于刘备。孙权表示出对诸葛瑾的莫大信任："孤与子瑜有生死不易之誓，子瑜之不负孤，犹孤之不负子瑜也。"①然而，对诸葛瑾可能投降的谣言仍然不止。东吴主持对蜀作战的大将军陆逊明确希望孙权再次表态，以消除谣言。孙权致信陆逊："子瑜与孤从事积年，恩如骨肉，深相明究。其为人，非道不行，非义不言。"② 同时，孙权亲自给诸葛瑾写信，以示信任。

有一种"信"是在过去有政治积怨的情形下，统治者仍然对其信赖有加。赵匡胤在没有当皇帝前投奔随州大将董宗本，董宗本让其子董遵诲与赵匡胤交游。董遵诲虽然很有才华，但是做事粗鲁、性格鲁莽，常因小事辱骂赵匡胤。赵匡胤不堪其辱，离开董宗本。等到赵匡胤登基当了皇帝后，为国选才，不计前嫌，打算录用董遵诲。当董遵诲得知赵匡胤在寻找他，非常害怕，担心赵匡胤找其算账，打算自杀。董遵诲之妻却说，等你见了赵匡胤后，看看情况，再做决断，堂堂大宋皇帝，还会为小事忌恨你吗，说不定还会因祸得福呢。董遵诲打消自杀念头，去京城见到赵匡胤，叩头请罪。果如他妻子所料，赵匡胤不仅没有责怪他，反而设宴款待、畅叙友情，只字未提过去不愉快之事，且委以重任，任命他为驻守西部边关的将军。董遵诲为报知遇之恩，上任后，严守边关、屡立战功。

有一种"信"是在遭遇抨击甚至处于对立关系时，统治者仍然能够对其进行嘉赏。武则天治理天下的气象被赞为有贞观遗风，其对有才之人的信赖颇值得称道。684 年，徐敬业起兵扬州，反对武则天临朝称制，并将著名文人骆宾王所作檄文《讨武曌檄》颁行天下。该檄文极数武则天之

---

① 许嘉璐：《二十四史全译：三国志》第二册，汉语大词典出版社 2004 年版，第 796 页。
② 张作耀：《孙权传》，人民出版社 2017 年版，第 396 页。

恶。武则天阅读该檄文的过程中，看到"入门见嫉，蛾眉不肯让人；掩袖工谗，狐媚偏能惑主"时，只是"微笑而已"；等她阅读到"一抔之土未干，六尺之孤何托"时，不仅没有生气，反而对宰相说："宰相何得失如此人！"武则天对骆宾王文采的赏识超越了对立关系，她的胸怀和格局影响了臣子的行事风格。武则天时期有两个名臣，一个叫狄仁杰，另一个叫娄师德。狄仁杰能够成为武则天时期的宰相，离不开娄师德的推荐。等到二人在朝中同为朝臣，狄仁杰轻视娄师德，"数排师德，令充外使"①。当然，狄仁杰可以有他轻视的人，也可以利用职权排挤他人；而受轻视、被排挤的娄师德却没有表示出怨恨、愤怒的意思："师德知之而不憾。"洞悉群臣心态的武则天叫来狄仁杰，向他提问："师德贤乎？"狄仁杰回答："为将谨守，贤则臣不知。"武则天又问："知人乎。"狄仁杰回答："臣尝同官，未闻其知人也。"武则天对狄仁杰说："朕用卿，师德荐也，诚知人矣。"听了武则天的言语，狄仁杰叹曰："娄公盛德，我为所容乃不知，吾不逮远矣！"② 娄师德的高明之处在于能够宽容狄仁杰所为，实为朝廷存留一个能干之臣；狄仁杰的自我忏悔亦说明娄师德没有看错人。如果娄师德因为猜忌、质疑狄仁杰，唐朝有可能失去一个贤良之臣；幸运的是，娄师德选择了对狄仁杰的信任，没有选择邀功，没有选择发出埋怨之言，可谓聪明矣。

古人如何识人用人
——"长"与"短"

如何识人用人是治国理政之关键要素。"尺有所短，寸有所长。"任何个体都有自己的优势和短处。古人在识人过程中，能够认识到"夫才能参差，大小不同"的个体差异和长短之势，在用人过程中发扬其优势，规避其劣势，让人才发挥重要的作用。

《管子》中说："明主之官物也，任其所长，不任其所短，故事无不成，而功无不立。"这段话旨在强调要有识人之明，对所用之人扬长避短，

---

① 黄永年：《二十四史全译：旧唐书》第四册，汉语大词典出版社2004年版，第2440页。
② 黄永年：《二十四史全译：新唐书》第五册，汉语大词典出版社2004年版，第2746页。

最终必能做成事情。唐太宗在识人用人方面，深得人才长短之道，集一时人才之盛，成就贞观之治之辉煌。他经常对大臣说，"人之行能，不能兼备，朕常弃其所短，取其所长"①。名臣房玄龄善于谋划，但是不善于决断；名臣杜如晦善于决断，但是不善于谋划。唐太宗注重发扬二人各自所长，规避了各自短处，形成"房谋杜断"，出现"二人深相得，同心徇国"的局面。名臣戴胄，其优势在于能够秉公办事、忠直干练，其短处在于"无学术"。唐太宗扬长避短，发扬其秉公办事的优势，让戴胄担任掌管刑狱案件审理的大理寺少卿；规避戴胄的学识略短这一劣势，没有让他担任学馆儒林之职，可谓聪矣。戴胄果然在此任上不负众望，断狱干练、敢于执法，成为一代名法官。

清代明君雍正为了整治康熙晚年以来风气日下、弊政日生、吏治日坏的社会环境，裁汰冗员，大力提拔勇于任事、敢于担当的官员，以矫正不良官风。非科举出身的李卫通过捐资入仕，最终得到雍正的赏识和重用，原因在于李卫干事雷厉风行、行而有效，这一特征切中了雍正整顿和改革吏治的初衷。担任云南盐驿道的李卫积极治理百弊丛生的盐务，严格管理、严肃法纪、严厉惩罚，整顿盐务取得显著成效，由于政绩卓越，一直做到直隶总督。在直隶总督任期内，"卫尤长于治盗"，制定方案、周密部署、严追盗贼，"必尽得乃止"，"以是所部乃无盗"。

然而，李卫并非完人，他也有自己的缺点。他的缺点主要体现在生性骄纵，对上官粗率无礼，对属下又比较刻薄。雍正知其长处而发扬光大，明其短处而进行批评教诲，使其短处加以节制或得以改正。雍正"察卫尚气，屡教诫之"。李卫在云南做官时，令人制作"钦用"牌子挂在仪仗队中示众，过于张扬。雍正对其进行教诲："汝宜勤修者，惟'涵养'二字最为切要，务须勉为全人，方不有负知遇殊恩，竭力操持可也。"②并多次告诫李卫要痛下决心改正缺点："书云习与性成，若不痛自刻责，未易改除。将来必以此受累，后悔何及！"③李卫的同僚在雍正面前批评李卫"任性使气"时，雍正再次告诫李卫要严加修身："谨言之戒，朕屡经谆训，

---

① 赵克尧、许道勋：《唐太宗传》，人民出版社2021年版，第134页。
② 冯尔康：《雍正传》，人民出版社1998年版，第492页。
③ 冯尔康：《雍正传》，人民出版社1998年版，第492页。

不啻再三。丈夫立身行己，于此等小节不能操持，尚何进德修业之可期，向后当竭力悛改，时自检点，勤加从容涵养之功，渐融粗猛傲慢之习，则谤毁不弭自消矣。惟口出好兴戎，可不慎诸！"①李卫在雍正的教诲下，短处得以节制或改正，成为当时颇负盛名的封疆大吏。

但凡能够青史留名的臣子，总是能够扬长避短，最终促成事业的成功。齐桓公在鲍叔牙进言"君且欲霸王，非管夷吾不可"之后重用管仲。在管仲的帮助下，成就了齐桓公"九合诸侯，一匡天下"的伟业。管仲的高明之处在于能够清晰地看到自己的长处和短处，并且做到扬长避短。

管仲的长处在于能够准确分析国内外形势，科学制定决策。他对齐桓公说："若欲霸王，则夷吾在此。"管仲的短板在于不能如专业人才那样施展专业技能，于是他向齐桓公推荐了五个人。他提到，对各种朝班礼仪，我不如隰朋熟悉，请他来做大行吧；开荒种地，充分发挥地利，我不如宁戚在行，请让他来做司田吧；战场之上，能让兵车不乱，士兵不跑，让三军将士视死如归，我不如王子城父，请任命他为大司马吧；判案公正，不滥杀无辜，不冤枉好人，我不如宾胥无，请让他来做大理吧；敢于直谏，不畏权贵，不怕杀头，我不如东郭牙，请他来做大谏吧。管仲进一步阐述了这五人的长处："君若欲治国强兵，则五子者存焉。"这种客观分析是建立在五子专业才华在管仲之上，正好可以弥补管仲之短。

齐桓公正是看到了管仲总揽全局的相才，委以重任，发挥其长，成就一番伟业。而之后，齐桓公违背了他先前用人所长的原则，结果齐国出现祸事。齐桓公在管仲病重期间去探望并请教"群臣谁可相者"这个问题，并且提出了自己的拟选名单，分别是易牙、开方、竖刁。管仲皆予以否定，因为易牙"杀子以适，非人情，不可"；开方"倍亲以适君，非人情，难近"；竖刁"自宫以适君，非人情，难亲"②。不具备宰相之能的易牙、开方、竖刁在管仲死后，被齐桓公重用，结果"三子专权"。做事不符合人情的三个人担任要职，一定会做出不符合人情事理的事，果不其然。

扬长避短非常重要。如果让韩信去当谋士、让董仲舒去打仗、让陆贾

① 冯尔康：《雍正传》，人民出版社1998年版，第493页。
② ［汉］司马迁：《史记》第二册，天津古籍出版社1997年版，第1266页。

去办案，可能谁也不会创立先前那样的功勋，所以"任长之道，不可不察"。能将个体的优长发扬光大固然是一件好事，如果能够将个体的短处转化为长处，更值得借鉴。唐朝有一个大臣叫韩滉，有一天接待了一个来求官的年轻人。在接待他的时候，这个年轻人表现得脾气古怪、不懂世故。如果是别的官员考察这个年轻人，恐怕是不会有被录用的希望，因为这样的性格经不起复杂多变的仕途磨炼。可是，韩滉善于把这个官员的所谓"短处"转化为长处，从他的不通人情之故，看到他的铁面无私，于是韩滉派他去仓库当负责人。待他上任后，偷库盗库的现象极少发生，该年轻人非常称职地完成了工作任务。韩滉精通识人用人中的长短之道，更难能可贵的是将"短"转为"长"，充分利用人才。

曹操的用人观

曹操虽出身仕宦大家，然不同于传统世家大族，具有一定的文才武艺。自从他拉起一支军事队伍后，伐董卓、攻袁术、戮吕布、败袁绍、征乌丸、讨刘表、战马超、服鲜卑，基本统一北方，为后来晋朝统一全国奠定了基础。曹操能够在长期治政活动中，之所以取得突出成就，最根本的一条原因在于他能够赏识、重用一大批人才，形成了人才济济、为其所用的良好局面。

一、评识知人

所谓评识知人，是通过有眼光的人才品评家对人才进行品评定位。曹操自己的成长得益于评识知人这一路径。曹操"少机警，有权数"，虽然因其"不治行业"，大部分人认为他是一个普通人。然而，见解独特、阅人精准的贤良对他颇有好感。"以刚断称，谦俭下士"的桥玄对曹操非常赏识："天下将乱，非命世之才不能济也，能安之者，其在君乎！"① 曹操获得认可和尊重，增加了他的自信，他终生感念桥玄。在曹操征战生涯

---

① 许嘉璐：《二十四史全译：三国志》第一册，汉语大词典出版社 2004 年版，第 1 页。

中，"经过玄墓，辄凄怆致祭"①，在祭文中表达了对桥玄高尚品德的由衷赞美，并且发出了"士死知己，怀此无忘"的感慨。

有一个叫何颙的官员，为人正直，见解独特，见到少年曹操后，对曹操说："汉家将亡，安天下者必此人也。"②曹操由此对何颙十分感激，终生难忘。澳大利亚汉学家张磊夫在《曹操传》中对桥玄、何颙的贡献进行了肯定："更具代表性的品评是受人尊敬的太尉桥玄和官员何颙作出的，他们都看到了帝国的危机，并指出曹操是拯救这个危机的人选。"③除了桥玄、何颙对曹操赏识之外，李瓒对曹操亦赏识颇多，临终前对儿子留下遗言："时将乱矣，天下英雄无过曹操。张孟卓与吾善，袁本初汝外亲，虽尔勿依，必归曹氏。"④

桥玄为了让曹操认识更多的人，并让更多的人认识他，建议他去拜访品评人物十分权威的许劭。在许劭之前的时期，对人才的品评权主要掌握在豪族阶层，他们通过人才评价向中央政权输送人才。东汉末年，豪族的品评没有了，但对人才的品评却在清流中继续。许劭就是当时清流队伍中品评人才的高手，经他评价后的人才，一般都会身价倍增，成为炙手可热的人物。许劭对曹操的评价是"君清平之奸贼，乱世之英雄"⑤，曹操由此名声大振，为士林阶层接受，并最终走上了官场。

曹操有了一定的势力后，注意到人才是事业走向昌盛的根本，于是十分重视人才吸纳和使用。如何能从众多人才中找出优秀之辈，是当时的紧迫问题。曹操对荀彧的赏识、重用，是其人才评识手段运用的一大成果。荀彧家有着人才评识优良的传统，"知名当时"。荀彧在年轻的时候，何颙对他评价很高，认为他是"王佐才也"。后来，荀彧被举为孝廉，名声更显。然荀彧遇董卓、袁绍，认为他们不是他要侍奉的主公，于是投奔到了曹操帐下。缺人少才的曹操早已听闻荀彧的大名。荀彧没有辜负曹操的赏识，被曹操称为"吾之子房也"，为曹操出谋划策，作出巨大贡献。

① 张作耀：《曹操评传》，上海书店出版社 2020 年版，第 14 页。
② 许嘉璐：《二十四史全译：后汉书》第三册，汉语大词典出版社 2004 年版，第 1371 页。
③ 张磊夫：《国之枭雄：曹操传》，江苏人民出版社 2019 年版，第 25 页。
④ 许嘉璐：《二十四史全译：后汉书》第三册，汉语大词典出版社 2004 年版，第 1359 页。
⑤ 许嘉璐：《二十四史全译：后汉书》第三册，汉语大词典出版社 2004 年版，第 1378 页。

　　曹操亦将荀彧当成品评推荐人才的不二人选，代表着品评人物领域的权威。荀彧内举不避亲，外荐不避贤，为曹操推荐了大批优质的人才。荀彧向曹操推荐了亲族荀悦、荀攸。荀彧堂兄荀悦，博学多才，被曹操任命为秘书监，负责史书编撰；荀彧同族荀攸，被曹操任命为军师，负责军事战略的制定。曹操没有见荀攸之前，"素闻攸名"，见了荀攸后，发现荀攸很有才华，"公达，非常人也，吾得与之计事，天下当何忧哉"①。荀攸亦为曹操贡献了自己的智慧。曹操封其为侯，"军师荀攸，自初佐臣，无征不从，前后克敌，皆攸之谋也"②。荀彧向曹操推荐了钟繇、郭嘉。钟繇是荀彧的同乡兼郡吏时代的同事，被曹操委以重任，参与军国大事决策。曹操没有见钟繇之前，"数听荀彧之称繇"，等到见了钟繇之后，对他信任有加。郭嘉是荀彧的同乡，"少有远量"，"密交结英隽"，被荀彧赏识，推荐给曹操，受到曹操的重用。荀彧给曹操推荐的大才戏志才很早就去世了。曹操就此写信给荀彧："自志才亡后，莫可与计事情者。汝颍固多奇士，谁可以继之？"③荀彧于是推荐了郭嘉。曹操召见郭嘉后，与其论天下大事，说："使孤成大业者，必此人也。"④郭嘉不负众望，为曹操出奇谋作实策，建立了很大功勋，被曹操引为知己："唯奉孝为能知孤意。"⑤可惜，郭嘉也英年早逝，曹操十分沉痛，对身边人说："军祭酒郭嘉，自从征伐，十有一年。每有大议，临敌制变。臣策未决，嘉（郭嘉）辄成之。平定天下，谋功为高。不幸短命，事业未终。追思嘉（郭嘉）勋，实不可忘。"⑥

　　荀彧富有知人之明，他所推荐的人才很多，被曹操所用，成就了大业。《荀彧别传》中指出荀彧在举荐人才方面的贡献："前后所举者，命世大才，邦邑则荀攸、钟繇、陈群，海内则司马宣王，及引致当世知名郗虑、华歆、王朗、荀悦、杜袭、辛毗、赵俨之俦，终为卿相，以十数人。取士不以一揆，戏志才、郭嘉等有负俗之讥，杜畿简傲少文，皆以智策举

①　许嘉璐：《二十四史全译：三国志》第一册，汉语大词典出版社 2004 年版，第 163 页。
②　林久贵、李露：《曹操全集：汇校汇注汇评》，崇文书局 2019 年版，第 144 页。
③　林久贵、李露：《曹操全集：汇校汇注汇评》，崇文书局 2019 年版，第 157 页。
④　许嘉璐：《二十四史全译：三国志》第一册，汉语大词典出版社 2004 年版，第 237 页。
⑤　许嘉璐：《二十四史全译：三国志》第一册，汉语大词典出版社 2004 年版，第 238 页。
⑥　许嘉璐：《二十四史全译：三国志》第一册，汉语大词典出版社 2004 年版，第 238 页。

之，终各显名。"荀彧为曹操推荐了这么多人才，曹操对他非常赏识，上表封他为万寿亭侯，被他所拒绝。曹操仍然写信劝说荀彧："与君共事以来，立朝廷，君之相为匡弼，君之相为举人，君之相为建计，君之相为密谋，亦以多矣。夫功未必皆野战也，愿君勿让。"① 其中"君之相为举人"则指出了荀彧在评识知人方面的贡献。

二、唯才是举

曹操在统一北方的过程中，逐渐认识到人才是事业发展兴盛的第一要素，提出了唯才是举的人才观，产生了深远的影响。在 208 年兵败赤壁后，曹操发出喟叹："郭奉孝在，不使孤至此。"② 此后，曹操多次发令，表达了求才的紧迫心理。210 年，曹操发布《求贤令》，提出："二三子其佐我明扬仄陋，唯才是举，吾得而用之。"③ 214 年，曹操发布《敕有司取士毋废偏短令》，指出："夫有行之士，未必能进取，进取之士，未必能有行也。陈平岂笃行，苏秦岂守信邪？而陈平定汉业，苏秦济弱燕。由此言之，士有偏短，庸可废乎！有司明思此义，则士无遗滞，官无废业矣。"④ 217 年，曹操发布《举贤勿拘品行令》，指出："其各举所知，勿有所遗。"⑤ 这些政策文章，都在突出唯才是举这个道理。

曹操对人才的重视，已经提高到了一定的理论高度。如果一个人德才兼备，那是最好的，一定要选拔重用；如果一个人才身上有缺点，只要不影响事业推进、忠诚爱主，一样可以受到重用。为了实现唯才是举的目标，曹操不念旧恶，能够做到化敌为友、化敌为才。曹操对陈琳、张绣的重用就是典型例子。陈琳先为何进主簿，分析军国大事，思虑清晰，见解独特，然不为所用。后被袁绍所用，负责文书章表。陈琳为袁绍起草的讨伐曹操的檄文，文风犀利，极尽攻击之辞："司空曹操，祖父腾，故中常侍，与左悺、徐璜并作妖孽，饕餮放横，伤化虐民。父嵩，乞匄携养，因

---

① 赵威：《曹操卷》，安徽人民出版社 2019 年版，第 140 页。
② 许嘉璐：《二十四史全译·三国志》第一册，汉语大词典出版社 2004 年版，第 239 页。
③ 赵威：《曹操卷》，安徽人民出版社 2019 年版，第 171 页。
④ 赵威：《曹操卷》，安徽人民出版社 2019 年版，第 193 页。
⑤ 赵威：《曹操卷》，安徽人民出版社 2019 年版，第 198 页。

赃假位，舆金辇璧，输货权门，窃盗鼎司，倾覆重器。操赘阉遗丑，本无令德，僄狡锋侠，好乱乐祸。"① 此文对曹操的先人与曹操的品德进行了攻击。对此，曹操记忆犹新。等到袁绍被曹操打败，陈琳归附了曹操。曹操对陈琳说："卿昔为本初（袁绍）移书，但可罪状孤而已，恶恶止其身，何乃上及父祖邪？"② 在陈琳谢罪后，曹操非常大度地原谅了他："爱其才而不咎。"张绣是当时的地方军阀。在曹操第一次攻打他的时候，张绣率众投降。然张绣因愤于曹操纳其妻，又得知曹操有铲除他的想法，于是逃走。随后，曹操在与袁绍进行决战的时候，张绣再次率部队投降曹操。曹操此次真心实意接纳张绣，"执其手，与欢宴"，授其扬武将军一职，张绣从此成为曹操帐下一员能征善战的猛将。

曹操还能够不拘小节，对人才充分信任尊重。名士邢颙品德高尚，才略过人，对天下大势看得非常透彻。在战乱纷争的时候，邢颙就看出"曹公法令严"，必将结束战争，统一北方。邢颙被其好友田畴评价为"民之先觉"。曹操征召邢颙为冀州从事。邢颙的德行在当地流传。老百姓说"德行堂堂邢子昂"。曹操不久就提拔他为广宗长。此时，邢颙因过去的上司去世了，而选择"弃官"服丧，被人告发。曹操说："颙笃于旧君，有一致之节。"③ 对邢颙的忠诚十分赞赏，也没有再追究邢颙的过失。随后，曹操再次征召邢颙，委以重任。曹丕即位后，依然对邢颙厚遇待之如故。名士毕谌、魏种皆被曹操重用，然遭遇突变，历经纷争，曹操仍然待他们如初，不能不说曹操真正做到了唯才是举。曹操担任兖州牧的时候，任命毕谌为别驾。然张邈反叛，劫持了毕谌的家人。曹操顾及毕谌人伦之情，将其打发走。毕谌叩头表示没有二心。曹操对他非常赞赏，为此还流下了眼泪。毕谌退下去后，就投奔了张邈。后来，等到毕谌被擒获，大家都为他的命运而担心时，曹操发话，"夫人孝于其亲者，岂不亦忠于君乎！吾所求也"，④ 再次重用毕谌。曹操推举魏种为孝廉，非常重视他。等到张邈叛乱的时候，曹操说，只有魏种不会背叛自己。可惜魏种却逃跑了。等到后来，曹操擒获了魏种。当有人拿旧事进行谈论的时候，曹操却说："唯

---

① 堀敏一：《曹操》，北京联合出版公司 2019 年版，第 130 页。
② 堀敏一：《曹操》，北京联合出版公司 2019 年版，第 130 页。
③ 许嘉璐：《二十四史全译：三国志》第一册，汉语大词典出版社 2004 年版，第 203 页。
④ 堀敏一：《曹操》，北京联合出版公司 2019 年版，第 131 页。

其才也!"再次起用了他。

三、赏罚分明

功则赏、过则罚,对于激励人才、建功立业,具有十分巨大的作用。曹操赏罚分明很好地激活了人才的潜能。年轻时的曹操看到朝政黑暗腐朽,上疏为大将军窦武对赏罚不明、善恶不分的时政进行针砭时弊。

在壮大个人势力过程中,曹操充分利用赏罚机制帮助自己增强势力。从奖赏角度看,曹操运用多种方式,包括授予职位、爵位、土地、荣誉等。当时名士田畴,为曹操所用,举田畴为茂才,担任蒯县县令。田畴虽忙于征伐没有赴任,但对曹操感激不尽。名士蒋济被曹操赏识,委以重任,在《以蒋济为扬州别驾令》中说,"季子为臣,吴宜有君,今君还州,吾无忧矣"①,提拔蒋济为刺史助理。203 年,曹操上《请爵荀彧表》,根据荀彧的功劳,请封荀彧为万岁亭侯。荀彧为曹操出谋划策,建立了不世功勋。曹操在上表中说:"臣闻虑为首功,谋以为赏本,野绩不越庙堂,战多不逾国勋。"② 曹操以周公旦的谋划之功不低于大将姜尚,萧何的谋划之功胜过曹参,说明运筹帷幄对功业建立的重要性。提出"天下之定,彧之功也。宜享高爵,以彰元勋"③。

曹操的首席参谋郭嘉,被曹操所推重,在灭吕布、败袁绍、平乌桓中起到了至关重要的作用。郭嘉 27 岁时被曹操所用,38 岁时郭嘉病逝。曹操已经封郭嘉为侯,且食邑二百户。郭嘉死后,曹操认为应该增加郭嘉的封邑,在《请追增郭嘉封邑表》中提出增加封邑八百户。夏侯渊是曹操的同乡好友,很早就随曹操起兵,因作战勇敢,多次被曹操提拔赏赐。尤其是面对割据凉州三十余年的地方豪强宋建时,夏侯渊奉曹操之命进行讨伐,一举平定凉州。曹操非常高兴,发出了嘉奖令。曹操授予夏侯渊的这份嘉奖令,就是一种荣誉授予,是精神鼓励。

"明赏罚,虽用众,若使一人也。"④ 曹操不仅对有功之人进行赏赐,

---

① 赵威:《曹操卷》,安徽人民出版社 2019 年版,第 170 页。
② 赵威:《曹操卷》,安徽人民出版社 2019 年版,第 138 页。
③ 赵威:《曹操卷》,安徽人民出版社 2019 年版,第 139 页。
④ 张作耀:《孙权传》,人民出版社 2017 年版,第 189 页。

还通过严明法令，整顿部队，提高部队战斗力。曹操熟读古代兵法，尤其对《司马法》《孙子兵法》等颇有研究心得。他在《败军抵罪令》中通过引用《司马法》中所说"将军死绥"，延伸到"赏功而不罚罪，非国典也"，最后提出要求，"其令诸将出征，败军者抵罪，失利者免官爵"①。

曹操能够以身作则，自己犯错，亦应担责。在一次行军中，曹操制定了一条军纪："士卒无败麦，犯者杀。"然而，曹操的马跑到麦地中，触犯了军纪。当议罪的时候，主簿说："罚不加于尊。"曹操则说："制法而自犯之，何以帅下？然孤为军帅，不可自杀，请自刑。"② 于是，曹操用剑割掉自己的头发，以示惩罚，来表明对军纪的遵守。

曹操部队的军纪是严明的。他要求部队做到"三不准"："吾将士无张弓弩于军中，其随大军行，其欲试调弓弩者，得张之，不得著箭。犯者鞭二百，没入。吏不得于营中屠杀（畜禽）卖之，犯令，没所卖，及都督不纠白，仗五十"，"军行，不得斫伐田中五果桑柘棘枣。"③ 尤其是在《步战令》中，曹操一连用了十一个"斩"字，三个"杀"字，两个"同罪"，来对那些作战不勇敢、懈怠退缩、不听命令的士兵进行事前警示。

曹操不是完人，处在乱世中，位高权重，惹人注意，其中不乏反对他的人。但是，他信奉"周公吐哺，天下归心"的理念，在用人方面积极地进行政策创新和实践检验，帮助他成就了巨大的伟业。

诸葛亮的用人观

诸葛亮鞠躬尽瘁，兢兢业业，为复兴汉室事业作出巨大贡献。在诸葛亮的诸多贡献中，其独特的用人观显得尤其重要，且被后人称道。范仲淹说："史称诸葛亮能用度外人。用人者莫不欲尽天下之才，常患近己之好恶，而不自知也，能用度外人，然后能周大事。"④ 范仲淹对诸葛亮的用人之道充满了敬意。

---

① 张作耀：《孙权传》，人民出版社 2017 年版，第 192 页。
② 孙丽娜：《曹操》，辽海出版社 2011 年版，第 64 页。
③ 朱立峰：《曹操集》，中华书局 2020 年版，第 54 页。
④ ［宋］沈括：《梦溪笔谈》，中华书局 2018 年版，第 198 页。

一、举贤任能

诸葛亮对人才任用有很高的见解，他把举贤任能提高到关系国家安危的高度。诸葛亮说："治国犹如治身，治身之道，务在养神，治国之道，务在举贤。是以养神治身，举贤求安。"① 通过比喻，诸葛亮告诫世人，举贤可以让政权安定，正如养神可以实现身体康健。诸葛亮在开府治蜀过程中，非常注重贤良之才的选拔重用。《华阳国志》记载："辟尚书郎蒋琬及广汉李邵、巴西马勋为掾，南阳宗预为主簿，皆德举也。"②

以蒋琬为例，说明诸葛亮的举贤之能。诸葛亮赏识蒋琬，是基于对蒋琬才华堪当宰相的判断。蒋琬初任广都长的时候，刘备突然造访广都，看到蒋琬"众事不理，时又沉醉"，非常生气，"将加罪戮"。对蒋琬能力非常熟悉了解的诸葛亮进言刘备，认为蒋琬是社稷之器，不是"百里之才"，替蒋琬求了情。刘备因敬重诸葛亮，没有治蒋琬的罪。等到诸葛亮主事，征召蒋琬做东曹掾，逐渐将蒋琬推向政治前台，成为诸葛亮的得力助手。诸葛亮外出征伐时，蒋琬总是能做好后勤工作，被诸葛亮嘉赏。诸葛亮甚至对刘禅说："臣若不幸，后事宜以付琬。"③ 诸葛亮去世后，蒋琬被委以重任，为尚书令，被封为安阳亭侯。蒋琬"出类拔萃，处群僚之右，既无戚容，又无喜色"④，众人皆服。诸葛亮去世后，蒋琬能够协调臣僚，策划军事，很好地发挥他的作用。

诸葛亮治蜀，以人才治，最终实现大治。向宠治军有方，得到诸葛亮的赏识。诸葛亮在北伐前，上书刘禅："将军向宠，性行淑均，晓畅军事，试用于昔日，先帝称之曰能，是以众议举宠为督。愚以为营中之事，事无大小，悉以咨之，必能使行阵和穆，优劣得所也。"⑤ 于是向宠职位被提拔。后来向宠在战场上因杀敌而遇难，其忠诚任能被传颂一世。蜀部从事杨洪，被诸葛亮看重。诸葛亮对杨洪的赏识提拔，主要是通过向杨洪咨询事情发现其才能。刘备率军争夺汉中时，给诸葛亮送来文书，希望派兵驰

① 汲广运：《琅琊诸葛氏家族文化研究》，中华书局 2013 年版，第 195 页。
② 汲广运：《琅琊诸葛氏家族文化研究》，中华书局 2013 年版，第 195 页。
③ 许嘉璐：《二十四史全译：三国志》第二册，汉语大词典出版社 2004 年版，第 688 页。
④ 许嘉璐：《二十四史全译：三国志》第二册，汉语大词典出版社 2004 年版，第 688 页。
⑤ 袁钟仁：《诸葛亮文选译》，凤凰出版社 2011 年版，第 24 页。

援。诸葛亮就此事征求杨洪的意见。杨洪说："汉中则益州咽喉，存亡之机会，若无汉中则无蜀矣，此家门之祸也。方今之事，男子当战，女子当运，发兵何疑？"[1] 诸葛亮非常赞赏杨洪的言辞，大胆地提拔他兼任蜀郡太守。杨洪在新的岗位上，没有辜负诸葛亮期望，"众事皆办"，作出新的成就。

二、法令严明

诸葛亮的下属张裔评价诸葛亮："公赏不遗远，罚不阿近，爵不可以无功取，刑不可以贵势免，此贤愚之所以佥忘其身者也。"[2] 诸葛亮治政治军有方，得益于他赏罚得当，且人皆服，尤其"科教严明""无恶不惩"。

作为刘备托孤重臣的李严，在诸葛亮北伐后，担任运输军粮的重任。然而，当时恰逢雨季，道路泥泞，李严没有完成运粮任务。李严派人去找诸葛亮，让其退兵返回，诸葛亮接受了这个意见。可是等到诸葛亮班师回朝后，李严却推脱自己没有承担好运粮的职责，还上书刘禅，进一步诬陷诸葛亮。诸葛亮将李严给他的信件全部拿出，以证其伪，并上表弹劾李严不仅贪图小利，而且虚报情况、贻误战机。李严由此被贬为平民，流放梓潼郡，后郁郁而终。

作为楚地优秀人才的廖立，被诸葛亮所推重。虽然受到重用，但是廖立仍然觉得怀才不遇。等到刘禅即位后，廖立改任长水校尉。但廖立认为自己的才华名望，可以做诸葛亮的副手，但却沦落到李严等人的位置之下，"常怀怏怏"。等到李邵、蒋琬与他谈论问题，他借机抨击朝政，否定蜀国用人制度和人才。结果，他的这些言语被诸葛亮所知。诸葛亮据此上奏，称廖立"诽谤先帝，疵毁众臣"[3]。廖立由此被废黜为平民，流放汶山郡。

因诸葛亮法令严明，证据充分，惩罚得当，所以李严、廖立这样的人，虽然受到了严厉惩罚，但是在惩罚之后仍然心服口服，对诸葛亮非常崇敬。

诸葛亮对马谡十分信任，"以谡为参军"。等到诸葛亮北出祁山，派马

---

① 许嘉璐：《二十四史全译：三国志》第二册，汉语大词典出版社 2004 年版，第 651 页。
② 许嘉璐：《二十四史全译：三国志》第二册，汉语大词典出版社 2004 年版，第 650 页。
③ 许嘉璐：《二十四史全译：三国志》第二册，汉语大词典出版社 2004 年版，第 639 页。

谡为先锋,"统大众在前",在街亭被魏国名将张郃所败。为了严明法纪军纪,诸葛亮挥泪斩马谡。诸葛亮又"请自贬三等",通过对自己用人失误的惩罚来严明军纪。从这个案例中可以看出,即使是诸葛亮信任的官员,触犯了法纪军纪,也要受到惩罚,"耳威以声,不可不清;目威以容,不可不明;心威以刑,不可不严。三者不立,士可怠也"①。

虽然诸葛亮严明法令,但不滥刑,而且十分注意执行法令的分寸。镇北将军黄权被魏军所降,有人向刘备谏言,要求逮捕黄权的妻子儿女,诸葛亮也没有同意。这表明诸葛亮十分注意执法的分寸,在处理黄权的事上,罪不累及其家人。

三、量才使用

诸葛亮在用人方面会根据人才的特点,将其派到合适的岗位上,发挥其作用,做到"任其所长"。诸葛亮不拘门第、不限地域、不分派别,只要有才,就会将使"才尽其力"。诸葛亮所用之人,一部分是转战各地的旧部,一部分是荆楚之才,一部分是益州人士,一部分是外来之人。

随刘备转战各地的关羽、张飞、赵云等,皆是其旧部,受到刘备的重用,也得到诸葛亮的重用。自古荆楚出人才。诸葛亮对荆楚人才的性格、禀性、特征把握得非常精准,使用起来得心应手。襄阳出身的杨仪,才华横溢,治理政务条理清晰,治理军务细致入微。他的能力受到刘备、诸葛亮的赏识。诸葛亮发现他的能力后,提拔他为参军,代管丞相府事务,后升其为长史,加封为绥军将军。诸葛亮多次出兵,将筹备军粮、调度部队、明确军纪等任务均交于杨仪办理,都完成得非常好。

义阳出身的魏延,作战勇敢,被刘备、诸葛亮重用。诸葛亮主政的时候,派魏延军为作战前锋部队,多次取得战绩。在打败魏国将领郭淮后,魏延被提拔为前军师征西大将军,晋封为南郑侯。魏延"善养士卒,勇猛过人",被诸葛亮所用,且用到极致,建立了不少战功。

诸葛亮十分注重维护与益州士族的关系,注意从中选拔优秀人才。在选拔的益州士人中,有的是学者,如秦宓等人;有的是循吏,如尹默等人;有的军事人才,如王平等人。秦宓,"少有才学",乱世择主而侍,多

---

① 高军:《诸葛亮二十八讲》,四川大学出版社 2019 年版,第 102 页。

次征召不至，后为刘备所用。诸葛亮将其置于学界重量级人物去对待，经常向他打听益州前辈学者的故事，以显示出对他的尊重。尹默是益州的大儒，刻苦钻研古文经学，终有所成。刘备、诸葛亮进入蜀中，任命尹默为劝学从事，等刘禅被立为太子后，他被任命为太子仆，教授刘禅《左氏传》。王平"生长戎旅"，虽"手不能书，其所识不过十字"，但是所讲出的话"皆有意理"，后被诸葛亮逐渐委以重任。尤其是在街亭之战中，王平主意正确，排兵布阵皆有章法且有实效，被诸葛亮褒奖并提拔，随后屡立战功，闻于一时。诸葛亮尽力网罗这些人才，让这些人才在合适的岗位上贡献力量，也赢得了良好的声誉："西土咸服诸葛亮之能拔揽秀异也。"

诸葛亮对从蜀地以外地方来的人才，竭诚欢迎重用。名士费祎随其伯父来到蜀郡。费祎能够公平公正地处理事务，配之以绝佳的口才，外能纵论时事、语气和缓，内能治理政务、调解纠纷，被诸葛亮重用。诸葛亮派他出任昭信校尉，出使吴国，与吴国君臣舌战，"辞顺义笃，据理以答，终不能屈"①，连孙权也对他陈赞有加。随后，诸葛亮调任他为中护军、司马。

赵匡胤的用人观

宋太祖赵匡胤行伍出身，英勇善战，亦懂筹谋。当他为将的时候，吸纳人才，助他一臂之力；当他为帝的时候，更加注重人才。马上可以得天下，但是不能马上治天下。要想实现政权长治久安，必须注重人才的培养、选拔工作。赵匡胤对文臣、幕僚、能吏的重视，展示出他恢宏的用人气质。

一、优待文臣

赵匡胤虽是武将出身，然终身热爱学习，将学习所得应用到军政要务中。赵匡胤小的时候，追随名儒学习经典。后来成为后周禁军将领，仍然坚持读书学习。《续资治通鉴长编》中记载宋太祖"性严重寡言。独喜观

---

① 许嘉璐：《二十四史全译：三国志》第二册，汉语大词典出版社 2004 年版，第 691 页。

书，虽在军中，手不释卷。闻人间有奇书，不吝千金购之"。958 年，后周世宗征淮甸得胜回朝，赵匡胤用车载回数千卷书，引起了后周世宗的好奇："卿方为朕作将帅，辟封疆，当务坚甲利兵，何用书为？"① 赵匡胤回答后周世宗："臣无奇谋上赞圣德，滥膺寄任，常恐不逮，所以聚书，欲广闻见，增智虑也。"② 赵匡胤的言语受到周世宗的肯定。从中，亦能看到赵匡胤的远见卓识。赵匡胤即位成为宋朝开国皇帝后，深知过去历史中武将专权的教训，计划着力重用文臣。

赵匡胤开创的宋制，其中之一就是重用文臣官员，让文官成为人们争相努力的目标和方向。从北宋文官地位来看，是受尽尊崇礼遇的。赵匡胤下达了不杀士大夫与言官的祖宗家法，而且文官升官速度非常快、升官途径非常畅通。从北宋文官的职位来看，朝中制定国策的各部门官员都是进士出身，掌握了国家实际权力。北宋中期名臣蔡襄指出："今世用人，大率以文词进。大臣，文士也；近侍之臣，文士也；钱谷之司，文士也；边防大帅，文士也；天下转运使，文士也；知州郡，文士也。"③ 从北宋文官的待遇来看，有丰厚的俸禄、津贴等。清代史学家赵翼在《廿二史劄记》中指出："其待士大夫可谓厚矣！惟其给赐优裕，故入仕者不复以身家为虑，各自勉其治行。"④

二、重用幕僚

赵匡胤用人的特征之一，就是对自己在后周当将军时的幕僚大力提拔重用。这些人深通为吏之道，能够积极地为人君提供较为正确的意见建议，作出科学合理的决策。宋朝开国元勋第一人的赵普，就是赵匡胤的幕僚。赵普出身小吏世家，从小悉闻吏事，以精于吏道而出名。赵普虽"沉厚寡言"，但对事情分析有着自己独特的见解。当时作为后周将军的赵匡胤捉获百余名强盗，按照法律规定，"当弃市"。此时，赵普发现其中有冤情，请求赵匡胤重新审讯这些强盗，最后发现其中很多人被冤枉，这些被冤枉的人因此被保全。赵匡胤看到赵普是王佐之才，征召他进自己的幕

---

① 王育济、范学辉：《宋太祖传》，人民出版社 2021 年版，第 87 页。
② 王育济、范学辉：《宋太祖传》，人民出版社 2021 年版，第 87 页。
③ 游彪：《宋史：文治昌盛 武功弱势》，中信出版社 2019 年版，第 40 页。
④ 游彪：《宋史：文治昌盛 武功弱势》，中信出版社 2019 年版，第 42 页。

府，引为心腹。

既然成为幕僚，一方面要极度熟悉人主的心理，为人主打理好各项事务；另一方面要能为人主做好人主想不到的事情。足智多谋的赵普随后参与了赵匡胤黄袍加身活动，促成了宋王朝的诞生。宋朝诞生后，赵普随后成为宰辅，像过去当幕僚一样服务于赵匡胤。赵匡胤求策于赵普："吾欲息天下之兵，为国家计长久，其道何如？"赵普回答："今所以治之，亦无他奇巧，惟稍夺其权，制其钱谷，收其精兵，则天下自安矣。"① 精于吏治的赵普为了解除赵匡胤执政顾虑，采取了强干弱枝的治国策略，被赵匡胤所接受。文臣治国，武将权力被削弱，形成了北宋的基本治政模式。

成了皇帝的赵匡胤，对臣僚要求更高，尤其是对赵普，提出了更为严格的要求。赵普不爱学习，赵匡胤勉励他"宰相须用读书人"。赵普为相后，赵匡胤"常劝以读书"。作为赵匡胤心腹的赵普接受了这个建议，开始认真读书，"晚年手不释卷，每归私第，阖户启箧取书，读之竟日"②。读书使赵普能够更加从容、更加有智慧地处理政务，临政时"处决如流"。当然，作为赵匡胤的心腹，如果做事只是一个顺从的执行者，赵匡胤也未必能看好他。赵普有着很强的决断力，这种决断力超出赵匡胤的认识，也为赵匡胤所钦服。作为宰相，向皇帝推荐人才，是其职责。一次赵普为赵匡胤推荐人才，所荐人才被赵匡胤弃用。但是赵普坚持向赵匡胤推荐，即使赵匡胤撕破奏章，仍要陈词。赵匡胤最后被赵普为国举才的行为所感动，"卒用其人"。像这样的事情有很多。赵普身为赵匡胤幕僚，后成为宰辅，职位环境有所变化，但是对赵匡胤忠诚之心没有变。

吕馀庆等人，皆曾是赵匡胤的幕僚。赵匡胤当了皇帝后，吕馀庆又被委以重任，作出极大贡献。吕馀庆出身军事世家，被赵匡胤引为幕僚之首。等到宋朝建立后，李处耘、赵普等幕僚都被提拔任用，吕馀庆"恬不为意"，李处耘被贬，吕馀庆还替李处耘说话；赵普受到排挤，吕馀庆还为赵普开脱，"时称其长者"，其为官胸襟被人称道。吕馀庆在成都府主政的时候，面对官兵骄恣，匪患丛生的情况，铁腕治官以惩头目，"军中畏

---

① 陈振：《宋史》，上海人民出版社 2020 年版，第 18 页。

② 倪其心：《二十四史全译：宋史》第九册，汉语大词典出版社 2004 年版，第 5899 页。

伏"，匪患被除，老百姓有了一个较为安定的生活秩序。随后，他的官职不断被提升，在不同岗位，他都作出了贡献。

三、提拔能吏

纵览赵匡胤当了皇帝之后，其所用中枢之才，多是精于吏道的臣僚。这些臣僚有一定的文化底蕴，还有着丰富的为官经验，具备较高的治政能力，实为兴邦之干才。"少好学，有大志"的薛居正在年轻的时候，就被社会贤达所推重，"识者以为有公辅之量"。赵匡胤当了皇帝后，逐渐重用薛居正。

薛居正被提拔为朗州知州后，面对的最大难题是解决当地的匪患。当时有数千人集聚山林湖泊为盗匪。有人怀疑城中 1000 余僧侣是盗匪同党，建议将盗匪、僧侣都除掉。为了避免打击面过大、伤及无辜，薛居正没有伤害僧侣，而是集中精力擒获盗匪首领，剿灭盗匪。薛居正追问盗匪首领，城中僧侣有没有参与盗窃活动，被告之以没有。薛居正才庆幸自己当初保全僧侣决策的正确。随后，薛居正被提拔为兵部侍郎，为宋朝部队攻打太原，奔赴河南，劝说百姓不要受饥荒影响，要回乡务农，最后也成功了。随后，他加官吏部侍郎，后被提拔为宰相，治政之勤，一如从前。"为相任宽简，不好苛察，士君子以此多之。"[1]

这些干吏，既通文史，懂历史兴衰，明君臣之意，又能治理朝政、改善民生、除去匪患、发展经济，是全能选手。赵匡胤启用能臣干吏，为后来宋朝发展壮大奠定了基础。

张居正的用人观

作为明朝有作为的政治家，张居正的用人思想难能可贵。其用人准确且能将所用之人的才华发挥到极致，助其改革一臂之力。张居正竭尽全力地去改革，去治理朝政，给人留下了敢于担当、忠诚待国的印象。"居正

---

① 倪其心：《二十四史全译：宋史》第十册，汉语大词典出版社 2004 年版，第 6044 页。

为政，以尊主权、课吏职、信赏罚、一号令为主。"①

一、综核名实

张居正对政治的见解很高，在隆庆年间，他上疏皇帝《陈六事疏》，以"稍加改易"的决心，提出在"六事"方面要着力用功。"六事"之一就是"核名实"，强调用人一定要坚持严格考课的原则，"至于用舍进退，一以功实为准，毋徒眩于声名，毋尽拘于资格，毋摇之以毁誉，毋杂之以爱憎，勿以一事概其平生，毋以一眚掩其大节"②。他的改革举措虽得到皇帝赞赏和支持，但是孤掌难鸣，这些措施难以付诸实践。等到皇帝更替，万历皇帝即位，掌握重权的张居正"慨然以天下为己任"③，雷厉风行地推行新政，史称万历新政。推行变革之法，首要之务在于培养得力人才，他按照综核名实的要求，推行"公铨选"。"公铨选"是指官员的选拔、任免、升迁，必须公正，做到他过去所强调过的"六毋"。

明代杰出的军事家戚继光，他的建功立业，离不开张居正的赏识与支持。戚继光出身于军门世家，其父戚景通有着较高的军事素养，培养了戚继光干练的军事才华和远大的报国志向。长大后的戚继光，本着"封侯非我意，但愿海波平"的意念，开始了戎马生涯。青年戚继光不仅有军事实操，勤于练兵，且富有实效，能根据作战实际情况，撰写军事书籍，其中《防虏方略》成为当时兵部刊行并推广的指定军事参考书。他由山东抗倭起家，又去南方浙闽广一带从事抗倭斗争，取得了显著成效。他赴浙江，在义乌招募新兵，对这些新兵进行了深入的动员工作，尤其是对军纪的强调和对百姓的守护，被新兵铭记于心。在此基础上，戚继光对这支新兵严格训练，因其作战勇敢、英勇善战、屡立战功，被称为"戚家军"。在戚家军的进攻之下，浙闽广一带的倭寇基本上被肃清，为当地经济发展和百姓安居乐业提供了强有力保障。

从隆庆到万历前期，张居正逐渐走向高位，掌握了明朝的实际权力，

① 章培恒、喻遂生：《二十四史全译：明史》第七册，汉语大词典出版社 2004 年版，第4312 页。
② 朱东润：《张居正大传》，北京联合出版公司 2020 年版，第 80 页。
③ 章培恒、喻遂生：《二十四史全译：明史》第七册，汉语大词典出版社 2004 年版，第4311 页。

将其所谓的变革推向全国。他的改革内容丰富，其中包含的强军和国防建设让改革有一个相对稳定的外部环境。面对北方鞑靼侵扰，张居正提出了"外示羁縻，内修战守"①的正确应对方针。一方面，明朝不拒绝与鞑靼的合作交流；另一方面，明朝不放弃军事操练。正可谓"犬摇尾乞怜，固可投之以骨，如其狂噬，则大仗加焉"②。这是张居正的军事策略。让戚继光出镇北疆，正是巩固北部边疆国防的战略要求。戚继光来到蓟州负责练兵事宜。然而，在蓟州的守军瞧不起戚继光以及他所带来的浙军。在训练场上，蓟州守军将领出言不逊，认为南方士兵身体羸弱，不能适应北方艰苦的条件，估计也不能遵守军纪。一天下大雨，戚继光让三千浙军在大雨中站立不动。大雨下了一天，三千浙军站了一天。蓟州守军自此才知道戚继光的厉害。军心一致后，戚继光开始了他在蓟州的军务改革。第一，他加固长城，建立空心敌台。在长城上，几十米或上百米，建设成一处空心台。空心台共有三层，中层是空的，四面开设箭窗；上层是建楼，四面是垛口；下层可发射火枪。戚继光出台了许多奖励性措施，对那些建设空心台达到良好品次的予以重金赏赐。空心台工程建设完毕后，形成一道十分坚固的防线。第二，他积极练兵，建立多兵种配合机制。在戚继光来蓟州之前，当地明朝守军采取消极防御措施，既不练兵，也不敢与蒙古骑兵交锋。戚继光否定了这种做法，改为积极防守。戚继光将过去作战训练的有效经验，用在了蓟州练兵上。他练兵先练心，提高士兵士气，树立士兵作战必胜的信念，之后加以军事实操训练。不仅如此，戚继光还制定出车、步、骑多兵种配合作战的新战法。根据过去作战经验以及查找古代战车图，装有火器的车营部队得以建立。戚继光又将车营与步兵、骑兵协调起来，作战效果极佳。第三，他改进装备，重视火器推广。明代中期以后，西方火器如佛郎机火炮、红夷大炮等传入中国。戚继光眼界开阔，认识到这些外来火器的先进性，于是大胆引进和推广。他将引进的外来武器和中国原有的军事武器巧妙结合，大胆创新，创制出"无敌大将军"火炮、"虎蹲炮"等，威力惊人。戚继光在蓟州守卫的日子中，之所以能够捍卫北疆安全，除了个人军事才华卓越之外，很重要的一点在于朝中张居正对

---

① 朱东润：《张居正大传》，北京联合出版公司 2020 年版，第 161 页。
② 朱东润：《张居正大传》，北京联合出版公司 2020 年版，第 161 页。

他的支持和赏识。戚继光在蓟州的军事改革包括军事设施引进购买，都需要财政支持，坐镇朝廷的张居正，给了他非常大的支持，致使戚继光的军事改革包括军事设施采购得以实现。戚继光为将成功，正如明代王世贞评价他，"三十年之间，未尝一日不披坚执锐，与士卒共命于矢石之间"①，但他不善于官场应酬交际，有时会有摩擦和误会。张居正通过各种方式减少了摩擦、消除了误会。刚去蓟州的时候，戚继光深受守备周围军事要塞将领的掣肘。幸好，张居正为他解除了后顾之忧，"欲为继光难者，辄徙之去"②。张居正还为戚继光调配了与之交好的将领，共同拱卫京城。1572年10月，张居正实施大臣巡边政策，其中就有兵部左侍郎汪道昆巡视蓟、辽。担心戚继光对巡视反感，张居正特意写信给戚继光："汪司马知足下素质深，相待之礼，必从优厚，顷已面嘱之，然渠亦自不俟嘱也。但足下自处，又且务崇谦抑，毋自启侮。"③对戚继光殷殷嘱托之情从中可见一斑。万历四年，郜光先巡边，打算去蓟州。张居正致信戚继光："窃意今日，当以钦命为重，不在兵衔之有无。谦以自处，见者自然悦而敬之。其差去郜公，当预为足下先容，必加优礼，决不以庸众相待也。"④担心戚继光不注重礼节问题，沦为朝廷所派之人的话柄，张居正一直苦口婆心地加以劝导，维护他拱卫京城的成就。

二、用人不疑

胸中有韬略，久在宦海间。张居正学识渊博，阅历丰富。在用人方面，他做到用人不疑。信任一个人很容易做到，难的是长时间地信任一个人。当然，这种信任，不是盲目的信任，而是在对人才了解的基础上作出的重大决断。

治理水患一直是历代统治者头疼的问题。张居正成为内阁首辅后，对水患问题十分重视。他强调："河患自古记之，有非人力所能胜者，但仆今缪当大任，一闻愁叹哀号之声，痛心疾首，虽智力短浅，济时无策，然

① 郦波：《千古名相：郦波评说张居正》，中国工人出版社2016年版，第273页。
② 章培恒、喻遂生：《二十四史全译：明史》第七册，汉语大词典出版社2004年版，第4285页。
③ 朱东润：《张居正大传》，北京联合出版公司2020年版，第162页。
④ 朱东润：《张居正大传》，北京联合出版公司2020年版，第246页。

不忍坐视民之失所，而不思以拯救之也。"① 当时有一个治水名家叫潘季驯，在宦海中沉浮起落，其志未伸。作为内阁首辅张居正听说了潘季驯这个名字，抛开管理河运漕运的大臣，直接到当时已经沉落下僚的潘季驯家。进门之后，张居正就被潘季驯在家中所做的黄河水利模型震惊了。紧接着，张居正倾听了潘季驯的治河理论和观点。听完后，张居正坚定了他要大胆用此人的决心和信心，一直到去世之前都没有动摇过。潘季驯以右都御史兼工部左侍郎、总理河漕的身份，参与了治理水患的工程。当对官场掣肘还心有余悸的潘季驯用辞官来试探朝廷的时候，以张居正为代表的朝廷给了他支持，让他放手去干。张居正替皇帝拟旨："治河事宜，既经河、漕诸臣会议停当，著他实行。各该经委分任官员，如有玩愒推诿、虚费财力者，不时拿问参治。"② 得到了张居正的支持后，潘季驯果然弹劾了从中作梗的官员，这些官员也受到了朝廷的惩罚。当然，有的官员从理论层面对潘季驯的治理方案提出反对意见，质问张居正的时候，张居正亦踌躇不已。为打消顾虑，张居正致信询问潘季驯治水方案的可行性。当张居正收到潘季驯透彻的说理回信后，心服口服，从此没有任何顾虑。万历七年后，潘季驯的水利工程完工，水患问题取得阶段性成果。张居正致信潘季驯，"公之功不在禹下矣"③。随后，潘季驯被加封为太子太保，升任工部尚书兼都察院左副都御史。

三、独具慧眼

宦海沉浮中，张居正能够保持清醒的头脑，以政治家宽广的胸怀和敏锐的洞察力，独具慧眼地使用人才，这也是张居正得以成功的重要因素之一。

张居正的门生兼老乡曾省吾，能文能武，为治国安邦之才。张居正对曾省吾之父讲："确庵高明沉毅，秀雅而文，他日必为国家柱石。追念平生所选拔，可托之久如确庵者，一人而已。"④ 张居正对曾省吾颇有好感，且评价很高，推荐曾省吾走上仕途。当时蜀地都掌蛮出现叛乱。朝廷还在

① 朱东润：《张居正大传》，北京联合出版公司 2020 年版，第 238—238 页。
② 朱东润：《张居正大传》，北京联合出版公司 2020 年版，第 331 页。
③ 朱东润：《张居正大传》，北京联合出版公司 2020 年版，第 333 页。
④ 齐悦：《帝国的余曦：张居正和他的时代》，金城出版社 2019 年版，第 188 页。

为怎样解决问题而苦恼的时候，张居正便将曾省吾推荐出来。曾省吾虽然有才华，但是出身下僚，为当时达官显贵所不闻。不以门第为论，张居正积极地推荐曾省吾，让他负责解决都掌蛮出现的问题。"曾省吾由太仆寺少卿升为四川巡抚，授弓剑节斧，行使大将军职权；刘显为总兵官，拔郭成为副将，赴蜀讨伐乱民。"① 曾省吾在出发前，肩上担负着张居正的深切嘱托。到了蜀地后，经过调查研究和综合分析，曾省吾判断都掌蛮两个首领阿大和阿苟鱼肉百姓，过着骄奢淫逸的生活，必定不得民心。于是，曾省吾亲自草拟《平蛮檄》，以激励全军士气。在曾省吾的统筹之下，全军将士士气高昂，一举荡平了阿大和阿苟的叛乱。曾省吾富有远见，他不仅取得军事上的胜利，更难能可贵的是他还能够稳定四川局势，积极地做好善后工作。曾省吾向朝廷上疏《经略平蛮善后疏》，对善后工作做了具体安排，从建城垣、通道路，到分田土、恤民困，做了大量工作。曾省吾抚蜀三年，发展生产、重视民生、促进经济，为当地百姓作出了政绩，蜀地百姓"咸感德之"。"娴将略，善治边"的美誉从此传开。

---

① 齐悦：《帝国的余曦：张居正和他的时代》，金城出版社 2019 年版，第 189 页。

家风篇

家书中的惩非观

是非善恶，是社会万象的具体内容。良好社会秩序的构建，需要肯定"是""善"，否定甚至惩戒"非""恶"。古人在家书中非常注重对"非""恶"的惩戒。例如，王旦在家书中强调："子孙时运蹇薄，理当赒助。若跑马斗鸡、踢球淫赌、歌唱虎喇等事，此皆狂狼作孽，不知稼穑辛苦，生理艰难，不必资之，以长其奸。"①

陆一亭在《家庭讲话》中将"作事"之人分为三类。"第一是贤良方正、忠孝节义，更有读书上进、成家立业。这等做事，真是上等之人。为人须要尽心习学，努力干办。其次是安分守己，荣辱不加。或有谋衣谋食，保守身家。这等做事俱是中等之人。为人须要留心担任，竭力支持。最下是奸盗邪淫，嫖赌吃着，荡家废产，刁恶强横。这等做事都是下等之人，为人须要小心仔细，不可犯着。"陆一亭从道德的角度，将尊德、守德和坏德作为衡量"作事"的三个等级。这里的坏德作为第三个等次，与王旦所排斥的"非""恶"是联系在一起的。其中赌博和酗酒这两种"非""恶"具有较为常见，所以下文讲一下这两类。

清人胡峄阳在《竹庐家聒》中编了一首戒赌诗让人印象深刻："见了赌的休睁眼，一睁眼，吃了亏儿便不浅。赌钱人，实可怜，赢了时，满肚

---

① 楼含松：《中国古代家训集成》第一册，浙江古籍出版社 2017 年版，第 142 页。

子是钱；输了时，鏊子底上煎。赢了时，还想去忘食和眠；输了时，过不得度日如年。家业荡尽，精神耗散；父母不喜见，妻儿胡厮怨；邻里怕，朋友远；骨肉亲戚，背地也笑谈。世间许多下流事，那里不由这一件？又与人无仇无怨，偏偏的人憎鬼嫌。破破落落，肮肮脏脏，如许辛酸，心里知道，口里难言，竟似哑子吃黄连。会了的早回头，回头是岸；不会的莫说我偷闲、我乘便、不妨事、玩一玩，怕掉在苦海无边。"由此可以看出，赌博的危害非常巨大。

张廷玉在《澄怀园语》中表达对赌博的愤慨以及惩治赌博的快意："今天下赌博盛行，其始失货财，甚则鬻田宅，又甚则谓穿窬，浸成大夥劫贼。盖因本朝法轻，愚民易犯。宋时淳化二年闰二月，太宗下令开封府，凡坊市有赌博者，俱处斩。邻比匿不闻者，同罪。此法至善。"另外，清代窦克勤在《寻乐堂家规》中有"戒近赌"一节："赌博等事，最足移人志虑，子弟切不可近。若于节序闲时，或偶一为之，即是荡家之子。"窦克勤之言更是深刻揭示赌博带来的危害。

郑涛在《旌义编》中指出："子孙年未三十者，酒不许入唇。壮者虽许少饮，亦不宜沉酗杯酌，喧呶鼓舞，不顾尊长。违者棰之。若奉延宾客，唯务诚悫，不必强人以酒。"郑氏家规对饮酒还比较包容，适可而止即可，否则过度饮酒导致喧哗闹事，酒德问题随之产生。北宋名臣蔡齐喜欢喝酒，往往过量。友人贾存道规以诗云："圣君恩重龙头选，慈母年高鹤发垂。君宠母劳俱未报，酒如为患悔何追？"蔡齐自此非亲客不对酒，终生未尝至醉。

窦克勤在《寻乐堂家规》中有"戒贪酒"一节，告诫世人莫贪酒："酒不可废，断不可醉。子弟赴请召，若罔顾礼法，沉酗喧呶，众斯恶之矣，家长闻而笞之。若延宾客，虽主于敬宾，亦不必强之以酒。"

家书中的读书观

古人所处的年代不同、职业不同、人生理念也不同，但是能够在读书方面达成共识，且强调读书对于个体成长具有十分重要的价值。姚舜牧在《药言》中训示后人时强调，"第一品格是读书"。庞尚鹏在《庞氏家训》

中说，"以古人为鉴，莫先于读书"，"子弟以儒书为世业，毕力从之"。家颐在家训中强调："人生至乐无如读书"①。

古人非常享受通过读书带来的精神愉悦，因而他们在论述读书重要性的时候，有许多新颖的视角和比喻，给人以不同的启示。南朝齐大臣王僧虔在《诫子书》中指出："或有身经三公，蔑尔无闻；布衣寒素，卿相屈体。或父子贵贱殊，兄弟声名异。何也？体尽读数百卷书耳。"王僧虔的意思是讲，有的人官做到三公了，但是却默默无闻；有的人虽是布衣百姓，但是高官大臣却向他鞠躬表示敬意。一家之中，有时父子贵贱悬殊，兄弟声名各异，是什么原因导致这个结果呢？这是因为读书多少的缘故。

明代的方孝孺所著《家人箴》认为："无学之人，谓学为可后。苟为不学，流为禽兽。吾之所受，上帝之衷，学以明之，与天地通。尧舜之仁，颜孟之智，圣贤盛德，学焉则至。夫学可以为圣贤，侔天地，而不学不免与禽兽同归，乌可不择所之乎？噫！"方孝孺意在告诫众人读书的重要性。如果不去读书学习，就会同禽兽一样。我们之所以要学习，都是上天的要旨，通过学习可以与天地交流。尧舜那样的仁，颜回孟子那样的智，这些圣贤的品德，是通过学习可以达到的。通过学习，可以成为圣贤，可以与天地并立，不学习就会归入禽兽一类，人要向哪里变化才能不加选择呢？

清代名儒陆陇其在《治嘉格言》中强调："读书如斗草，见一件采一件，自家受用。读书人如何不读书？试看出家和尚，犹暮鼓晨钟，看经念佛，岂我人在世，反不能夙兴夜寐，诵诗读书，一和尚不如耶？可慨也已。"陆陇其的意思是说，读书如同斗草（古代小儿游戏），碰到好书，要见一本读一本，最大的受益者也是自己；读书人怎么能不好好读书呢？看看那些出家的和尚，他们晚上击鼓，早上敲钟，整日翻阅经书阅读佛籍，难道我们这些读圣贤书的人，反倒不能早起晚睡，诵读诗书，连个和尚都不如吗？这也太让人感慨了。

古人在读书过程中，总结出丰富又有针对性的读书方法。这些方法对于读书人来说非常重要，可以帮助他们从繁多的书籍中掌握读书挈领，领悟读书价值，对后人也具有积极作用。

---

① 楼含松：《中国古代家训集成》第一册，浙江古籍出版社 2017 年版，第 499 页。

一、循序渐进

陆陇其在家书中强调："汝读书要用心，又不可性急。'熟读精思，循序渐进'，此八个字，朱子教人读书法也，当谨守之。"① 陆陇其提到的朱熹"循序渐进"的读书观是指，如果有两本书，则"通一书而后及一书"；在同一本书中，则"其篇、章、字、句，首尾次第，亦各有序而不可乱也"②。元代王结在《善俗要义》中告诫人们读书要有先后之别，讲究循序渐进："若年长失学，且读《小学》一部，其修身正家皆备于此。年壮明敏，更读《大学》《语》《孟》。"杜牧告诫家中孩子读书的时候，先读经书，再读史书，从经书中领悟其所宣传之"道"，辅之以内容丰富的史料，识人阅世的功夫就会更加凸显。"经书括根本，史书阅兴亡。"杜牧的读书观，不仅有循序渐进的读书理念，而且还教诲子弟先从经书入手，再循序渐进到史书，最终融会贯通。谈到史书学习，杜牧首先向家中子弟推荐的是其祖父杜佑，作为一代名相，其所撰写的《通典》，记录了唐肃宗之前的历代典章制度沿革，"尚可与尔读"。杜牧在家训中，祝愿孩子们能够"一日读十纸，一月读一箱"，久久为功。清人涂天相在《静用堂家训》中说："人家子弟，欲其恂谨醇朴，异日有所成就，先须教之以熟读《小学》；《小学》熟后，教之读《近思录》；《近思录》熟后，教之读《大学》；《大学》熟后，教之读《论》《孟》；《论》《孟》熟后，教之读《中庸》，从此渐次推广，及于他书。总之字字句句令其心解神会，节节步步导以身体力行。涵育薰陶，引之有渐，优柔厌饫，使其自得。久久纯熟，不患不为远到之器也。"循序渐进思想在众多名家家训中都被用较长篇幅予以解读观照，可见其对读书人的引导之重要。

二、专心投入

开创闽南理学一派的陈淳虽出身贫寒，但是聪明好学，潜心经史。在陈淳22岁的时候，有识之士林宗臣向他推荐了朱熹编定的《近思录》，让他研读。陈淳专心投入精力，对《近思录》和朱熹其他著作进行深入研

---

① 楼含松：《中国古代家训集成》第八册，浙江古籍出版社 2017 年版，第 4800 页。
② 王余光、徐雁：《中国读书大辞典》，南京大学出版社 1993 年版，第 269 页。

读，颇有所获，后来陈淳通过请教朱熹，其学问文章的质量又有了大的提升，传播朱熹理学成绩斐然。他的成功离不开对朱熹之书的长期研读和体悟。如果没有专心投入、持之以恒的学习精神，就不会有大的收获和成效。

三、经常温习

张英在《聪训斋语》中告诫家中孩子："我愿汝曹将平昔已读经书视之如拱璧，一月之内，必加温习。"张英对读书的理解，非常精深，他认为古书很多，不可读尽，但是在有限时间内，要用心去读书，所读之书，要做到"必求可以背诵，然后思通其义蕴，而运用之于手腕之下"①。何伦在《何氏家规》中说："读书以百遍为度，务要反复熟嚼，方始味出。使其言皆若出于吾之口，使其意皆若出于吾之心，融会贯通，然后为得。如未精熟，再加百遍可也，仍要时时温习。若工夫未到，先自背诵，含糊强记，终是认字不真，见理不透，徒敝精神，无益学问。"何伦强调对自己所读之书要经常温习，做到"精熟"。

四、用于实践

南宋诗人陆游常在诗训中教导孩子要身体力行地将知识进行实践。他在《睡觉闻儿子读书》中说"人人本性初何欠，字字微言要力行"；在《示元敏》中说"学贵身行道，儒当世守经"；在《冬夜读书示子聿》中说"纸上得来终觉浅，绝知此事要躬行"。陈确在《书示两儿》中说"读书不能身体力行，便是不曾读书"。金敞在《家训纪要》中指出，"看圣贤书，不实求之于践履，则书终与我无与"。庄亨阳在国子监工作的时候，李光地赠送给他许多天文、数学等方面的书籍。庄亨阳通过阅读这些书籍，开始接触西方近代科学知识，将学到的数理知识，应用到测量河防工程中，取得了显著成效。后来，他将这些实践资料整理成书，命名为《河防算法》，流之后世。

---

① 楼含松：《中国古代家训集成》第七册，浙江古籍出版社 2017 年版，第 3961 页。

家书中的交友观

很多古人在交友方面颇有心得。大千世界、纷繁复杂，如何在芸芸众生中选择至交之人，非常艰难。张习孔在《家训》中说："吾人防患，首在择交。所交非人，未有不为其所累者。"对于古人来说，如果交友交得好，会意气相投，相谈甚欢；如果交友交得不好，就会受友连累，毁及自身。

袁了凡在《训儿俗说》中说："至于朋友之交，切宜慎择。苟得其人，可以研精性命，可以讲究文墨，可以排难解纷，须要虚己求之，委心待之，勿谓末俗风微，世鲜良友，取人以身，乃是格论。门内有君子，门外君子至"，"日常相与，我先以厚施，彼必以厚报"，"又交友之道，以信为主，出言必吐肝胆，谋事必尽忠诚"。袁了凡在家训中对于真正的友谊给予了很高的评价：与朋友在一起，可以切磋学问，可以排忧解难。东汉年间，廉范少有志行，后去京师拜薛汉为师，名重于一时。此时，陇西太守邓融召廉范做功曹，对廉范有知遇之恩。邓融和廉范，于公，是上下级关系；于私，是亲近友朋关系。传统社会，亲近的上下级关系都有儒学传于近人的说法。廉范少不了要从邓融的言传身教中学习很多内容，邓融亦以亲信对之。

恰逢邓融被牵涉到一个案子中，廉范知道这个案子非常复杂，于是以生病为由请求离开，打算用变通的方法来帮助邓融。邓融不知廉范本意，对廉范的离开非常生气。廉范辗转来到洛阳，改名换姓，请求代理廷尉、狱卒的工作。不久之后，邓融因案子牵绊，被押赴洛阳监狱。在洛阳监狱工作的廉范正好能够服侍邓融。廉范没有亮明自己的身份，一直服侍在邓融身边，直到邓融去世的时候，廉范将他送葬到南阳。所有的这一切所为，邓融都不知道。

张师载在《课子随笔钞》中说："君子以文会友，以友辅仁。必须趣向正当，切磋琢磨，有益于己者，始可日相亲与。若乃邪僻卑污，与夫柔佞不情，拍肩执袂，相诱为非者，慎勿与之交接。"

交友的初衷如果是禄位、升迁，做出"邪僻卑污"之事，终会得到报应。南朝宋、齐两代政治舞台上颇为活跃的一位人物叫江谧，他人生的志向是当位极人臣的大官，为实现这个目标，不惜在交友方面进行投机。当他还任县令的时候，就注意到了南豫州刺史刘彧，"竭力侍奉"，等到刘彧登基成为皇帝即历史上的宋明帝，对江谧委以重任，"以为骠骑参军"。江谧的交友"付出"，得到了相应回报。

"性流俗，善趋时利"的江谧在刘昱即位后，因刘昱日益昏暴，"朝野咸属意建平王景素"，江谧亦"投资"刘景素，"深自委结"。结果，刘景素起兵失败。但他性不改俗，继续他的"投资"事业。此时，他将眼光瞄向了萧道成，"独竭诚归事"。投桃报李，当了南齐皇帝的萧道成，对江谧委以重任，"以谧为长史"，后升迁他为"左户尚书"。然江谧终归德不配位，萧道成没有始终信任他，江谧由此鼓动豫章王通过叛乱当皇帝，结果被即位后的齐武帝发现，"诏赐死"。

交友过程中，要秉持取长补短的态度。孔齐在《至正直记》中说："吾尝谓取友相观以善，有以全德而交之者，有以一行而交之者，又有一善则思齐，有一不善则当自反，非谓好其善而不知其恶也。"孔齐的观点与颜光敏在交友要取长补短这一点是一致的。颜光敏在《颜氏家诫》中说："百里一贤，犹比肩也，益友盖难言之，顾朋友一伦，必不可阙，取其所长，弃其所短。读书修业，必有相为砥砺、问难之人，有缓急则可恃，欲为不善则恐其知，斯友也。"非常注意交友与贞观名臣进行相互学习。"时房玄龄、李靖、温彦博、戴胄、魏征与珪同知国政"，王珪能够深刻地认识到这些名臣身上的优点，并且积极向他们学习，评价语言中也不吝惜对他们的赞赏："孜孜奉国，知无不为，臣不如玄龄。才兼文武，出将入相，臣不如李靖。敷奏详明，出纳惟允，臣不如温彦博。以谏诤为心，耻君不及于尧、舜，臣不如魏征。"[1]唐太宗"深然其言，群公亦各以为尽己所怀，谓之确论"[2]。

家书中的节俭观

古人将节俭视为一种重要的品德。农业文明的缔造要求人们尊重劳

① 黄永年：《二十四史全译：旧唐书》第三册，汉语大词典出版社 2004 年版，第 2029 页。
② 黄永年：《二十四史全译：旧唐书》第三册，汉语大词典出版社 2004 年版，第 2029 页。

动、崇尚节俭。只有坚持节俭的理念，才能让农业生产持续。为官者将节俭提升为政治理念，贯彻到政治实践中。

孔齐在《至正直记》中说："俭者，美德也。人能尚俭，则于修德之事有所补。不暴殄天物，不重裘，不兼味，不妄毁伤，不厚于自奉，皆修德之渐，为人所当谨。先人幼遭世变，衣食不给，至壮始有居。仕而得禄，家用日饶，盖亦勤于治生所致。自壮至老，三十馀年，未尝妄用一物。资产虽中年颇丰富，亦未尝过用，犹如昔年也。"孔齐的成长经历和节俭精神应用经历值得后人学习。

倪思在《经锄堂杂志》中指出："俭者，君子之德。"他针对当时世俗对节俭的排斥和抵触，鲜明地提出："世俗以俭为鄙，非远识也。"① 节俭对中国人的思想和行为产生了深刻广泛的影响。倪思对俭的价值理解得非常深刻和到位："俭则足用，俭则寡求，俭则可以成家，俭则可以立身，俭则可以传子孙。"② 节俭强调满足日常之用即可。周怡在《衡山寄示贵儿》中说："一身吃着有限，吃些粗的，着些粗的，将就用些。"节俭可以兴旺家业。朱柏庐在《劝言》中说，"勤与俭，治生之道也"。纨绔子弟之所以败家，在于他们没有坚持节俭，而是追求奢华。即使家庭富裕殷实，亦要节俭持家，家族必定会发展壮大、兴旺发达。节俭可以给子孙做榜样。宋代名臣司马光节俭持家，对孩子教育也贯穿节俭的精神。他在《训俭示康》中以"吾本寒家，世以清白相承"而自傲，告诫孩子要"以素俭为美"。

郑至道在《琴堂谕俗编》中专门有"尚俭素"一节内容，认为"俭，美德也，古人之所宝也"，"禹圣人也，帝舜称其德，曰克俭于家。人君富有天下，犹以俭为德，况民庶乎"，"人能崇尚俭素，身自撙节，省口腹之欲，抑耳目之好。不作无益以害有益，不务虚饰以丧实费。食可饱而不必珍，衣可暖而不必华，居处可安而不必丽，吉凶宾客可备礼而不必侈。如此则一身之求易供，而一岁之计可给。既免称贷举息，俯仰求人，又且省事寡过，安乐无事。故富者能俭，则可以长保。贫者能俭，则可以无饥寒。岂不美哉"。宋代名臣王旦，虽位居宰相高位，仍能够以俭朴自持。

① 楼含松：《中国古代家训集成》第二册，浙江古籍出版社 2017 年版，第 866 页。
② 楼含松：《中国古代家训集成》第二册，浙江古籍出版社 2017 年版，第 866 页。

他平常着布衣布衫，所居皆毡席，"虽位极一品，而饮啖全少"。他以身作则，家人亦有俭朴之风，"身殁之日，子弟犹有衣褐衣者"。王旦面对皇帝的赏赐，能够做到拒绝，可见其节俭精神持有之坚定。宋真宗见王旦住所简陋，准备给他修缮，被他拒绝。宋真宗又试图赏黄金五十两给他，他委婉地进行了回绝："益惧多藏，况无所用，见欲散施，以息咎殃。"① 王旦教育其家后辈："子孙当各念自立，何必田宅，徒使争财为不义耳。"② 临终前，王旦留下遗嘱："我家盛名清德，当务俭素，保守门风，不得事于泰侈，勿得厚葬以金宝置枢中。"③

清代名臣朱轼在家中提倡节俭，并以身作则。他"以身教俭，除供亿，减出入仪从，衣绨、啖粝"。在他的示范作用下，他的家人乃至仆人、下属"无敢曳纨绮"。他要求自己的夫人吃穿俭朴，每日与仆人一起洒扫、下厨。家中吃穿住行都有严格的规定和标准，与常人无异，并持之以恒地加以保持，多年下来，外人竟然看不出他是官宦之家。

朱轼不仅对家人严格要求从俭，而且在地方治政中，积极提倡和推广节俭精神。他在浙江担任巡抚的时候，看到"浙俗竞为浮靡，民朝不计夕，弊甚"，制定了民间婚丧用度的标准和定式，旨在矫正不良风俗，令官员百姓一律遵行。"久之，浙民便之，郡邑长望风自饬"，民赞其行。除了颁布约束民俗的规定律文外，他还能细心周详地做好教化工作。在集市中，朱轼看到一个夫人穿着华丽，便问其夫是何人，回答竟然是卖菜者。朱轼感觉到民间追求奢华之风极大，于是告知她自己的巡抚身份，带着这位妇人回自家，在厨房中，要求这位妇人认一下自己的夫人，妇人好长时间都不能确认。此时，朱轼指给她说："此炊者，夫人也。"这位妇人甚为惊讶。等到中午的时候，朱轼邀请这位妇人一起吃饭，这位妇人看到"馔惟蔬菜"，又为一惊。午饭后，朱轼便请这位妇人离署。这位妇人离开朱轼家后，深感惭愧，于是改装从俭，且广为传播朱轼的节俭之事，"浙俗一变"。

---

① 倪其心：《二十四史全译·宋史》第十册，汉语大词典出版社 2004 年版，第 6425 页。
② 倪其心：《二十四史全译·宋史》第十册，汉语大词典出版社 2004 年版，第 6426 页。
③ 倪其心：《二十四史全译·宋史》第十册，汉语大词典出版社 2004 年版，第 6245 页。

朱轼作为大学士，不仅治家从俭、治政从俭，而且还能从国家的高度，提倡节俭治国。他在临终前给皇帝的遗言中也申明："国家万世根本，君心所重者，理财、用人而已。"他在理财这方面注重节俭，在整顿国家财政过程中，十分注重开源节流，最终确保国库充足，国家富强。

家书中的戒骄观

但明伦在《诒谋随笔》中指出："盖把自己看得太大，看得太重，则骄慢之心生，久且肆无忌惮矣。"纵观权臣梁冀的一生，"暴"尤为突出。梁冀之暴，就在于其把自己看得"太大"，看得"太重"，骄傲之心滋生，遂能肆无忌惮地干出许多残暴之事。《后汉书》在记录梁冀人生履历时，用"居职暴恣""侈暴滋甚"来形容他。梁冀对国家没有尺寸之功，只凭借其父和当时的皇帝的恩泽，短时间内居于高位。

汉代梁冀担任河南尹的时候，其父的好朋友洛阳令吕放经常谈论他的缺点，结果被他派人暗杀。梁冀后来进入朝廷中枢，在汉冲帝后，立汉质帝，"帝少而聪慧，知冀骄横"[①]，对着大臣们说梁冀是"跋扈将军"，由此得罪梁冀，被梁冀下毒药杀害。此后，梁冀官位愈隆，赏赐更多，然不修官德，继续残害忠良、打击异己，过着物欲追求奢华的糜烂生活。梁冀虽然有拥立汉桓帝之功，但二人矛盾日益深化，当权臣之权力没有节制，势必对皇权造成威胁。汉桓帝由刚开始的支持，到后来的纵容，再到后来对梁冀的失望，最终逼迫梁冀自杀。梁冀咎由自取，源于骄傲不法，没有节制之心。

1525年，在绍兴讲学的王阳明，已经功成名就。他给过继之子王正宪送了一把扇子，扇子上题写了对王正宪警醒的家训。当时，王家已经非常繁盛，王阳明封爵新建伯，王正宪因荣荫而获封锦衣卫副千户。此时，王府宾客满门，王阳明讲学事业日益广大，使得王正宪不免飘飘然。王正宪没有上过战场，也没有考过科举，光靠父亲"百死千难"的打拼就拥有了较高的地位。王正宪的飘飘然引起了王阳明的警觉。

---

① 许嘉璐：《二十四史全译：后汉书》第二册，汉语大词典出版社 2004 年版，第 829 页。

在给继子的家训中，王阳明深刻地指出"傲"的巨大危害："今人病痛，大段只是傲。千罪百恶，皆从傲上来。傲则自高自是，不肯屈下人。"① 紧接着，王阳明由个体到国家，深入地剖析了"傲"带给个人的灾难："故为子而傲，必不能孝；为弟而傲，必不能弟；为臣而傲，必不能忠。"②

隋朝的宇文化及，出生于将门之家，自幼养成傲慢待人的行事性格。宇文化及"性凶险，不循法度，好乘肥挟弹，驰骛道中"，"由是长安谓之轻薄公子"。③ 当宇文化及走上仕途，因自认为有靠山，又加剧了其傲慢的程度。宇文化及傲慢之一在于睥睨一切，大肆敛财，"数以受纳货贿"，不久之后被免官。他为什么能够东山再起呢？最大的原因就在于他当时出任千牛、太子仆等职务，能够自由出入东宫，与当太子的杨广关系密切，在杨广的庇护下，官复原职。

宇文化及傲慢之二是目中无人、出言不逊。宇文化及"处公卿间，言辞不逊，多所陵轹"，"见人子女狗马珍玩，必请托求之"，"常与屠贩者游，以规其利"。放纵他这些行为的原因在于宇文化及认为其弟娶了杨广的女儿南阳公主为妻，"由此益骄"④。

宇文化及傲慢之三是敛财不断、生意不断。宇文化及不仅"贪冒尤甚"，且违反禁令，擅自与突厥人做生意，尽收利润。造成宇文化及变本加厉地敛财，最大的原因在于其服侍过的杨广当上了皇帝，即历史上的隋炀帝，在隋炀帝的庇护下，他更加为非作歹。

宇文化及傲慢之四是贪图享受、腐化堕落。在群僚簇拥之下，杀害了隋炀帝。群僚拥立宇文化及为头领。宇文化及于是"入据六宫，其自奉养一如炀帝故事"⑤。宇文化及之傲由此被放大，其原因在于被群僚推上无人制衡的高位，秉性毕露而已。宇文化及的贪图享受、腐化堕落，引起群僚的不满，尤其是司马德戡等人，主张废掉宇文化及，结果被一个叫弘仁的人将此事告知了宇文化及。宇文化及"尽收捕德戡及其支党十余人，皆杀之"⑥。

① ［明］王阳明：《王阳明家训译注》，上海古籍出版社 2019 年版，第 7 页。
② ［明］王阳明：《王阳明家训译注》，上海古籍出版社 2019 年版，第 7 页。
③ 孙雍长：《二十四史全译：隋书》第二册，汉语大词典出版社 2004 年版，第 1708 页。
④ 孙雍长：《二十四史全译：隋书》第二册，汉语大词典出版社 2004 年版，第 1708 页。
⑤ 孙雍长：《二十四史全译：隋书》第二册，汉语大词典出版社 2004 年版，第 1711 页。
⑥ 孙雍长：《二十四史全译：隋书》第二册，汉语大词典出版社 2004 年版，第 1711 页。

当时恰逢天下豪杰群雄并起，宇文化及亦被攻击，实力减弱、众叛亲离。宇文化及与其弟宇文智及"相聚酣宴，奏女乐"①，借此来麻痹和陶醉自己。看到自己逃离失败的命运，就有了当皇帝的念头，想过一把皇帝瘾。宇文化及于是在魏县自立为帝，国号为许，设置百官。然宇文化及终究不得民心，在很短的时间内被击败，随后被杀。

把自己看得太重、太大分为两类，一类是以富贵傲人，另一类是以才华傲人。清人刘德新在《馀庆堂十二戒》中说："一则以势自雄。谓人既吾后，吾自宜先之，人既在吾下，吾自宜上之。此所谓富贵者骄人，以尊傲卑者也；一则以才自命，谓我虽在彼后，而有所以先之者，我虽在彼下，而有所以上之者，此所谓贫贱者骄人，以卑傲尊者也。"② 这两者傲人类型都是错误的，应该极力避免。

三国东吴的张昭，"少好学"，"博览众书"，虽然才华出众，然易养成恃才傲物的性格，这种性格虽然在其一生中会根据形势的变化有所调整，但是始终没有彻底改变。他年轻的时候，几次被推举任官，他都予以拒绝。"弱冠察孝廉，不就"，"刺史陶谦举茂才，不应"。张昭之所以"不就""不应"，就在于他自恃才高，他期许的可以依靠的政治家还没出现，均不得倚重，故作出此事。张昭就此得到惩罚。陶谦"以为轻己，遂见拘执"。幸好被一个叫赵昱的人"倾身营救"，"方以得免"。

当时为了避乱，张昭南渡，被孙策重用。张昭在孙策、孙权主政东南过程中，发挥了自己的巨大才华，其恃才傲物之所以能行，亦有其"恃"之资本。然其不讲方式方法，谏言直切，难免得罪统治者。就连孙权亦视之为耿介之人。孙权意图设置丞相一职，"众议归昭"，众人都倾向于让张昭担任。孙权对众臣说："方今多事，职统者重责，非所以优之也。"③ 孙权力排众议，任命孙邵为首任丞相。等到孙邵"卒"后，"百寮复举昭"，众人仍然属意张昭。孙权解释说："孤岂为子布有爱乎？领丞相事烦，而此公性刚，所言不从，怨咎将兴，非所以益之也。"④ 顾雍于是被孙权任命为丞相。张昭为什么两次出任丞相的呼声很高，但为什么最终都被孙权否

① 孙雍长：《二十四史全译：隋书》第二册，汉语大词典出版社2004年版，第1711页。
② 楼含松：《中国古代家训集成》第六册，浙江古籍出版社2017年版，第3464页。
③ 许嘉璐：《二十四史全译：三国志》第二册，汉语大词典出版社2004年版，第788页。
④ 许嘉璐：《二十四史全译：三国志》第二册，汉语大词典出版社2004年版，第788页。

决。因为孙权知人善任，了解张昭自恃有才，一旦担任丞相要职，一言不合，就会意气用事，这是为政者大忌。孙权为了让张昭的性格更加成熟，找了一个借口，冷落了他一段时间。张昭"每朝见，辞气壮厉，义形于色，曾以直言逆旨，中不进见"①。

受冷落之后，张昭心中对此一清二楚。等到孙权再次召见他。张昭表面上进行了道歉，认为自己"意虑浅短，违逆盛旨"，导致"自分幽沦，长弃沟壑"，没想到自己还会见到君主。实际上，张昭在表面道歉后说出了真实内心感受："然臣愚心所以事国，志在忠益，毕命而已。若乃变心易虑，以偷荣取容，此臣所不能也。"② 以"不能"推翻先前道歉之意，耿介之色、恃才之容，显露无遗。

张昭哪怕是谏言正确，因为方式生硬、言辞严厉，仍为孙权所不喜。张昭之才大，其恃才傲物虽有所收敛，但是耿介之色不改，亦得以善终，原因在于孙权正在用人之际，且孙权胸怀宽阔，能够善待和包容张昭。

家书中的行善观

古人对行善之事有许多思考，这些思考在古代家书中有诸多体现。

一、善则虚心

孙奇逢对家人讲："人之取善，岂有定方？善之所在，虽路人之言，臧获之智，皆当取之。取诸人，乃所以与诸人也。故君子莫大乎与人为善。"③ 孙奇逢所谓的"取善"在于能够虚心地向别人学习。孙奇逢的人生经历恰好是其言的最好注脚。他"少历经于贫贱，老困踬于流离"，然一生刻苦好学，到 92 岁高龄，仍然不改。

孙奇逢不仅读书，而且还讲学，在与友人论学中切磋技艺，增长知识。当友人到来，孙奇逢与其论学，"自辰至日昃，苍头始持豆面作羹以

---

① 许嘉璐：《二十四史全译：三国志》第二册，汉语大词典出版社 2004 年版，第 789 页。
② 许嘉璐：《二十四史全译：三国志》第二册，汉语大词典出版社 2004 年版，第 789 页。
③ 楼含松：《中国古代家训集成》第六册，浙江古籍出版社 2017 年版，第 3386 页。

进"，不仅安贫乐道，而且虚心论学，不断"取善"，终成思想家。孙奇逢晚年在夏峰村居住，开堂讲学，躬耕农田，吸引了许多全国各地的学者。他在与这些人切磋学业过程中，不断开阔视野，提升学业能力。92 岁高龄的孙奇逢，在临终前，虽颗粒不进，仍"整衣危坐"，与门人、子孙"讲论不辍"。

二、为善利他

看到别人遇到灾难，能够及时伸出援助之手，这种利他行为，就是一种善的表现。黄涛在《家规省括》中指出："行好事，无大于济人利物。济人利物，无过于凶年饥岁。与人盂饭，可当斗粟，举我一念，可活一人。故欲积阴德，行好事，惟此时最得力，亦惟此时最省事。有力者固当施舍钱谷，无力者亦当募赈任劳。酒肉不御，宾祭从省，留有馀以济人，与人同灾共患，此阴骘事也。"明代的陈幼学在考中进士后，任职确山知县，能够做到"政务惠民"，这里的"惠民"就是指行善。这种行善就是通过"积粟万二千石以备荒，垦莱田八百余顷，给贫民牛五百余头，核黄河退地百三十馀顷以赋民"[①] 来完成。陈幼学在为官中做到了"济人利物"，得到百姓的称赞。

唐朝名臣崔仁师在贞观初年被任命为殿中侍御史，该职的任务是察非纠恶。当时，在青州有叛逆的事情发生，叛逆支党被抓进监狱，且"俘囚满狱"。此时，唐太宗下诏，命令崔仁师前往青州审查核对此事。去了青州后的崔仁师以行善为本色，为囚犯审讯提供宽松的环境，"悉去纽械，仍与饮食汤沐以宽慰之"[②]。崔仁师在认真审讯、仔细核对、综合分析后，只判定少数囚犯应该承担罪责，其余之人都是无罪之人，于是作出决策，"唯坐其魁首十馀人，馀皆原免"[③]。崔仁师将案情分析和判定过程及结果逐一向朝廷和皇帝奏报，等皇帝派人前来"决之"。

等到皇帝再次派人前来审讯青州狱徒，令人惊讶的是，不仅被赦免之狱徒感恩，连被重惩的狱徒亦心悦诚服地接受崔仁师的判决，且称其"仁

① 章培恒、喻遂生：《二十四史全译：明史》第九册，汉语大词典出版社 2004 年版，第 5736 页。
② 黄永年：《二十四史全译：旧唐书》第三册，汉语大词典出版社 2004 年版，第 2116 页。
③ 黄永年：《二十四史全译：旧唐书》第三册，汉语大词典出版社 2004 年版，第 2116 页。

恕"，"事无枉滥"。

三、行善事得

明代华崇麟在《虑得集》中指出："人家成败，必有其由。为善则成，为恶则败，理之必然而无疑者。"随着社会的进步和秩序规则的完善，国家对行善者会给予奖励和支持；对行恶者会给予贬斥和打击。

汉代名臣第五伦，"少介然有义行"，因行善事而立。他担任乡啬夫的时候，"平徭赋，理怨结，得人欢心"。后来，他被推荐给京兆尹担任主簿，针对当时造假铸钱之事，第五伦"平铨衡，正斗斛，市无阿枉，百姓悦服"。后来，第五伦受到汉光武帝器重，授他为会稽太守。他虽贵为二千石官员，但是仍不改行善本色，将俸禄攒下来，赈济贫困。第五伦能够不断受到赏识和提拔，原因之一在于他屡行善事，作出政绩，得到厚报。

北齐有武将厍狄伏连，虽有"质朴""勤于公事"之名，但"鄙吝愚狠""专事聚敛"。其行恶之一是对士绅子弟"加以捶挞，逼遣筑墙"。其行恶之二是在郑州刺史任职期间，倚仗权势霸占富豪土地，籍没贫穷百姓家产。其行恶之三是大肆贪污敛财，派专人管理置放这些财物的库房。最终，按照律法他被诛杀，这就是他行恶的结果。

四、日积月累

明代高攀龙在《家训》中说："善须是积，今日积，明日积，积小便大。"清代涂天相在《静用堂家训》中说："人有积功累行数十年所必欲为之善，而一朝遂之，则其获福也必厚。"行一次善容易，难的是一生行善。如果将行善一生作为毕生追求，最终亦能得到厚报。

明代名臣张淳在中进士后，在永康当知县。他以此为人生干事创业的起点，将为官为民与行善积德结合起来，久久为功，最终塑造了一代名臣的纯良风范。

当时，永康百姓生活比较贫穷，"生女多不举"。张淳"劝诫备至，贫无力者捐俸量给，全活无数"①。张淳行善之事很多，积少成多，最终成就

---

① 章培恒、喻遂生：《二十四史全译：明史》第九册，汉语大词典出版社2004年版，第5735页。

大效。张淳不仅造福于民，而且还得到朝廷赏识，随后历任礼部主事、郎中、浙江副使、山西布政使等要职。

家书中的宽容观

《澄怀园语》是清代张廷玉训诫子侄为人处世、居官理政的家训语录结集。张廷玉因在宦海中持续多年，对宽容有着独特而深刻的理解。他在《澄怀园语》中指出："向日读书设小几，笔砚纵横，卷帙堆积，不免踬蹐之苦。及易一大几，则位置绰有馀地，甚觉适意。可知天下之道，宽则能容，能容则物安，而己亦适。"这里通过做一个比喻，强调宽容的重要性。

北宋时期，范纯仁走上仕途后，保持"夷易宽简"的执政理念，作出了政绩。他在山东齐州任职的时候，"齐俗凶悍，人轻为盗劫"[1]。有人对范纯仁说："此严治之犹不能戢，公一以宽，恐不胜其治矣。"范纯仁回答："宽出于性，若强以猛，则不能持久；猛而不久，以治凶民，取玩之道也。"[2] 当他听闻齐州西司理院囚禁很多犯人，而这些犯人大部分是屠夫商贩，因生计所迫，被逼走上偷盗之路。范纯仁亲自去教育这些人，让他们学会自我改造，最终还释放了他们。不久，当地盗贼的数量大幅度减少，这就是他实行仁政，宽容处置的结果。

当然，范纯仁也不是一味无底线无原则地宽容。他对奸佞之人亦深究到底，毫不手软。在河中府担任知府的时候，听说录事参军宋儋年会客后突然死亡。范纯仁认为此事蹊跷，通过调查、研究、归纳，最后发现是宋儋年的小妾和官府小吏合谋将其害死，最终该小妾和小吏受到法律的严惩。

清代黄涛在《家规省括》中引《嘉言录》之言加以强调度量宽宏之重要性："德随量进，量由识长。故欲厚其德，不可不弘其量。"紧接着，黄涛讲述了唐代名臣裴度在当宰相的时候如何做到度量过人。"唐裴度在中

---

① 倪其心：《二十四史全译：宋史》第十一册，汉语大词典出版社 2004 年版，第 7076 页。
② 倪其心：《二十四史全译：宋史》第十一册，汉语大词典出版社 2004 年版，第 7076 页。

书，左右忽白以失印，闻者莫不变色。度即命张筵举乐，人不晓其故。夜半宴酣，左右复白印存，度不答，极欢而罢。或问其故，度曰：'此徒出胥吏辈，盗印书契耳。缓之则存，急则投诸水火，不复得之矣。'时人服其弘量。"① 裴度之弘量在于其精准地判断事物发展趋势，那就是"缓之则存"，因而最终使大印失而复得。

北宋名臣韩琦能够以宽宏的度量容人，亦传为美谈。《家规省括》中记载："韩琦在大名日，有人献玉盏二只，表里无纤瑕可指，亦绝宝也。每开宴召客，特设一桌，覆以锦衣，置盏其上。一日酌酒劝座客，俄为一吏误触倒，玉盏俱碎，坐客皆愕然。琦神色不动，顾吏曰：'汝误也，非故也，何罪之有？'"韩琦对误碰玉盏的小吏能够开脱说话，展示出他作为一代儒臣的容人之量。

对于为官者，宽容一时比较容易，难的是做到宽严相济。只有把宽容与严厉结合起来治政，才能深刻地洞悉宽容之深意。郭昆焘在《云卧山庄家训》中说："惜之言为政者，必曰宽严交济。"具体而言，郭昆焘在家训中说："严以役丁胥，而宽以待百姓；严以治奸宄，而宽以安善良。严其所当严，法行则人知惧；宽其所当宽，惠行则人知恩。宽严交济，即此之谓也。"郭昆焘告诫家人，为官执政要宽严交济，对待工作应该严格，对待人事应该宽容，此谓得张弛之道也。

北宋名臣吕端，"少敏悟好学"，后走上仕途，为政清廉，能够做到宽严交济，可谓深得为官之意。朝中重臣赵普评价吕端："吾观吕公奏事，得嘉赏未尝喜，遇抑挫未尝惧，亦不形于言，真台辅之器也。"② 吕端做事认真，又具有人望，宋太宗打算任命他为宰相。有人向宋太宗进言，吕端"为人糊涂"。宋太宗回应，吕端小事糊涂，大事不糊涂。吕端担任宰相后，不负众望，尽职担当，成为一代名臣。吕端的小事糊涂，是他不与一般人计较的宽容心态的展示。吕端的大事不糊涂，是他严谨的工作态度。宋太宗去世后，得知李皇后打算立长子为皇帝，吕端说："先帝立太子正为今日，今始弃天下，岂可遽违命有异议邪？"③ 吕端在关系宋朝帝位继承

① 楼含松：《中国古代家训集成》第九册，浙江古籍出版社 2017 年版，第 5365 页。
② 倪其心：《二十四史全译：宋史》第十册，汉语大词典出版社 2004 年版，第 6390 页。
③ 倪其心：《二十四史全译：宋史》第十册，汉语大词典出版社 2004 年版，第 6392 页。

的关键时刻扶助太子即位，这就说明他大事不糊涂，在关键的时刻不会轻易改变看法，这是他严的一面。然而，遭遇宦海沉浮，能做到宽和待之，遇到有人参劾其从政之失。吕端回应："吾直道而行，无所愧畏，风波之言不足虑也。"① 这又是吕端宽容的方面。

家书中的廉洁观

古代社会非常重视廉洁素养的锻造。因为廉洁与否关乎国运。所谓廉洁兴，国运兴；廉洁衰，国运微。古人在家书中，有许多关于廉洁的阐释和论述，它们是中国廉洁文化的重要组成部分，具有十分重大的历史意义和现实意义。

一、女主示廉

古代社会中，有一些杰出的女性能够在廉洁方面做到以身作则，而且她们在家训中极力展示其思想。汉明帝之妻马皇后，"能诵《易》，好读《春秋》《楚辞》，尤善《周官》《董仲舒书》"②。马皇后鉴于历史上兴衰治乱的经验教训，非常注重从自身做起，以身作则，做到节俭自持，"常衣大练，裙不加缘"③。她看到外亲来访者"车如流水，马如游龙"，非常铺张。于是，"绝岁用而已，冀以默愧其心"④。她看到兄长马廖办理其母丧葬过程中所修之坟超过规制，对马廖进行劝导，督促马廖进行调整。马皇后的节俭自修可见一斑。

魏文帝曹丕的妻子郭皇后，出身于仕宦之家，"性俭约，不好音乐，常慕汉明帝马后之为人"⑤。她能看到历史上好多外戚因为骄纵，最终身败名裂。因此，郭皇后经常劝诫外戚："汉氏椒房之家，少能自全者，皆由

---

① 倪其心：《二十四史全译：宋史》第十册，汉语大词典出版社 2004 年版，第 6392 页。
② 许嘉璐：《二十四史全译：后汉书》第一册，汉语大词典 2004 年版，第 174 页。
③ 许嘉璐：《二十四史全译：后汉书》第一册，汉语大词典 2004 年版，第 174 页。
④ 许嘉璐：《二十四史全译：后汉书》第一册，汉语大词典 2004 年版，第 176 页。
⑤ 徐少锦、陈延斌：《中国家训史》，人民出版社 2011 年，第 166 页。

骄奢,可不慎乎!"① 郭皇后的姐姐去世后,其子欲厚葬母亲,被郭皇后制止,"自丧乱以来,坟墓无不发掘,皆由厚葬也"②。

唐太宗的妻子长孙皇后,自幼喜好读书,博通经史,"视古善恶以自鉴,矜尚礼法"③。唐太宗提倡节俭的治国理念,长孙皇后以身作则,予以大力支持配合,"帅内外命妇亲蚕"④,带领宫廷中的妃嫔一起养蚕,大兴勤俭之风。

在此基础上,长孙皇后"训诸子常以廉俭为先"⑤,教育他们戒奢从俭。针对太子李承乾"侈众日甚",长孙皇后进行教育:"太子无德与名,器何请为?"⑥ 长乐公主结婚时,唐太宗非常重视,命令有关部门置办嫁妆,费用比唐高祖之女永嘉公主多一倍。魏征向唐太宗进言,这样做不合礼制。唐太宗将魏征这番话告诉长孙皇后。长孙皇后说:"尝闻陛下敬重魏征,殊未知其故,而今闻其谏,乃能以义制人主之情,真社稷臣矣!"⑦ 唐太宗听后"大悦"。贞观之治的锻造,长孙皇后亦有功劳。

二、首在自律

"以廉洁为先",很多古代官员能够做到以身作则,加强自律。唐代名臣卢钧年少好学,考中进士后,走上仕途。他在出任广州刺史后,面对诱惑,能够做到廉洁自持。广州是当时的商贸中心,海外商船经常来此做生意,珍奇货物汇集于此。历来在这里当官的人,总是搜刮珍宝,"靡不栖载而还"。卢钧"为政廉洁",一改往前贪敛之风,请"监军领市舶使",自己不去干预商贸交易,也不从中获利。"时称廉洁。"

此后,卢钧又转战各地,颇得皇帝认可和赏识。皇帝下诏称赞他的品

---

① 徐少锦、陈延斌:《中国家训史》,人民出版社 2011 年,第 166 页。

② 许嘉璐:《二十四史全译:三国志》第一册,汉语大词典出版社 2004 年版,第 83 页。

③ 黄永年:《二十四史全译:新唐书》第四册,汉语大词典出版社 2004 年版,第 2175 页。

④ 徐少锦、陈延斌:《中国家训史》,人民出版社 2011 年,第 328 页。

⑤ 徐少锦、陈延斌:《中国家训史》,人民出版社 2011 年,第 328 页。

⑥ 黄永年:《二十四史全译:新唐书》第四册,汉语大词典出版社 2004 年版,第 2176 页。

⑦ 吴兢:《贞观政要》,中华书局 2011 年版,第 355 页。

行和政绩："长才博达，敏识宏深。霭山河之灵，抱瑚琏之器。多能不耀，用晦而彰。由岭表而至太原，五换节钺，仁声载路，公论弥高。藩垣之和气不衰，台阁之清风常在。"① 卢钧一生俭朴，"玩服不为鲜明，位将相，没而无赢财"②。

三、恪守廉洁

宋代名臣王旦在家训中告诫后辈："子孙入仕，须廉平忠厚，若以理去官，归来祭享，祖宗食之。即不入仕，而能耕种生理，心力所致者，祖宗亦必食之。若系嗟来，祖宗不食之。"③ 王旦将廉洁作为从政的首要条件之一，既是对子孙的要求，又是从政经验的总结。

北宋名臣李沆为官后，将廉洁从政作为自己的仕宦座右铭，一生加以践行。当了宰相的李沆仍然居住在非常简陋的屋子里，别人劝说他新建房屋，李沆是这样回答的："居第当传子孙，此为宰相厅事诚隘，为太祝、奉礼厅事已宽矣。"④ 李沆妻子和弟弟亦劝说李沆修缮房屋。李沆仍然坚持原见，不为所动："身食厚禄，时有横赐，计囊装亦可以治第，但念内典以此世界为缺陷，安得圆满如意，自求称足？今市新宅，须一年膳完，人生朝暮不可保，又岂能久居？巢林一枝，聊自足耳，安事丰屋哉？"⑤ 宋真宗听闻他去世的消息后，对他的评价是："沆为大臣，忠良纯厚，始终如一，岂意不享遐寿！"⑥

家书中的气节观

古代仁人志士非常讲究气节，为了气节不惜舍身护义。这些人构成了中华民族的脊梁，支撑和推动着中国的发展和进步。其中有部分人能够在

---

① 黄永年：《二十四史全译：旧唐书》第六册，汉语大词典出版社 2004 年版，第 3939 页。
② 黄永年：《二十四史全译：新唐书》第七册，汉语大词典出版社 2004 年版，第 3968 页。
③ 楼含松：《中国古代家训集成》第一册，浙江古籍出版社 2017 年版，第 142 页。
④ 倪其心：《二十四史全译：宋史》第十册，汉语大词典出版社 2004 年版，第 6415 页。
⑤ 倪其心：《二十四史全译：宋史》第十册，汉语大词典出版社 2004 年版，第 6415 页。
⑥ 倪其心：《二十四史全译：宋史》第十册，汉语大词典出版社 2004 年版，第 6414 页。

家书中，对亲戚晚辈进行教诲，揭示气节之真意，情真意切，令人警觉。

一、尽而不污

颜延年在家书《庭诰》中说："习之所变亦大矣，岂唯蒸性染身，乃将移智易虑。""唯夫金真玉粹者，乃能尽而不污尔。故曰：'丹可灭而不能使无赤，石可毁而不可使无坚。'苟无丹石之性，必慎浸染之由。"古代官员即使处在危难之中，仍然能够做到出淤泥而不染，独抗任世，做到守节展义。

朱昭，他担任震威城兵马监押时，金兵入侵宋，西夏部队趁机攻打震威城。"最为孤绝"的震威城，在朱昭的守护下，出奇兵回击西夏部队，得以取得阶段性胜利。

然而，宋朝积贫积弱的状况未能扭转被困的局面。在"诸城降者多"的情形下，朱昭能未遂大流，守丹朱之色、石头之坚。他的故旧亲信对朱昭说："天下事已矣，忠安所施？"朱昭回答："汝辈背义偷生，不异犬豕，尚敢以言诱我乎？我唯有死耳！"[1] 朱昭死守震威城，西夏部队围攻朱昭。朱昭"瞋目仗剑，无一敢前，旋中矢而死，年四十六"[2]。

二、志不可夺

颜真卿在《与绪汝书》中说："正可守，不可不守。吾去岁中言事得罪，又不能逆道徇时，为千古罪人也。虽贬居远方，终身不耻。绪汝等当须会吾之志，不可不守也！"古代官员为了心中的"道"，为自己设立底线和原则，绝不能作出有损于"道"的事情，甚至为了维护"道"的神圣，不惜以力抗之。

明代陈有年考中进士后，在吏部任职。恰逢成国公朱希忠去世，朱希忠的弟弟朱希孝通过贿赂宦官冯保，乞求继承王号，冯保同意，大学士张居正亦同意。陈有年认为这样做不符合法律规定和所奉之"道"。陈有年说："令典：功臣殁，公赠王，侯赠公，子孙袭者，生死止本爵。"[3] 当时，

---

① 倪其心：《二十四史全译：宋史》第十五册，汉语大词典出版社2004年版，第9680页。
② 倪其心：《二十四史全译：宋史》第十五册，汉语大词典出版社2004年版，第9680页。
③ 章培恒、喻遂生：《二十四史全译：明史》第七册，汉语大词典出版社2004年版，第4549页。

这件事惹得张居正不高兴，"有年即日谢病去"，以示抗议。

陈有年担任江西巡抚时，朝廷需要地方奇巧陶器进贡，陶工苦之。陈有年"引诏旨请"，据理力争，为民请命，被朝廷否决。当时，江西遇有灾荒，皇帝下诏，"禁邻境闭籴"。陈有年据实上奏，希望朝廷放宽原有的禁令，让江西百姓得以自救。他因此被官僚弹劾。陈有年宦海沉浮多次，但其守道的志向气节不变，以"风节高天下"闻世。

三、砥石而光

舒元舆在《贻诸弟砥石命》中说："欲尔辈定持刚质，昼夜淬厉，使尘埃不得间发而入。""然吾固尔辈常置砥于左右，造次颠沛，必于是思之，亦古人韦弦铭座之义也。因书为砥石命，以警尔辈，兼刻辞于其侧曰：剑之锷，砥之而光；人之名，砥之而扬。砥乎砥乎，为吾之师乎!"砥石越磨越光，人也是越"磨"，才能越得到历练，越见其品性。

梁武帝时期的名臣顾协少有志操，名声在外。他担任廷尉正的时候，"冬服单薄"，寺卿蔡法度对人说："我愿解身上襦与顾郎，恐顾郎难衣食者。"[1] 当顾协担任舍人的时候，他的同僚纷纷用奢华的材料装饰房屋住所，但顾协"器服饮食，不改于常"。

跟顾协关系近的门生来找他办事，"知其廉洁，不敢厚饷，止送钱二千"，没想到，顾协"发怒，杖二十，因此事者绝于馈遗"[2]。像顾协这样的官员，临钱财诱惑，而能镇定拒之，才是真廉洁。

四、刚而尽显

明清之际，中国处于社会大变革时期。清兵功入关内，引起明朝气节之人的义愤和抵抗。他们均饱读诗书，在国家危难之际，挺身而出，刚而抗之，虽知大势已去，仍以气节约己，归家著书立说，与统治者保持一定距离。朱之瑜、顾炎武就是其中的代表。

作为当时著名的思想家朱之瑜在明朝灭亡之后，曾参加郑成功抗清活动，失败后赴日本逃离，在日本讲学二十余年。他在家训中告诫后代要有

---

① 杨忠：《二十四史全译：梁书》，汉语大词典出版社2004年版，第387页。
② 杨忠：《二十四史全译：梁书》，汉语大词典出版社2004年版，第387页。

民族气节："汝辈既贫窘，能闭户读书为上；农、圃、渔、樵，孝养二亲，亦上也；百工技艺，自食其力者次之；万不得已，佣工度日又次之；惟有虏官不可为耳！"① 如果后辈听话，"既为虏官，虽眉宇英发，气度娴雅，我亦不以为孙"②。对清朝统治者的决绝，体现出朱之瑜独特的坚决的气节。

顾炎武在明朝末年参加过抗清起义，失败后，长期过着游学生活。顾炎武虽然学问做得非常扎实，但是拒绝与清廷进行合作，这与其严格的母训示是分不开的。他的母亲王氏听到京城沦陷的消息，绝食而死，临终前嘱托顾炎武"无为异国臣子，无负世世国恩，无忘先祖遗训"③。顾炎武终生都没有辜负母亲的期望，誓与清廷保持距离。康熙执政的时候，开博学鸿儒科，广纳博学之才，顾炎武也在罗致之列，但他以死拒之："七十老翁何所求？正欠一死！若必相逼，则以身殉之矣！"④ 清廷鉴于其学问威望，未对其进行拷问。顾炎武在给家人家书中强调"品节矫然"，成为指导家人立身处世的基本原则。

家书中的勤奋观

无论从事什么职业，都需要做到勤奋，才有可能获得成功。张永明在《家训》中指出："天下之民，各有本业。曰士，曰农，曰工，曰商。士勤于学业，则可以取爵禄；农勤于田亩，则可以聚稼穑；工勤于技巧，则可以易衣食；商勤于贸易，则可以积货财。此四者，皆人生之本业，苟能其一，则仰以事父母，俯以育妻子，而终身之事毕矣。"

读书人通过勤奋读书，考取功名，实现修身齐家治国平天下的政治理想，读书被他们视为人生信条。"家族兴旺书为本，祖宗业盛源自勤。"至于从事农工商的人，起早贪黑，更是需要辛勤地付出时间和精力。浙江金华卢氏家训中强调："凡我族人，必先勤农工，务根本，保衣食，求发展。

---

① 徐少锦、陈延斌：《中国家训史》，人民出版社 2011 年版，第 654 页。
② 徐少锦、陈延斌：《中国家训史》，人民出版社 2011 年版，第 654 页。
③ 徐少锦、陈延斌：《中国家训史》，人民出版社 2011 年版，第 659 页。
④ 徐少锦、陈延斌：《中国家训史》，人民出版社 2011 年版，第 659 页。

各业善艺，务求精深。"① 商业的经营，如果没有勤奋作为支撑，亦是较难维持的。

不同行业的人，要想获得成功，均离不开勤奋，这里的勤奋多指尽力而为。勤奋除了尽力而为之外，还需要尽道，即遵循各自不同的职业道德规范和社会规范。何士晋在《宗规》中说："士农工商，业虽不同，皆是本职。勤则职业修，惰则职业堕。修则父母妻子，仰事俯育皆有赖。堕则资身无策，不免姗笑于姻里。然所谓勤者，非徒尽力，实要尽道。如士者则须先德行，次文艺，切勿因读书识字，舞弄文法，颠倒是非，造歌谣，匿名贴。举监生员，不得出入公门，有玷行止。士宦不得以贿赂官，贻辱祖宗。农者不得窃田水，纵牲畜作践，欺赖佃租。工者不可作淫巧，售敝伪器什。商者不得纨绔冶游，酒色浪费。"士农工商都有各自的"道"，如果想在行业中有长期发展，必须遵守带有规矩性质的"道"。

古人家书中的勤奋观还强调专注与持久，如果短时间内做到勤奋，可以获得一时成功；如果长时间内做到勤奋，就可以获得长期成功。叶梦得在《石林治生家训要略》中说："昔东坡曰：'人能从容自守，十年之后，何事不成？'今后生汲于谋利者，方务于东，又驰于西，所为欲速则不达，见小利则大事不成。人之以此破家者多矣。故必先定吾规模，规模既定，由是朝夕念此为此，必欲得此，久之而势我集、利我归矣。故曰：'善始每难善继，有初自宜有终。'"北宋名臣韩琦可谓专注于政事，他用一辈子的时间勤政。他考上进士后，监左藏库，认真管理仓库，严格货物查验和监督制度，作出了政绩。后在朝中担任右司谏，"凡事有不便，未尝不言，每以明得失、正纪纲、亲忠直、远邪佞为急，前后七十馀疏"。从中可见韩琦的勤政程度。

朝廷派韩琦担任经略安抚、招讨使，因其考虑周详，屡挫敌人。后与范仲淹抵御西夏，"名重一时，人心归之，朝廷倚以为重，故天下称为'韩范'"。韩琦在宋仁宗、宋英宗、宋神宗三朝担任过宰相，后辞去相位，坐镇地方，继续为民任政。

韩琦移判大名府，因大名府人口众多，政务繁多，所以比其他地方付出要多。当时，韩琦虽然已经年过六十，但是仍然事必躬亲，勤政为民。

---

① 刘鑫：《金华名人与家训》，河海大学出版社 2020 年版，第 148 页。

韩琦后来移判相州，仍然坚持为民原则，深受当地百姓的拥戴。相州百姓"人爱之如父母，有斗讼，传相劝止，曰：'勿扰吾侍中也'"①。韩琦勤政有一个特点就是"知无不为"。有人向他提建议："公所为诚善，万一蹉跌，岂惟身不自保，恐家无处所。"② 韩琦回答："人臣尽力事君，死生以之。"③ 欧阳修称赞他："临大事，决大议，垂绅正笏，不动声色，措天下于泰山之安，可谓社稷之臣。"④

家书中的仕宦观

古代社会，随着吏治的逐渐成熟，塑造了许多德才兼备的能吏。他们站位高，看得远，想得透，对仕宦生活有许多独特的心得体会。这些能吏不愿意这些宝贵的心得体会失传后世，通过家书传于家中晚辈，希望晚辈能够少走弯路、少碰挫折、少触暗礁，用自己的才华和踏实的作风为百姓做实事、吏治整顿做贡献。

一、清白示后

很多古代官员能够认识到精神上的廉洁清白远胜于生活上的富贵。他们用良好家风家训，将清白传之后世，亦成为教育后辈子孙的良法。

梁武帝时期的名臣徐勉出身于名门世家，其祖父徐长宗和父亲徐融为官期间皆以清廉清白著称于世。故徐勉在《诫子崧书》中告诫儿子徐崧要继承良好家风："吾家本清廉，故常居贫素。至于产业之事，所未尝言，非直不经营而已。"徐勉历任要职多年而不倒，很重要的原因就在于他在面临各种诱惑的时候，能心有所寄而加以拒绝。有人劝他"创辟田园"，有人劝他"兴立邸店"，都被他拒绝了。他说："古往今来，豪富继踵，高门甲第，连闼洞房，宛其死矣，定是谁室？"⑤ 过眼繁华和富贵，随着时间

---

① 倪其心：《二十四史全译：宋史》第十一册，汉语大词典出版社 2004 年版，第 7027 页。
② 倪其心：《二十四史全译：宋史》第十一册，汉语大词典出版社 2004 年版，第 7026 页。
③ 倪其心：《二十四史全译：宋史》第十一册，汉语大词典出版社 2004 年版，第 7026 页。
④ 倪其心：《二十四史全译：宋史》第十一册，汉语大词典出版社 2004 年版，第 7029 页。
⑤ 杨忠：《二十四史全译：梁书》，汉语大词典出版社 2004 年版，第 336 页。

的流逝，终归会无声无息地消失。能够得到永恒传世的就是清白清廉的家风和口碑，这是无价之宝。他对孩子讲："古人所谓'以清白遗子孙，不亦厚乎'。"① 他在这里引用古人之言，说的就是东汉名臣杨震在担任涿郡太守时，秉公执法，不拉帮结派，不损公肥私，也拒绝他人馈赠。杨震的亲朋好友劝告他，希望他能够利用当官的机会，捞取好处或者置办产业，为其子孙后代着想。杨震回答："使后世称为清白吏子孙，以此遗之，不亦厚乎！"② 徐勉对此理念亦深信不疑。门人故旧劝他通过做官来置产业求利，他的回答是："人遗子孙以财，我遗之清白。子孙才也，则自致辎軿，如不才，终为他有。"③ 徐勉"虽居显职，不营产业，家无蓄积，俸禄分赡亲族贫乏者"④。他用自己的理念和行为塑造家风，影响徐家后人。

明朝高官张岳在担任两广总督的时候，施政严明、清廉正直，深受当地百姓爱戴。当地百姓自发地给他送来一块英德县产的大石头，此石形如一士大夫弯腰拱手而立，被称为"立人石"。当张岳离开广东的时候，也把这块"立人石"带走。有人探知张岳要离开广东，带着一个很重的大木箱，认为里面有贵重财宝，便奏请朝廷派钦差前来查实，结果发现张岳的大木箱里放的是那块"立人石"。皇帝知道此事后，赠给张岳"廉隅世家"的美誉。随后，朝廷下谕："张岳一生廉隅，俭朴可风，明诚独到，特恩赐就地建立生祠，将截获石头立于祠前，以供景仰。"⑤ "立人石"随之留存，成为见证张岳为人诚实、为官廉洁能干的文物。

张岳曾以"宁为岩畔柏，不随秋叶扬"⑥ 自勉，他亦将独立清节之风带给了后辈子孙。张岳对其子张宓说："大约礼节要谦厚，言语要安详，接人要款曲，深以膏粱之气为戒。痛自洗刮，守吾家儒素寒俭之风，然后为人有进步也。"⑦ 在这样的家风影响下，张宓亦走上仕途，担任广西庆远知府期间，为民办实事，为官守清贫。张岳之孙张迎，担任兵部武库司郎中，为官公正，有"清风百世师"之称。

---

① 杨忠：《二十四史全译：梁书》，汉语大词典出版社 2004 年版，第 335 页。
② 许嘉璐：《二十四史全译：后汉书》第二册，汉语大词典出版社 2004 年版，第 1128 页。
③ 杨忠：《二十四史全译：梁书》，汉语大词典出版社 2004 年版，第 335 页。
④ 杨忠：《二十四史全译：梁书》，汉语大词典出版社 2004 年版，第 335 页。
⑤ 杜朝运、王婕鹏：《闽南名人家风家训》，海峡文艺出版社 2018 年版，第 25 页。
⑥ 杜朝运、王婕鹏：《闽南名人家风家训》，海峡文艺出版社 2018 年版，第 24 页。
⑦ 楼含松：《中国古代家训集成》第八册，浙江古籍出版社 2017 年版，第 4732 页。

二、知足而止

很多古代官员在仕宦生涯中，经历宦海沉浮，对做官有着很多的直接体会。职位低会被瞧不起，职位高会被"置于火中烤"，被众人评议功罪。稍有不慎，就可能从高位跌落甚至性命堪忧。所以，古代官员会在家书中告诫家人要懂得荣高位危、知足而止的道理。

韦世康出身于官宦之家，良好的家风塑造了他"幼而沉敏，有器度"的品性，历仕西魏、北周，在隋文帝时期，亦被重用，且有政绩。他从政时间较长，对人生仕宦感悟颇多。他在担任绛州刺史的时候，在给家人书信中表达了自己荣登高位的珍惜之情、洁身自好的为官之品和知足而止的恬淡之心，"吾生因绪馀，夙沾缨弁，驱驰不已，四纪于兹。叨登衮命，频莅方岳，志除三惑，心慎四知，以不贪而为宝，处膏脂而莫润"[①]；"禄岂须多，防满则退，年不待暮，有疾便辞"[②]。平安度日，或许是人生之福，这是韦世康所悟之道。

如果说把韦世康的知足退让之意片面地理解为谦让之词，或者是沽名钓誉之言，那就大错特错了。隋文帝待韦世康非常优厚。韦世康虽政绩卓越，位居要职，仍能居安思危，戒奢戒傲，体现出仁臣之本色："世康寡嗜欲，不慕贵势，未尝以位望矜物。"[③] 韦世康对家人说："吾闻功遂身退，古人常道。今年将耳顺，志在悬车，汝辈以为云何？"[④] 他以年事已高之名想退休之事，实在难得。在官位显要之时，仍有此等意念，高出群臣百般。当时已是吏部尚书的韦世康亲自面见隋文帝，表达了自辞之意："臣无尺寸之功，位亚台铉。今犬马齿载，不益明时，恐先朝露，无以塞责。愿乞骸骨，退避贤能。"[⑤] 隋文帝好言抚慰韦世康，外调韦世康为荆州总管，韦世康在荆州总管任上去世。

① 孙雍长：《二十四史全译：隋书》第二册，汉语大词典出版社 2004 年版，第 1127 页。
② 孙雍长：《二十四史全译：隋书》第二册，汉语大词典出版社 2004 年版，第 1127 页。
③ 孙雍长：《二十四史全译：隋书》第二册，汉语大词典出版社 2004 年版，第 1128 页。
④ 孙雍长：《二十四史全译：隋书》第二册，汉语大词典出版社 2004 年版，第 1128 页。
⑤ 孙雍长：《二十四史全译：隋书》第二册，汉语大词典出版社 2004 年版，第 1128 页。

家书中的修身观

良好家风塑造离不开对自己修为的不断要求。唐代柳公绰"性谨重，动循礼法"①。读书的时候，他摒弃浮华的文风；做官的时候，他守中庸之道，遵循礼法做事。他工作干得很成功，家事处理得又很好。"公绰理家甚严，子弟克禀诫训。言家法者，世称柳氏。"②柳公绰非常有耐心地对待后辈儿孙，如果不是上朝之日，"自旦至暮，不离小斋"③，为孩子们讲授经史和治家之法，颇有成效。

在柳公绰良好家风熏染下，柳公绰的儿子柳仲郢由进士而入仕途，为官处事，皆显良好风度。"仲郢有父风，动修礼法。"④镇守江夏的牛僧孺征用柳仲郢到自己身边任职，对柳仲郢有"非积习名教，安能及此"⑤的评价。柳仲郢在朝中任职，能够尽职尽责，担任侍御史的时候，针对被庇护的案子，谏言皇上要秉公执法，"朝廷嘉其守法"；担任吏部郎中的时候，恰逢朝廷裁汰冗员，他能够依据律法，"减一千二百员"，"时议为惬"。柳仲郢在地方任职，兢兢业业，担任梓州刺史的时候，大惩行贿之风，"美绩流闻"。"仲郢以礼法自持"，即使是在内室也是衣帽整齐，虽多次出任节帅，但马棚中没有名马，衣服也不曾熏香。

古人强调一旦走进仕途，就要实心干事、为民解忧。王心敬在《丰川家训》中说："故论臣品，以实心尽职为第一义。"⑥清代胡宝瑔勤勉的办事风格被当时军机大臣鄂尔泰所赏识，给予他"大能任事"的评价，将他调任军机章京。军机章京协助军机大臣处理朝中大事。由于胡宝瑔勤勉有能力，在很短的时间内，就熟悉了军机处的工作，"有问则应，据经史百家及直省地形、土俗、职官、兵制、因革利弊，言之凿凿"。他不仅熟悉

---

① 黄永年：《二十四史全译：旧唐书》第五册，汉语大词典出版社 2004 年版，第 3660 页。
② 朱明勋：《中国古代家训经典导读》，中国书籍出版社 2012 年版，第 119 页。
③ 楼含松：《中国古代家训集成》第一册，浙江古籍出版社 2017 年版，第 94 页。
④ 黄永年：《二十四史全译：旧唐书》第五册，汉语大词典出版社 2004 年版，第 3665 页。
⑤ 黄永年：《二十四史全译：旧唐书》第五册，汉语大词典出版社 2004 年版，第 3665 页。
⑥ 楼含松：《中国古代家训集成》第七册，浙江古籍出版社 2017 年版，第 4103 页。

了军机处工作，而且还能针对不同的具体事务提出富有针对性的解决措施，赢得了军机大臣们的赞赏。1748 年，胡宝瑔奉命跟从大学士傅恒征战金川，筹谋划策，"劳绩最著"。1752 年，胡宝瑔外放担任山西巡抚，抚饥民，理冤狱，劾贪吏，整关隘堤防，诸策并举，以时不我待的精神，勇于任事，敢于担当，作出了政绩。

1757 年，胡宝瑔调任河南巡抚。当时，黄河决口，河南是黄河水患的重灾区。胡宝瑔以治水为己任，频繁奔波于全省各地，抱着疲惫之躯，亲自去田间地头查看水情，了解受灾百姓的疾苦，有的时候晚上去查看，途中买饼而食，不增地方接待之负担。通过周密翔实地调查研究，胡宝瑔制定了治理水患的方案，建议将河南境内四条干河疏浚加宽加深，辅之以"截沙湾，塞决口，拓旧堤"，"分要工、次工、缓工，次第兴修"。乾隆对胡宝瑔治理河南境内黄河水患的能力非常赞赏："豫省灾区，积困已久。朕特用胡宝瑔为巡抚，伊不辞劳瘁，实能仰体朕疴瘝在抱之意，而又能尽力调剂，以苏穷黎，甚可嘉也。"[1] 第二年，胡宝瑔在河南的水利工程阶段性完工，乾隆再次褒奖胡宝瑔"不惜工，不爱帑，不劳民"[2]。此后数年，胡宝瑔又继续加固已有堤坝，由此其设施作用凸显。1760 年，胡宝瑔被调任江西。1761 年夏，河南境内黄河再次决口，乾隆再次将胡宝瑔调回河南。年过 68 岁的胡宝瑔不顾体弱多病，全心全意扑在治河上，取得了成效。1762 年，正在专心治水的胡宝瑔因长年奔波、积劳成疾，终于病倒。乾隆闻讯，派人前去探望。胡宝瑔借此机会，希望来人向乾隆转奏自己最后一个奏折，奏折中既没有谈个人生死，也没有邀功利禄，通篇所谈恰是念念不忘的治水问题。乾隆看到这个折子后，为胡宝瑔病危后仍然挂念国家大事的精神所感动，派太医前去救治胡宝瑔。1763 年初，胡宝瑔病故。乾隆"深轸惜"，特加赠太子太保、兵部尚书衔，赐祭葬。

古人追求圣贤之境界，无时无刻不在反省自己、检修问题，虽为辛苦，亦属乐事。张廷玉在《澄怀园语》中强调："制行愈高，品望愈重，则人之伺之益密，而论之亦愈深，防检稍疏则身名俱损。"说的是品格越高之人，不仅自身要求越高，而且舆论民众对其要求亦越高，稍微有瑕

---

① 王钟翰点校：《清史列传》第六册，中华书局 1987 年版，第 1697 页。

② 王钟翰点校：《清史列传》第六册，中华书局 1987 年版，第 1697 页。

疵，就会形成舆论转向。

家书中的为官之道

古代封建社会中作为社会精英的官员在为官过程中积累了许多宝贵的为官经验。文字功底较为扎实的官员会以家书的形式，教诲家人如何做好事、当好官。细品丰富的家书内容，对于搞好家风建设、建立文化自信具有重要价值。

一、要戒骄戒傲

中国古代家书文化中体现了官员要做到戒骄戒傲。明代的陆树声在家训中说"做人不可有傲态"[1]。古代官员"矜气饰名"，在仕宦生涯中，容易产生"傲态"，骄傲自大、贪图虚名，终日追逐"名利"，没有尽头，对自己也没有什么益处。如何去掉"名利"思想，保持戒骄戒傲心态，就需要"平心以待"，更好地为百姓办实事、办好事。当注意力转移，将心思放到为民服务方面，以平常心视之，往往能够做出受民赞赏的大事。当然，如果不自觉地处于膨胀骄傲的氛围中，应该提高思想警惕，及时止损和反思，戒掉傲骄的不良习气。

二、铭记坚毅二字

《尚书》中有"九德"的说法："宽而栗，柔而立，愿而恭，乱而敬，扰而毅，直而温，简而廉，刚而塞，强而义。""九德"要靠坚毅来作支撑。明朝万历年间进士支大纶在《示儿书》中说"丈夫遇权门须脚硬；在谏垣须口硬；入史局须手硬；值肤受之愬须心硬；侵润之谮须耳硬"。这里提到的诸多之"硬"就是坚毅的代名词。作为官员，要立足各自岗位，用坚毅来坚守职业底线和岗位底线。古代官员，跟权势之家打交道不卑不亢，这是"脚硬"；做谏官敢于提出真知灼见甚至批评建议，这是"口硬"；当史官敢秉笔直书，这是"手硬"；对于装作陈诉委屈状的官员，要

---

① 楼含松：《中国古代家训集成》第四册，浙江古籍出版社 2017 年版，第 2255 页。

善于发现其中的不实之处，这是"心硬"；对于进谗言诬陷别人的官员，要认真分析，拒绝轻信，这是"耳硬"。

三、做到慎言慎行

官员在长期从政生涯中，其一言一行不仅受到同行的关注，也受到百姓的关注。为什么会受到关注呢？官员的言行代表公务形象，如果不谨慎对待，信口开河、乱说乱议，不仅会扰乱朝纲，还会造成一定范围内的思想混乱。明朝李际阳的母亲在《遗子弟书》中说："大都世态炎凉，而宦途人多疑忌，议论间，常要小心打点，未可如居乡率心与宦途人应对也。"意思是不能在官场乱发议论，避免引起别人的猜忌和不必要的麻烦。她总结古代伟人之所以能够取得成就，就在于"皆是小心中做出事业"。紧接着，她告诫后辈为官处世"须慎哉！须慎哉"。

四、崇尚礼让思想

中国传统文化强调谦虚待人、礼让为人。作为官员，更应该把谦虚待人、礼让为人的理念贯彻到从政生涯中，这是"为政以德"的具体化。古人虽然没有认识到官员谦虚待人、礼让待人是一种"软实力"的体现，可以提升领导力，更好地得到群众支持，但是从"仁政"的角度来看，这样做可以夯实执政基础、维护统治秩序。明代有一个官员叫罗伦，富有才学，当过修撰，他在《戒族人书》中对为官者应该怎样做到谦虚待人、礼让为人进行了论述："何谓齐家？不分田地，不占山林，不尚争斗，不肆强梁，不败乡里，不陵宗族，不扰官府，不尚奢侈，弟让其兄，侄让其叔，妇敬其夫，奴恭其主。只要认得一忍字，一让字，便齐得家也。其要在子弟读书，兴礼让。"古人讲"修身齐家治国平天下"。如果家中能够做到礼让谦地对待彼此，就能够在社会中礼让的精神对待社会大众。罗伦的家书中的"忍""让"不是消极意义上"怯懦""胆小"的表现，而是在权力过度膨胀后对官员行权的道德限制和约束。

古代中国是农业社会，强调农业本位。在艰辛的农业生产活动过程中，人们形成了节俭生活的习惯，对于积累财富、过上稳定持久生活具有重要意义。在家国一体思想的指引下，个人节俭的这一良好习惯被推广到社会与国家中，这一命题仍然成立。在国家治理中，官员如果提倡节俭精神，而且付诸实践，对于塑造良好官场政治生态具有极为重要的价值。明代嘉靖年间进士出身的周怡，当过太常少卿，他在《勉谕儿辈》中说："常将有日思无日，莫待无时思有时，则子子孙孙常享温饱矣。"作为官员，能够维持日常生活和工作开销，应该知足。如果官员有这样的一种想法，节俭生活，把剩下的合法钱财积攒起来，万一哪天急需钱，不正好能用上吗？何必要用违规手段进行敛财来满足自己过度奢华的需求，往往这样做，一旦被查，面临牢狱之灾，吃一口安心饭的机会也没有了。

五、做到廉洁从政

古代官员非常重视廉洁，认为廉洁从政最能衡量官声、官品。当然，古代官场也会出现十分严重的贪腐现象，但是作为正直的官员，他们没有过多的欲望，也不需要额外的钱财来满足过多的欲望，只要把工作重心放在为百姓做事上，就会得到百姓赞赏。东汉名臣朱邑，一生以廉洁自律要求自己，有很好的官声。在基层为小吏的时候，朱邑为官清廉，实施仁政，善待百姓，尤其是对年迈之人和孤儿寡母，对他们多有恩惠。当地官员和百姓对他评价都很高，"所部吏爱敬焉"。官声传开后，他被提拔到更为重要的岗位上，仍然坚持廉洁从政，因"治行第一"被再次提拔。他的职位越来越高，仍然能够做到"为人淳厚，笃于故旧，然性公正，不可交以私"。他以节俭的精神约束自己，使之成为自己的信条，终生不变，"身为列卿，居处俭节，禄赐以共九族乡党，家亡余财"。当朱邑去世的时候，皇帝都觉得非常惋惜，称赞他"廉洁守节"，是"淑人君子"①。

六、抓紧时间读书干事

古代社会，读书学习是官员的必修课。通过读书学习，能帮助官员更好地做事。清代的毛先舒看到当时部分年轻人没有很好地珍惜宝贵时光，在家书《与子侄》中给年轻后辈予以警醒说明："年富力强，却涣散精神，肆应于外。多事无益妨有益，将岁月虚过，才情浪掷，及至晓得收拾精神，近里着己时，而年力向衰，途长日暮，已不堪发奋有为矣。回而思

---

① 安平秋、张传玺：《二十四史全译：汉书》第三册，汉语大词典出版社 2004 年版，第 1796—1797 页。

之，真可痛哭！汝等虽在少年，日月易逝，斯言常当猛省。"错过年轻时期最宝贵的读书学习的时光，等到"年力向衰"之时，再想学习长本事，为时已晚。作为官员，应该通过读书长本事，不断提升自己的能力，更好地为百姓服务。清代陈宏谋在《给四侄钟杰书》中告诫晚辈："来京途中，有一刻闲，便当看书，古人游处皆学，不过为收放心耳。"不仅要从书本中学，还要从实践中去学，不断提升为民服务的本领和能力。

七、担当才能勤政

元好问有一句诗"当官避事平生耻，视死如归社稷心"，这句诗强调了为官者要敢于担当、勇于担当。作为基层官员，在长期的工作过程中，如果没有担当，得过且过混日子，就是一种不敢担当、不能勤政的体现。清代聂继模在得知儿子聂焘中了进士后，被派到基层当县令后。写下了《给子书》，教导儿子如何做官，儿子遵照父亲的教导，在地方干出了显著成绩。《诫子书》中说："山僻知县，事简责轻，最足钝人志气，须时时将此心提醒激发：无事寻出有事，有事终归无事。"在基层为官，不要因为偏僻，担子轻，而销蚀了为官的进取心。要在长期调查研究基础上，寻找工作突破口，勇于担当，敢于任事，"寻"出事来，推动工作顺利开展。如果能够顺利推动工作，真正遇到问题的时候，又可以凭借着早已积累和准备好的东西予以应对，就能将"有事"化为"无事"。

治国篇

创建新业的秦始皇

　　嬴政出生于战乱纷争的时代，后处于秦国最高统治者的位置，能够顺应历史潮流，完成统一大业，实现大一统的政治局面，奠定中国版图之基，设计治国理政制度，创建新业、影响深远。明代李贽在《藏书》中说："始皇帝，自是千古一帝也！始皇出世，李斯相之。天崩地坼，掀翻一个世界。"李贽对嬴政的评价是"千古一帝"，其继往开来、创建事功的雄心伟业，彪炳史册。

　　当时，13岁的嬴政回到秦国即位。信奉法家思想的嬴政站在秦国最高统治者的位置，凭借秦国多年累积的变法红利和自然形成的地理优势，通过强有力的政治手腕，内尊王权，外拓土地，朝"得志于天下"的目标更进一步。少年嬴政面对吕不韦当政、赵太后擅政、嫪毐作乱，以果断利索的方式，逼迫吕不韦自杀，严格控制赵太后干政，平定嫪毐叛乱，全面掌握了秦国国家权力，显示出他不同寻常的政治才具。紧接着，嬴政腾出时间和精力，策划并指挥了对六国的战争。嬴政能够采纳各方有识之见，以军事征伐为主，以离间收买为辅，集中力量歼灭六国，而且亲临战场前线，指挥督察作战。

　　经过努力，嬴政在即位的第26个年头，于公元前221年结束了各国交战导致的战乱局面，实现了全国统一，完成了大一统的政治目标，初步奠定了中国的政治版图。后世许多人对嬴政完成大一统给予高度评价。汉代主父偃说："秦皇帝任战之威，蚕食天下，并吞战国，海内为一，功齐三代。"① 汉代桑弘羊评价嬴政："功如丘山，名传后世。"② 唐代李白说："秦王扫六合，虎视何雄哉！"③ 清代赵翼说："秦皇尽灭六国，以开一统之局。"④ 梁启超在《战国载记》中说："秦始皇宁为中国之雄，求诸世界，见亦罕矣。其武功焜耀，众所共知，不必论；其政治所设施，多有皋牢百代之概。"

嬴政不仅实现国家统一，而且在统一之后还能创建新业，充实大一统血肉。首先，嬴政确立了皇权权威。他下令曰："今名号不更，无以称成功，传后世。其议帝号。"⑤ 司马迁评价"始皇自以为功过五帝，地广三王"，以"皇帝"自称。嬴政说："自今已来，除谥法，朕为始皇帝，后世以计数，二世、三世，至千万世，传之无穷。"⑥ 嬴政从此被称为秦始皇。维护皇权至上的规章制度逐渐形成。朝廷官员和地方大员都要经皇帝任免，皇帝自称为"朕"，命称为"制"，令称为"诏"。皇帝行使权力的凭证是玉玺，为皇帝专擅之物。至高无上的皇权地位不断加以巩固，促使秦始皇努力做到勤政务业。政事无论大小均需秦始皇亲自裁决。秦始皇为了充分行使自己的权力，夜以继日地工作，白天断狱，夜批公文，还经常外出了解民情，虽然有时出行巡游不乏歌功颂德之意。

其次，嬴政确立政权框架和行政制度。秦始皇以战国时期秦国官制为基础，建立了比较完善的中央政权组织，确立了中国历代王朝官制的基本格局。朝廷以皇帝为首，下设三公九卿。三公是指丞相、太尉、御使大夫。丞相是中央行政机构的最高长官，协助皇帝处理全国政务；太尉是中央行政机构的军事长官，协助皇帝掌管军事；御史大夫是协助丞相治事，有监察文武百官的职权。三公之下设有九卿，分工管理不同的政务部门，

---

① 乔继堂：《秦始皇与战国七雄和大秦王朝》，上海科学技术文献出版社 2017 年版，第 97 页。

② 乔继堂：《秦始皇与战国七雄和大秦王朝》，上海科学技术文献出版社 2017 年版，第 97 页。

③ 乔继堂：《秦始皇与战国七雄和大秦王朝》，上海科学技术文献出版社 2017 年版，第 98 页。

④ 乔继堂：《秦始皇与战国七雄和大秦王朝》，上海科学技术文献出版社 2017 年版，第 102 页。

⑤ [汉] 司马迁：《史记》第一册，天津古籍出版社 1997 年版，第 153 页。

⑥ [汉] 司马迁：《史记》第一册，天津古籍出版社 1997 年版，第 153 页。

分别是奉常、郎中令、卫尉、太仆、廷尉、典客、宗正、治粟内史、少府。当时，秦朝国土辽阔，为了更好地治理这些疆域，秦始皇让群臣就此问题进行讨论，诸臣建议搞分封制，而李斯独以为不然："周文武所封子弟同姓甚众，然后属疏远，相攻击如仇雠。诸侯更相诛伐，周天子弗能禁止。今海内赖陛下神灵一统，皆为郡县，诸子功臣以公赋税重赏赐之，甚足易制，天下无异意，则安宁之术也。置诸侯不便。"① 秦始皇采纳了李斯的主张："天下共苦战斗不休，以有侯王。赖宗庙，天下初定，又复立国，是树兵也。而求其宁息，岂不难哉？廷尉议是。"② 于是，秦朝先分天下以为三十六郡，后增加多郡，郡下设县，推广郡县制。郡内分为若干县，万户以上设县令，不满万户设县长，主管全县政务；县内分为若干乡，乡有啬夫主管乡务，三老主管教化。交通要道往往设亭，负责邮传、捕盗。居民居住区为里，有里正主管。居民的基层组织是什伍，十家为什，什长负责；五家为伍，伍长负责。严密的政权组织体系和行政体系，提高了行政办事的效率，强化了中央集权。李贽评价秦始皇创设的郡县制："此等皆是应运豪杰，因时大臣。圣人复起不能易也。"③ 王夫之在《读通鉴论》中说："郡县制垂两千年而弗能改也，合古今上下安之。势之所趋，岂非理而能然哉！"李贽、王夫之均肯定了郡县制的历史地位和秦始皇的英明决策。

最后，嬴政积极稳妥推进统一大业。秦始皇统一全国后，法律建设上了一个新台阶。秦朝继承了李悝、商鞅的法律思想，实行"以法为教"的政策，不断充实增加法律内容。等到秦始皇执政的时候，将秦律颁布于世，在全国执行，结束了战国时期各国法律执行不一的状况。1975 年 12 月，湖北云梦睡虎地出土了大批秦简，从秦简涉及的秦律来看，涉及政治、军事、市场管理、官员任免、案件审理等各个方面，称秦律为"密于凝脂"是有道理的。然秦律中严酷繁杂成分，又有激化当时社会矛盾的一面。战国时期，各国度量衡非常混乱，大小、长短、轻重等都不尽相同。秦始皇统一全国后，将商鞅变法时所立秦国度量衡标准推行全国，当时规定度为寸、尺、丈、引；量为龠、斗、升、合、仑；衡为铢、两、斤、

① [汉] 司马迁：《史记》第一册，天津古籍出版社 1997 年版，第 154 页。
② [汉] 司马迁：《史记》第一册，天津古籍出版社 1997 年版，第 154 页。
③ 张分田：《秦始皇传》，人民出版社 2021 年版，第 681 页。

钧、石，专门颁发统一度量衡诏书，加大执行力度，结束了战国时期度量衡混乱的局面。秦始皇下令以秦制统一货币行于世，废除秦以外的六国货币，促进了商品交换，为人们生活生产提供了便利。战国时期，各国文字不一样，同一个字的声符、形符也不一样。等到秦始皇统一六国后，"文字异形"给政令推行和各种交流活动开展带来了阻碍。"秦既一统，始尚文教，使天下文字皆同于秦文。"秦始皇命令李斯负责文字改革。李斯整理出笔法简便、写法一致的标准文字在全国推行，称为"小篆"。在秦始皇的督促下，李斯编写《仓颉篇》，中车府令赵高编写《爱历篇》，太史令胡母敬编写《博学篇》，这些编写内容作为识字课本在全国推广，促进了语言文字的普及。秦始皇在统一六国后，当时全国各地车轨大小不同，交通要道宽窄有异，需要统一。当时规定，大车两轮之间皆宽六尺，所有不符合规定的车辆一律禁止使用，统一了车轨。秦始皇修建驰道、直道。所谓驰道，宽五十步，路基均为铁锤夯实，道中央宽三丈，为车马专用，每隔三丈植树一株。当时以咸阳为中心，修驰道东至燕齐，南达吴楚，北抵九原，西至陇西。所谓直道，由大将蒙恬主持修建的从九原到云阳的大道，全长"千八百里"，从保存至今的路面看，有的宽达 50～60 米。驰道、直道修建完成后，促进了全国各地政治、经济、文化联系。秦始皇在统一六国后，北攻匈奴，南征岭南，最后奠定了中国版图的基本轮廓，东到辽东，西到陇西，北至阴山，南至南海的疆域就此确立。在秦始皇推进统一大业过程中，能够看到其创设新业成为千古一帝的努力和愿望。

秦始皇功业虽隆，然其出游炫功、肆意追仙、焚书坑儒、大兴土木、重施酷法、加重徭役等，为后人所批评。历史长河滚滚向前，逐渐清晰地浮出秦始皇勇于担当、敢于任事、追求事功、创设新业的伟大形象。柳诒徵在《中国文化史》中说："盖秦政称皇帝之年，实前此二千数百年之结局，亦为后此二千数百年之起点，不可谓非历史一大关键。惟秦虽有经营统一之功，而未能尽行其规划一统之策。凡秦之政，皆待汉行之。秦人启其端，汉人竟其绪。"[①] 秦始皇不仅总结了他之前时代的成就，还创设了新的功业。他执政时期好的东西被后世王朝继承，他的主政教训失误，亦成为后世统治者反复镜鉴的对象。

---

① 柳诒徵：《中国文化史》，东方出版社 2008 年版，第 281 页。

尚节俭的汉文帝

中国自古以来就有道德基础和传承。其中崇尚节俭就是非常重要的一项内容。《左传》中说："俭，德之共也。"节俭成为评价君主和官员政治品德的重要标尺。汉文帝能够开创文景之治的局面，除了强大的治国理政能力之外，还将超常的节俭品格熔铸在政治实践中，取得了显著成效。当他还是代王的时候，近侍对他就有"贤圣仁孝，闻于天下"①的高度评价。等到他成为皇帝后，"专务以德化民，是以海内殷富，兴于礼义，断狱数百，几致刑措"②。节俭铸就的他"贤圣仁孝"的政治威望，造就了"海内殷富"的政治局面。《汉书·食货志》中说："文帝即位，躬修俭节，思安百姓"，这个评价可谓准矣。

年少成名的"通诸子百家之书"的贾谊被"文帝召以为博士"。汉文帝每每需要臣僚当庭回答政务之疑时，贾谊都"尽为之对"，得到汉文帝的赏识，多次越级提拔他。但是由于贾谊年少才大，被权贵忌恨，被迫离开都城政治舞台。贾谊虽未能登公卿之位，但是他的思想和建议大部分被汉文帝采纳，在全国推广。汉文帝的节俭精神，能够在贾谊撰写的《新书》中找到思想溯源。贾谊在《新书·退让》中提到楚王向翟国使者炫耀奢华，请翟国使者"于章华之台"，奢华的章华台让翟国使者休息了三次最终才登顶。楚王问翟国使者对方国家是否有这样奢华的高台吗。翟国使者回答说，他们国家是穷国，哪里能见到这样的高台！翟王自己的宫室堂高三尺。覆盖屋顶的茅草都没剪齐，用不好的木头做的椽子都没刮皮。即使如此，翟王还认为建造宫室的工匠、百姓太过辛苦，居住在里面的人太过安逸。楚王听了非常羞愧。节俭的治国理念在贾谊的小故事中被带出来，给予汉文帝丰厚的思想养分。

节俭的理念与汉文帝所处的时代和采取的国策是相一致的。汉文帝所

---

① ［汉］司马迁：《史记》第一册，天津古籍出版社 1997 年版，第 336 页。

② 安平秋、张传玺：《二十四史全译：汉书》第一册，汉语大词典出版社 2004 年版，第 53 页。

处的时期是要采取休养生息之策的时期。正如吕思勉所说："当汉初，承春秋战国以来五百余年的长期战争；加以秦代的暴虐，秦、汉之际的扰乱，天下所渴望的，是休养生息。"① 汉文帝顺应时代发展潮流，采取休养生息之策，推广节俭精神。汉文帝为了恢复经济、稳定秩序，高度重视农业生产。汉文帝多次下诏书，劝课农桑，积极发展农业；为了减轻农民负担，减免田租，使得"安富为天下"的目标逐渐实现。以农为本政策的实施，强调艰辛的劳动精神，与节俭精神也是一致的。节俭精神、理念的倡导，是汉文帝顺应时代、合理制定政策的思想基础之一。

节俭的理念渗透到汉文帝生活、工作中，如影随形。他从地方入驻京城，在位二十三年，"宫室苑囿狗马服御无所增益"②，生活非常有规律而又不追求奢华。作为一代帝王，他曾经想新修宫殿，以示威严，但是"召匠计之，直百金"，汉文帝于是放弃了修筑宫殿的计划。必须要修建的霸陵，全部采用瓦器，不许使用金银铜锡作装饰。他经常穿着朴素，"衣绨衣"。他宠爱的慎夫人"衣不得曳地，帷帐不得文绣"，起到"以土敦朴，为天下先"的作用。

国家之大、灾害之多，考验执政者治理的毅力与耐心。当全国发生旱灾时，蝗虫祸乱民间，群众为之一困。汉文帝"令诸侯毋入贡"，"减诸服御狗马"，节省下的费用赈济贫困。汉文帝的节俭品格在于他的思想深处已经洞悉节俭是丰裕的根本，如果个体节俭了，对于国家来说就是富裕了。当时有人向汉文帝献千里马。从献马者的角度来看，献马不见得是谄媚权力、围猎皇帝。但是汉文帝将千里马退还给献马者，并且给献马者一笔费用以备路途之用。然而，如果局限于此，就不能深刻理解一个伟大的政治家的韬略长远之规划。汉文帝随后下诏："朕不受献也，其令四方毋求来献。"以上率下的政治智慧由此流露，自己既然做到了不收受宝物，地方诸侯及官员更没有理由要求别人贡献宝物。统治阶级节俭了，老百姓就富裕了，国家就强大了。他的儿子汉景帝对他评价"减嗜欲，不受献，不私其利也"③。说的就是汉文帝不收受贵重的贡物，在社会上弘扬节俭的

① 吕思勉：《中国通史》，中华书局 2018 年版，第 95 页。
② ［汉］司马迁：《史记》第一册，天津古籍出版社 1997 年版，第 345 页。
③ ［汉］司马迁：《史记》第一册，天津古籍出版社 1997 年版，第 346 页。

美德，取得了很大成效。司马迁对汉文帝也发出了"德至盛也"的赞叹！

政治遗嘱对于政治家来说至关重要，因为它是对过去政治经验的梳理和总结，同时又能将其精华之要很好地传之于后世，以备资政之需。汉文帝在临终前的政治遗嘱中提到了"薄葬"，是对他一生节俭的最后诠释。汉文帝认为"死者天地之理，物之自然者"①，没有什么值得悲痛的。汉文帝看到当时"厚葬"的不良习气，在其政治遗嘱中加以导引："世咸知嘉生而恶死，厚葬以破业，重服以伤生，吾甚不取。"② 阐述"厚葬"带来的弊端，于是，提出"天下吏民，令到出临三日，皆释服"，缩短服丧的时间，节省服丧的成本；提出"毋禁取妇嫁女祠祀饮酒食肉者"，尊重老百姓日常生活秩序；提出"非旦夕临时，禁毋得擅哭"，哭丧止于礼，不能过于悲痛，以伤其身。③

汉文帝提倡节俭精神，对后世统治者影响巨大。其中，汉光武帝刘秀就是以汉文帝为榜样，要求自己节俭持身。刘秀"身衣大练，色无重彩"，生活节俭，且拒绝奢华之物。刘秀对自己陵墓的建设要求非常严格，亦效法汉文帝倡导的薄葬精神要求自己。刘秀说："古者帝王之葬，皆陶人瓦器，木车茅马，使后世之人不知其处。"④ 羡慕古代简葬之王倡导的薄葬精神。刘秀留下的遗诏中再次明确了效法汉文帝提倡薄葬精神的努力："朕无益百姓，皆如孝文皇帝制度，务从约省。刺史、二千石长吏皆无离城郭，无遣吏及邮奏。"⑤ 除去简葬自己之外，他还希望不要劳烦地方官员长途跋涉离开地方来京城探望和送别，认为这是徒耗精力而已。

求贤若渴的汉光武帝

作为"高祖九世之孙"的汉光武帝刘秀不仅从血缘上继承了刘邦的政

---

① ［汉］司马迁：《史记》第一册，天津古籍出版社 1997 年版，第 345 页。
② ［汉］司马迁：《史记》第一册，天津古籍出版社 1997 年版，第 345 页。
③ ［汉］司马迁：《史记》第一册，天津古籍出版社 1997 年版，第 346 页。
④ 许嘉璐：《二十四史全译：后汉书》第一册，汉语大词典出版社 2004 年版，第 31—32 页。
⑤ 许嘉璐：《二十四史全译：后汉书》第一册，汉语大词典出版社 2004 年版，第 35 页。

治家风采，还从事业发展上继承了刘邦的正统遗产。"复高祖之业，定万世之秋"成为指导刘秀举兵、定国、建业的根本方针。清代思想家王夫之评价他为"允冠百王"，认为"三代而下，取天下者惟光武独焉"①，肯定刘秀以仁得天下的行为。宽容的政治品格、稳健的人格魅力、强力的军事才华，加之对人才的求贤若渴，促使他成为一代雄主，中兴汉朝景致的目标得以实现。

刘秀年轻的时候，在乡里有"长者之风"，闻名一时。参加起义队伍后，对全国各地的英俊更是热忱招徕、恩礼有加，将一批能征善战的将才聚拢到自己队伍中，为他问鼎天下奠定基础。当时右大将军李忠的母亲和妻子被叛将马宠拘捕，马宠以此要挟李忠投降。李忠毫不犹豫地斩杀了在其队伍中任职的马宠的弟弟，以此表明对刘秀的忠诚。刘秀深为感动，命人救助，确保了李忠家属的安全。来歙主动归顺刘秀，刘秀非常高兴，脱下自己衣服给他披上。刘秀在来歙夺取略阳成功后大摆庆功酒，让他单独坐在一处，以显其贵。王常对刘秀忠心耿耿，刘秀多次提出表扬："心如坚石，真忠臣也②。"窦融归顺刘秀，刘秀让他"就诸侯位"，赏赐恩宠一时，"倾功京师"。马援来到洛阳拜谒刘秀，刘秀戴着头巾亲自迎接他，尊贤之态显露无遗。马援非常感动，对刘秀说："天下反覆，盗名字者不可胜数。今见陛下，恢廓大度，同符高祖，乃知帝王自有真也。"③ 内心开始认定刘秀是自己应该追随的人，随后正式归顺刘秀。在征伐过程中，马援为刘秀立下了显赫军功。刘秀对人才的信任、厚待、重用，聚拢了一大批军事人才，诸葛亮评论："建武之行师也，计出于主心，胜决于庙堂，故窦融因声而景附，马援一见而叹息。"④ 诸葛亮夸奖刘秀的聪明才智。因刘秀有智，故能招引大批优秀的军事人才，这些优秀的军事人才为其建国奠定了扎实基础。

当了皇帝的刘秀说："吾治天下，亦欲以柔道行之。"⑤ 礼敬贤良成为刘秀"柔道"政治的题中之义。刘秀非常重视西汉末年一批有骨气的知识

---

① 勾利军、刘海文：《文白对照全译读通鉴论》，山西人民出版社1994年版，第149页。
② 许嘉璐：《二十四史全译·后汉书》第一册，汉语大词典出版社2004年版，第519页。
③ 许嘉璐：《二十四史全译·后汉书》第二册，汉语大词典出版社2004年版，第652页
④ ［三国］诸葛亮：《诸葛亮集》，中华书局2020年版，第45页。
⑤ ［宋］司马光：《资治通鉴》第五册，中华书局2013年版，第1434页。

分子，他们看不惯杂乱腐朽的时政生活，有的以托病为借口闭门不出；有的变更姓名，以讲学为生；有的隐姓埋名，成为隐士。这批富有才学的知识分子虽然选择隐逸作为自己的生活方式，但内心还是对国家发展、百姓生活充满了感情。刘秀非常注意从这批知识分子中选拔人才。《逸民传》中记载："光武侧席幽人，求之若不及，旌帛蒲车之所征赉，相望于岩中矣。"

当时有一个叫严光的人，小的时候与刘秀一起读书，很有才华，后来隐居起来。刘秀当了皇帝后，思慕其贤，图画其像，派人按图寻找。经过努力，终于找到了严光。刘秀准备好车辆，"遣使聘请"。为了表示诚意，刘秀亲登严光之门，严光假寐以拒刘秀，刘秀不但不生气，还苦苦相劝。严光不为所动。刘秀"升舆"，"叹息而去"。在宫中的刘秀，非常想念严光，"复引光入，论道旧故，相对累日"①。刘秀打算提拔严光为谏议大夫，但是遭到严光拒绝。严光后来隐居富春山。等到严光去世后，刘秀非常感伤，"赐钱百万、穀千斛"②。刘秀尊贤访贤的名声传播开来。"不仕莽朝"的隐士蔡茂被刘秀重用，封官；"不仕王莽世"的牟长被刘秀重用，"拜博士，稍迁河内太守"。这使西汉末年"弃冠带，绝交宦"的隐士得以用于朝廷。

刘秀注意网罗有治国安邦之才的儒生，不因年纪过大、性格耿直而有所忽视。当时有一个儒生叫卓茂，精通《诗》《书》等，颇有名声。刘秀当了皇帝后，立刻派人访求这位名士，任命当时已经年过七十的卓茂为太傅，"前密令卓茂，束身自修，执节淳固，诚能为人所不能为。夫名冠天下，当受天下重赏。故武王伐纣，封比干之墓，表尚容之间。今以茂为太傅，封褒德侯，食邑二千户，赐几仗车马，衣一袭，絮五百斤"③。等到卓茂去世，刘秀"赐棺椁冢地，车驾素服亲临送葬"④。刘秀做此事的政治意义在于，只要有才学，哪怕是年纪偏大，都能得到重用，这就让更多的有真才实学的儒生看到了希望，促使他们走出书斋，为国家贡献自己的力量。"及光武中兴，爱好经术，未及下车，而先访儒雅，采求阙文，补缀

---

① 许嘉璐：《二十四史全译：后汉书》第三册，汉语大词典出版社 2004 年版，第 1670 页。
② 许嘉璐：《二十四史全译：后汉书》第三册，汉语大词典出版社 2004 年版，第 1670 页。
③ 许嘉璐：《二十四史全译：后汉书》第二册，汉语大词典出版社 2004 年版，第 672 页。
④ 许嘉璐：《二十四史全译：后汉书》第二册，汉语大词典出版社 2004 年版，第 673 页。

漏逸。"① 许多儒生"继踵而集"。

当时有一个儒生叫董宣，自幼饱读诗书，学识渊博，后来被任命为洛阳令，秉公执法、不畏权势，得到刘秀的赏识。刘秀的姐姐湖阳公主刘黄的仆人白天杀人后藏匿于刘黄家中，官吏不敢捉拿他。刘黄外出时，让这个奴仆跟随，在门口等候的董宣"驻车叩马，以刀画地，大言数主之失，叱奴下车，因格杀之"。刘黄回家后将此事告诉刘秀，刘秀听了"大怒"，"召宣，欲捶杀之"。董宣回应，"臣不须捶，请得自杀"。随后，董宣"以头击楹，流血被面"。被人抢救后，刘秀让董宣向刘黄叩头谢罪，董宣拒之。缓过神的刘秀大加赞赏董宣，任命他为强项令，"赐钱三十万"。董宣更加敬业，"搏击豪强，莫不震栗"，京城中老百姓称他为"卧虎"。②

刚柔并济的汉明帝

汉明帝刘庄自幼熟读经书，10 岁的时候，"能通《春秋》"，引起了其父刘秀的重视，塑造了他之后以文治世的"柔和"气质。刘庄随刘秀率军征战，塑造了他之后以武安邦的"刚毅"气质。加之，近距离接触刘秀，刘庄能够较为全面系统地学习刘秀处理政务军事的经验。这使得当时还不是太子的刘庄脱颖而出，成为令刘秀倾心栽培的接班人。

随着郭皇后失宠和被废，刘庄之母阴丽华被立为皇后，紧接着，刘庄被策命为新太子。等到刘秀去世，刘庄即位为帝，即历史上的汉明帝，时年 30 岁。汉明帝执政期间，针对明里暗里的各种风险挑战，采取刚柔并济的措施，稳住朝局，树立威信，成为一代明君。

刘庄之父刘秀通儒学之要，为人谨厚，为事度力，其以柔道治天下的风格影响了东汉执政者的风格。刘秀的柔道治国被其子刘庄继承，史称"继以明章"，"明"指的就是汉明帝。汉明帝继承其父刘秀的施政风格，"朕承大运，继体守文"，继续"修文""崇德"。儒学大家桓荣曾对刘庄儒学造诣有很高的评价："今皇太子以聪睿之姿，通明经义，观览古今，储

---

① 许嘉璐：《二十四史全译：后汉书》第三册，汉语大词典出版社 2004 年版，第 1551 页。
② 许嘉璐：《二十四史全译：后汉书》第三册，汉语大词典出版社 2004 年版，第 1516 页。

君副主莫能专精博学若此者也。"①刘庄还是太子的时候，刘秀就聘请大儒桓荣当他的老师。在桓荣指导下，"学通《尚书》"。从汉明帝性格来看，自幼爱好学习、善于思考，能对事情做出合理的判断和分析。另外，经过桓荣的耐心教导，促汉明帝成才。从儒学大师桓荣的经历来看，他少年贫苦，却努力读书、刻苦钻研，终学有所成，传授知识于门徒，名声在外，而被刘秀所闻，聘为刘庄的老师。桓荣将自己毕生所学尽心传授于刘庄。鉴于桓荣品德方正、处事公平、学问增深，刘秀"常令止宿太子宫"。桓荣与刘庄在相处中，奠定了刘庄对桓荣的敬仰和尊重之情。

汉明帝执政初始，倡导尊师重教的良好社会风尚。由于他为太子的时候，与老师桓荣关系交好，又受其知识熏陶，对老师桓荣非常尊敬，经常送礼品给桓荣。汉明帝对待桓荣，"尊以师礼，甚见亲重"，赏赐亦颇多。他经常光顾桓荣府邸、家宅，以皇帝之尊，百官之威，邀请桓荣数百门生，"亲自执业"，求教学问于桓荣，每求教一题之前必曰："大师在是"，以示尊师之道。桓荣每遇疾病时，汉明帝第一时间派遣太医前来诊治慰问。②当桓荣病重的时候，汉明帝"幸其家问起居，入街下车，拥经而前，抚荣垂涕，赐以床茵、帷帐、刀剑、衣被"③，待上很长时间才会离开。皇帝对老师都如此敬重，尊师重道的社会风尚逐渐形成。

汉明帝之妻马皇后，"能诵《易》，好读《春秋》《楚辞》，尤善《周官》《董仲舒书》"④，在皇家中形成良好的示范作用。汉明帝本人亦十分重视儒学，曾亲自赴太学，"正坐自讲"，亲自讲论经义，儒生在他面前辩诘，官员、群众前来观看的人非常多。儒学兴盛一时。汉明帝还特意为功臣子孙、亲戚支属"别立校舍"，"搜选高能以受其业"。汉明帝独重《孝经》，提倡以孝治天下，要求军队士卒学习《孝经》，连匈奴首领也派儿子前来学习。13年后汉明帝再次亲临讲堂，命令皇太子、储王讲解儒家经典。学习儒家蔚然成风。

汉明帝的柔道治国也体现在宽恕犯过罪的人。在他刚登临大位之时，即下诏"其弛刑及郡国徒，在中元元年四月己卯赦前所犯而后捕系者，悉

① 许嘉璐：《二十四史全译：后汉书》第二册，汉语大词典出版社2004年版，第870页。
② 许嘉璐：《二十四史全译：后汉书》第二册，汉语大词典出版社2004年版，第871页。
③ 许嘉璐：《二十四史全译：后汉书》第二册，汉语大词典出版社2004年版，第871页。
④ 徐少锦、陈延斌：《中国家训史》，人民出版社2011年版，第162页。

免其刑"①。通过大赦天下之举动，彰显其施仁政、以柔治天下的精神。

汉明帝的柔道治国还体现在对官员职位的分配、政治行为的准确理解和把握等方面。汉明帝刚即位时，勋臣难驭、兄弟不服、大臣不尊礼法，一股股波涛汹涌的暗流向汉明帝驶来。汉明帝以孝待母，以礼待前太子，将宗室、功臣、官僚等队伍中能为己所用的人才作为自己的政治代表，委任要职。他任用宗室中的东平王刘苍为骠骑将军，任用功臣中的邓禹为太傅，任用官僚队伍中的赵熹为太尉，立规矩、树威望、定礼仪、尊法度，很快就稳定了朝局。刘苍、邓禹、赵熹三人均品行高尚，眼光长远，能够为国担当，既能很快稳定政治秩序，又不会对汉明帝主政构成威胁、挑战。

《后汉书》评价汉明帝："危心恭德；政察奸胜。"这里的前四个字指的是汉明帝的柔，后四个字指的是汉明帝的刚。谦虚治政、怀德天下，可谓柔；察政得失、照浊显谄，可谓刚。汉明帝主政有柔有刚，能够做到刚柔并济。汉明帝的同母弟弟山阳王刘荆，写信给前太子刘彊，劝其举兵取天下。结果，刘彊将这封信送给了汉明帝。汉明帝非常吃惊，暗中派人调查，情况属实，但他采取了隐忍不发的策略，将刘荆调到了另外一个地方。可惜，刘荆仍然企图谋反，事情败露，刘荆自杀。汉明帝为了维护自己的统治，在处理威胁他统治的过程中，以刚毅精神待之，恰到好处地对刘荆进行了处置，既震慑到了刘荆，又在一定范围内控制了这件事的影响。从中亦可以看到汉明帝的刚毅，是刚中带柔，处置得当。

举贤任能的孙权

三国时期，东吴的孙权，作为一代雄主，具有十足的魅力。孙权自幼与父兄转战南北，培养了刚毅的武者气质。他还养成了良好的读书习惯，用大量时间阅读《诗经》《左传》等经典著作。他内在修养深厚、人生阅历丰富，配之以"方颐大口，目有精光"，"形貌奇伟，骨体不恒"，成就了"生子当如孙仲谋"的美誉。

---

① 许嘉璐：《二十四史全译：后汉书》第一册，汉语大词典出版社2004年版，第37页。

　　孙策在临终前，嘱托孙权："举江东之众，决机于两阵之间，与天下争衡，卿不如我；举贤任能，各尽其心，以保江东，我不如卿。"① 孙策对孙权的才能品质看得比较清楚，认为孙权的长处在于"举贤任能"，能够做到任才尚计。他在父兄亡后，于朝局不稳之时，继承大业，招揽人才，稳定秩序。

　　孙权所在的时代，形势变化莫测，然其对诸葛瑾的信任，可以说是纵横捭阖时代的一股清流。东汉末年，到江东避难的诸葛瑾，进入孙权的视野。诸葛瑾深受儒家思想熏陶，对己严格要求，对人和颜悦色，为官处世有着极强的自律性。诸葛瑾对孙权说话从不言辞激烈，每每态度从容、循循善诱，得到孙权赏识。然而，孙权听言论、做决策，要受很多因素影响，包括自己对情绪的不当管理等，有时难免会意气用事。孙权因事怪罪校尉殷模，有人向其说情，孙权非常生气，"怒益甚"。怒气未消的孙权看到诸葛瑾不发一言，问其原因。诸葛瑾叙说自己与殷模抛弃故地、舍掉家业来追随孙权，如果做的有不好的地方，请孙权见谅。孙权非常动容，感殷模之不易，为其"赦之"。对人的考查，最关键的一点在于把其置于险难之境中，观其态度，看其表现，察其精神境界。诸葛瑾能够站在事业发展的高度，对同僚没有落井下石，反而客观陈述、为其说情，展示出诸葛瑾高人一等的觉悟。孙权由此更加赏识、重用诸葛瑾，终生未改。

　　诸葛瑾与诸葛亮是亲兄弟，为了各自事业，选择追随不同的雄主。刘备曾派诸葛亮来东吴，孙权非常赏识诸葛亮的才华，在得知诸葛亮是诸葛瑾的弟弟时，希望诸葛瑾能够劝说诸葛亮留在东吴为其效命。然诸葛瑾对其说："弟亮已失身于人，委质定分，义无二心。弟之不留，犹瑾之不往也。"② 诸葛瑾对时事了然于胸，对公义始终持有，让孙权对其肃然起敬。当东吴与蜀关系交恶，诸葛瑾受命代表东吴处理与蜀国关系。诸葛瑾心怀大局，向刘备陈言，希望刘备能够放弃仇恨，从大局出发，恢复盟友关系。诸葛瑾对蜀的言行，使得东吴臣僚质疑声音骤起，担心其背叛东吴、投靠蜀国。明主受三人成虎言论的影响，犹恐作出错误的决策，但孙权仍然坚定不移地相信诸葛瑾的官品和人格。孙权对周围人讲："孤与子瑜

　　① 许嘉璐：《二十四史全译·三国志》第二册，汉语大词典出版社 2004 年版，第 721 页。
　　② 张作耀：《孙权传》，人民出版社 2017 年版，第 396 页。

（诸葛瑾）有死生不易之誓，子瑜之不负孤，犹孤之不负子瑜也。"① 然谤言仍然不绝，孙权坚毅地予以回应："孤与子瑜，可谓神交，非外言所间也。"② 君臣同心，推动东吴事业不断发展壮大。孙权对诸葛瑾更加信赖有加，每遇大事，都要与诸葛瑾咨询商量。诸葛瑾也没有让孙权失望，"因事以答，辞顺理正"，很好地完成了孙权交办的各项任务。

为了东吴大业，孙权希望一些思想深刻、见识不凡的人才助推一臂之力，鲁肃就是孙权挖掘和栽培的人才之一。鲁肃，早年丧父，家中有财，乐善好施，广结人缘。救急拯危、追求正义，使得年少的鲁肃颇具侠士的风范。周瑜通过一次机会认识了鲁肃的不凡，将鲁肃推荐给了孙权。孙权非常重视，与鲁肃交谈，发现其才。孙权向鲁肃请教，如何建立像齐桓公、晋文公那样的伟大功业。鲁肃建议孙权稳扎稳打，先在长江流域以南扩展势力、充实实力、提高能力，再根据形势变化，谋求更大发展。这番话令孙权更加敬重鲁肃，赏赐鲁肃之母许多日常用品。孙权后来跟陆逊回忆起此事，仍然对鲁肃的言辞赞不绝口："孤与宴语，便及大略帝王之业，此一快也。"③

孙权具有很强的洞察力，能够发现属下的缺点，并且以实告之，让其改正提升。吕蒙自幼擅长武斗，颇具英气。后来，吕蒙为孙权所用，在大小战役中，英勇向前，奋勇作战，建立了军功，职位亦不断得以提升。孙权就找时间，对吕蒙进行提点："卿今当涂掌事，不可不学!"④ 吕蒙以军务繁忙为由试图拒绝孙权好意："在军中常苦多务，恐不容复读书。"孙权开导他："孤岂欲卿治经为博士邪？但当涉猎，见往事耳。"⑤ 紧接着，孙权以自己为例劝言吕蒙多读书。这番话对吕蒙触动很大，促使他开始发奋读书。

对待诸葛瑾，孙权信而有加；对待鲁肃，孙权服之大略；对待吕蒙，孙权导之使成。他虚心延揽人才，设身处地为其将帅考虑，善于纳谏而真心改过，最终成就了一番事功。孙权听说吕岱"清身奉公，所在可述"，

① 许嘉璐:《二十四史全译:三国志》第二册，汉语大词典出版社 2004 年版，第 796 页。
② 张作耀:《孙权传》，人民出版社 2017 年版，第 396 页。
③ 许嘉璐:《二十四史全译:三国志》第二册，汉语大词典出版社 2004 年版，第 833 页。
④ [宋] 司马光:《资治通鉴》第七册，中华书局 2013 年版，第 2176 页。
⑤ [宋] 司马光:《资治通鉴》第七册，中华书局 2013 年版，第 2176 页。

且吕岱所得俸禄，都不能让家人免于"饥乏"，于是责备自己和近臣："吕岱出身万里，为国勤事，家门内困，而孤不早知。股肱耳目，其责安在?"① 为了弥补自己"不早知"的失误，孙权赐给吕岱"钱米布绢"。孙权攻占荆州，荆州官吏皆归附东吴，唯治中从事潘濬称病不见。孙权先遣人慰问潘濬，未能成功；遂亲自前往潘家，劝言潘濬，为何在之前能够侍别人，却如今不肯侍我，难道认为我没有古人的雅量吗？宽容的心态打消了潘濬的疑虑，潘濬从此成为孙权信任的重臣。东吴名将周泰，"数战有功"，其为拱卫孙权，"身被十二创"。孙权提拔周泰，引起部分将领的质疑。孙权特意将酒席送到周泰帐中，大会诸将，为周泰行酒。孙权命令周泰解开衣服，用手指着其身上的创痕，询问来历。周泰一一作答。诸将皆服。孙权喜好喝酒。在一次与群臣喝酒的过程中，喝至兴奋时，脱口而出："今日酣饮，惟醉堕台中，乃当止耳。"② 一旁的张昭见状就出去了。孙权派人将其召回，对张昭说："为共作乐耳，公何为怒乎?"③ 张昭向孙权直言规劝："昔纣为糟丘酒池长夜之饮，当时亦以为乐，不以为恶也。"④ 孙权听了有道理，虚心地接受这个建议，"遂罢酒"。

为了激励臣官，维护统治秩序，孙权还会在名臣名将去世后，极尽哀悼之悲。张昭去世后，孙权"素服临吊，谥曰文侯"，顾雍去世后，孙权"素服临吊，谥曰肃侯"；周瑜去世后，孙权"素服举哀，感动左右"；鲁肃去世后，孙权"为举哀，又临期葬"，经常以其语自警；凌统去世后，孙权"闻之，拊床起坐，哀不能自止，数日减膳，言及流涕，使张承为作铭诔"。孙权不仅高规格地对待这些去世的名臣名将，做到美誉亡故，而且还大力奖赏、提拔、重用这些名臣名将的后代，做到恩及后人。

《三国志》对孙权的评价是"孙权屈身忍辱，任才尚计，有勾践之奇，英人之杰矣。故能自擅江表，成鼎峙之业"。对问题看得透彻，对人才有着独特的见解，对事情解决能够筹划得当，这种用心用力用功最终呈现在为东吴效力的诸多历史人物上。这些人秉性不同、经历不同，但都被孙权以诚待之、以信用之、以学导之、用情感之、用思启之、用省虑之，让孙

---

① 许嘉璐：《二十四史全译：三国志》第二册，汉语大词典出版社 2004 年版，第 921 页。
② 许嘉璐：《二十四史全译：三国志》第二册，汉语大词典出版社 2004 年版，第 788 页。
③ 许嘉璐：《二十四史全译：三国志》第二册，汉语大词典出版社 2004 年版，第 788 页。
④ 许嘉璐：《二十四史全译：三国志》第二册，汉语大词典出版社 2004 年版，第 788 页。

权作为一代雄主的魅力得以展现。骆统称赞孙权："天生明德，神启圣心，招髦秀于四方，署俊义于宫朝。多士既受普笃之恩。"① 孙权延揽各方才俊的能力从中可见一斑。

善于纳谏的唐太宗

唐太宗李世民为何敢于纳谏、善于纳谏，是基于个人视野局限、前朝亡国之训、谏言的价值等。从个人角度来看，唐太宗敏锐地感受到，身为帝王，常在宫殿之中，必定在认识上有自身不可避免的局限："夫王者，高居深视，亏听阻明。恐有过而不闻，惧有阙而莫补。"② 唐太宗希望群臣能够提出政治谏言："朕既在九重，不能尽见天下事，故布之卿等，以为朕之耳目。莫以天下无事，四海安宁，便不存意。"③ 个人视野的局限在治国理政的政治实践中必然有其施政盲点，如何观照这些盲点，更好地了解下情，做到下情上达，必须通过进谏之言来分析研判："思正人匡谏，欲令耳目外通，下无怨滞。"④ 唐太宗清醒地认识到人的认知有限，但是知识无穷，这就需要通过别人谏言来满足自己对知识、经验的需求。隋炀帝的亡国之鉴让唐太宗铭记于心，隋炀帝"身不闻过，恶积祸盈，灭亡斯及"⑤。唐太宗在贞观初期对臣僚说："人欲自照，必须明镜；主欲知过，必藉忠臣。主欲自贤，臣不匡正，欲不危败，岂可得乎？故君失其国，臣亦不能独全其家。至于隋炀帝暴虐，臣下钳口，卒令不闻其过，遂至灭亡，虞世基等寻亦诛死。前事不远，公等每看事有不利于人，必须极言规谏。"⑥ 从谏言的价值层面来看，唐太宗能够认识到良言的作用，"逆耳之辞难受，顺心之说易从。彼难受者，药石之苦喉也；此易从者，鸩毒之甘口也"！⑦

唐太宗能够虚心听取谏言，不拘一格、不设门槛、不立底线。只要是

---

① 张作耀：《孙权传》，人民出版社 2017 年版，第 392 页。
② 王双怀、梁克敏、田乙：《帝范臣轨校释》，陕西人民出版社 2016 年版，第 59 页。
③ 吴兢：《贞观政要》，中华书局 2011 年版，第 35 页。
④ 吴兢：《贞观政要》，中华书局 2011 年版，第 106 页。
⑤ 吴兢：《贞观政要》，中华书局 2011 年版，第 97 页。
⑥ 吴兢：《贞观政要》，中华书局 2011 年版，第 95 页。
⑦ 王双怀、梁克敏、田乙：《帝范臣轨校释》，陕西人民出版社 2016 年版，第 71 页。

进谏者的进谏是为了朝廷，言之有理，都要吸纳。唐太宗的股肱之臣魏征经常进言，唐太宗非常高兴，手诏回复："省频抗表，诚极忠款，言穷切至。披览忘倦，每达宵分。非公体国情深，启沃义重，岂能示以良图，匡其不及？"① 唐太宗咨询名臣王珪："近代君臣理国，多劣于前古，何也？"王珪进言："近代重武轻儒，或参以法律，儒行既亏，淳风大坏。"② 唐太宗不仅"深然其言"，还从百官中挑选"学业优长"之人，"多进其阶品，累加迁擢"。爱马之人的唐太宗得知一匹骏马暴死，迁怒于养马之人，长孙皇后以晏婴劝谏齐景公不要妄杀养马之人来劝诫唐太宗，唐太宗听了以后接受了这个建议，而且给予高度赞扬："皇后庶事相启沃，极有利益尔。"③ 唐太宗的儿子李治看到父亲因为生气要怒斩苑西监穆裕，"犯颜进谏"，唐太宗对李治这种直谏行为进行肯定："皇太子幼在朕膝前，每见朕心说谏者，因染以成性，故有今日之谏。"④ 对于社会基层人员，如果能为时政提出真知灼见之言，唐太宗亦予以吸纳："言之而是，虽在仆隶刍荛，犹不可弃也。"⑤

唐太宗积极研究不敢、不愿、不想提出进谏之人的心理，试图通过找准答案来解决这个问题。唐太宗能够认识到，谏言是为国为民之大事，臣子应该摒弃害怕担心之顾虑。唐太宗还能够将直言敢谏之人当作良师益友看待，对官员循循善诱："夫人臣之对帝王，多顺从而不逆，甘言以取容。朕今发问，不得有隐，宜以次言朕过失。"⑥ 唐太宗针对中书省、门下省等机要部门"阿旨顺情""唯唯苟过"，没有一句对皇帝直言劝谏的话，提出了尖锐批评。如果机要部门的人员只是签署诏令、颁行文告，谁人不可以担任，何必委以重任呢？

唐太宗能够纳谏，需要为进谏之人提供良好条件。当时，唐太宗看到部分臣僚在奏疏中，议论有据，头头是道，可是当面召对，却语无伦次。不解的唐太宗便问魏征原因，魏征回答："谏者拂意触忌，非陛下借之辞

① 吴兢：《贞观政要》，中华书局 2011 年版，第 20 页。
② 吴兢：《贞观政要》，中华书局 2011 年版，第 29 页。
③ 吴兢：《贞观政要》，中华书局 2011 年版，第 120 页。
④ 吴兢：《贞观政要》，中华书局 2011 年版，第 130 页。
⑤ 王双怀、梁克敏、田乙：《帝范臣轨校释》，陕西人民出版社 2016 年版，第 59 页。
⑥ 吴兢：《贞观政要》，中华书局 2011 年版，第 129 页。

色，岂敢尽其情哉！"① 唐太宗于是以更加和悦的态度对待群臣进谏。唐太宗还积极地给进谏之人奖励。司法官员孙伏伽进谏，纠正了一个案子，被唐太宗嘉奖价值连城的兰陵公主园；散骑常侍姚思廉进言唐太宗不可"以人从欲"，唐太宗赏赐他"帛五十段"；太子右庶子高季辅向唐太宗上疏陈得失，唐太宗对他"特赐钟乳一剂"；给事中张玄素谏言停修宫殿，被赐绢。唐太宗曾对臣僚说："朕今发问，欲闻己过，卿等须言朕愆失。"② 正是由于有唐太宗的语言鼓励，才会有直言敢谏之臣的回应，正如魏征所说："陛下导臣使言，臣所以敢言。若陛下不受臣言，臣亦何敢犯龙鳞、触忌讳也。"③

唐太宗能够纳言，还注重将所纳之言落到实处。贞观四年，唐太宗下令修建洛阳乾元殿，被给事中张玄素所进谏言所震动。张玄素认为如果修建乾元殿，唐太宗还不如隋炀帝。唐太宗听此谏言后，不仅下令停建宫殿，还对重臣房玄龄说："以卑干尊，古来不易，非其忠直，安能如此？"④ 贞观六年，匈奴被平定，异族来朝贡，群臣称颂其德，州府大员请求封禅，唐太宗亦意欲封禅，唯独魏征以为不可。唐太宗询问魏征自己功绩不高、德行不厚、治理不好国家吗？魏征回答说，您功绩虽高，但百姓还没感受到您的恩惠；您德行虽厚，但恩泽没有遍及众人；治理国家虽好，但不足以负担封禅巨大的费用，这就是我认为不能封禅的原因。唐太宗采纳了魏征的谏言，停止了封禅。贞观十一年，唐太宗巡幸洛阳，途中经过显仁宫，看到当地官员献食不精，非常生气，试图责罚当地官员。魏征进言，以前隋炀帝因各地官员献食不精而责罚，导致各地官员竭尽民力而供奉，结果各地纷纷起义，这是您亲眼看见的，为什么还要效仿隋炀帝的行为呢？唐太宗于是采纳了魏征的谏言。

作为一个封建帝王，一方面希望纳言以利于治世，另一方面希望维护好自己的皇帝尊严。如果二者能协调处理，则自不必说；如果二者发生冲突，唐太宗该作何应对；这成为考验他是否真纳言的重要标尺。唐太宗喜欢打猎，他的儿子李恪也喜欢打猎。但是，李恪在安州任都督时，由于打

① ［宋］司马光：《资治通鉴》第十九册，中华书局 2013 年版，第 6299 页。
② 黄永年：《二十四史全译：旧唐书》第三册，汉语大词典出版社 2004 年版，第 2108 页。
③ 吴兢：《贞观政要》，中华书局 2011 年版，第 64 页。
④ 吴兢：《贞观政要》，中华书局 2011 年版，第 119 页。

猎无度，严重损害了当地百姓的利益。当时，侍御史柳范对李恪进行弹劾，李恪由此被免官。唐太宗心里非常不舒服，于是借此之事，责难李恪的老师权万纪。柳范劝谏唐太宗不要如此。唐太宗非常生气，拂衣而去。冷静下来的唐太宗主动找柳范，问其为何当面顶撞自己，柳范回答："陛下仁明，臣不敢不尽愚直。"唐太宗转怒为喜。唐太宗态度的转变，可以看到他在接受谏言和维护自尊方面的斗争，最终还是合理地采纳谏言。

唐太宗纳谏纳得好，是与黜佞结合在一起的。他曾经游玩花园，在一棵树前发出啧啧称赞声。这时，随从宇文士及趁机拍马屁："誉之不已。"唐太宗对宇文士及阿谀奉承的做法非常气愤，严词来说，魏征经常劝我远离佞人，我原来不知道佞人是谁，曾经猜测过是你，今天看来果然不错。唐太宗巡至蒲州，蒲州刺史赵元楷极力讨好唐太宗："课父老黄纱单衣迎车驾，盛饰廨舍楼观，又饲羊百余头、鱼数百头以馈贵戚。"了解了这个事的唐太宗严厉申斥赵元楷："朕巡省河、洛，凡有所须，皆资库物。卿所为乃亡隋之弊俗也。"① 唐太宗路过易州境时，司马陈元璹派人取温室培育的蔬菜进献唐太宗以博其宠。唐太宗非常厌恶他的谄媚，立刻罢免了他的官职。

能力超群的武则天

武则天的父亲是在山西以经商起家，以爱交友闻名，当时与李渊结交，后劝李渊起兵反隋，并为其所用，做到工部尚书，被封为应国公。武则天的母亲是关中贵族出身。生活在这样的环境中，塑造了武则天聪明伶俐的禀性。武则天十四岁的时候，被唐太宗纳进宫内，成为正五品的才人。了解洞悉了宫中复杂的关系，耳濡目染唐太宗的文治武功，这种环境潜移默化地影响了武则天的政治能力。唐太宗有一匹骏马叫狮子骢，"肥逸无能调驭者"。在唐太宗旁边服侍的武则天进言唐太宗："妾能制之，然须三物，一铁鞭，二铁挝，三匕首。铁鞭击之不服，则以挝挝其首，又不服，则以匕首断其喉。"② 唐太宗非常欣赏武则天这种气概。武则天的刚毅

① ［宋］司马光：《资治通鉴》第十九册，中华书局 2013 年版，第 6333 页。
② 王仲荦：《隋唐五代史》，上海人民出版社 2018 年版，第 123 页。

之性由此可见一斑。

唐太宗去世后，武则天在感业寺为尼，后遇唐高宗，被召入宫，经过惨烈残酷的斗争，最终被立为皇后。"性明敏""涉猎文史"的武则天由于个人政治才能出众，得到寒门贵族的力量支持，加之唐高宗体弱多病，她逐渐掌握朝政大权，"政无大小，皆与闻之。天下大权，悉归中宫，黜陟、杀生，决于其口"①。从 664 年武则天开始着力参与朝野大事算起，前后当政 40 余年之久，其中包括当了 15 年皇帝。武则天主政时期，在选贤任能、发展经济等方面，作出了突出贡献，展示出她能力超群的一面。

武则天对人才非常重视，在《改元光宅诏》中强调："济世之道，求贤乃当务之急。"武则天能够广开言路，大力度破格引进、选用、提拔人才，夯实政权稳固基础，巩固自己的统治。武则天求才有四个特点。

一是贵广。武则天站在统治者角度，希望拓宽人才选拔渠道，让有才华的"文德之士"被推选出来，充实到官员队伍中。685 年，武则天要求"内外文武九品已上及百姓，咸令自举"；691 年，武则天要求"官入者咸令自举"②。要求官员举荐有才华的人入仕，或者官员百姓自荐，出现"非但人得荐士，亦许自举其才"的局面。名臣狄仁杰为武则天积极地推荐人才，"其所引拔桓彦范、敬晖、窦怀贞、姚崇等，至公卿者数十人"③。人们称赞狄仁杰善于荐才，归根结底还是来自武则天求才荐才之意。武则天主张"用人唯才，无隔士庶"，不以门第、等级、资历为限，广开才路。据马俊民在《武则天朝宰相考》中统计，从 683 年到 705 年，武则天先后用了 78 位宰相，有的是来自名门望族，有的是来自庶族地主，有的是来自贫寒之家，可见其求才用人来源之广。

二是察实。推荐或自荐的人多，如何识别察验这些人是否具有真才实学，武则天采用了糊名考选、殿前试人等方式。《隋唐嘉话》中记载，武则天"以选部送人多不实，乃令试日，自糊其名，暗考以定等第，判之糊名，自此始也"这种做法，进一步强化了考试的公正公平，有利于人才选拔。《通典》中记载："武太后载初元年二月，策问贡人于洛城殿，数日方

① [宋]司马光：《资治通鉴》第二十册，中华书局 2013 年版，第 6543 页。
② 谭继和、祁和晖：《武则天研究文选》，四川人民出版社 2020 年版，第 197 页。
③ 黄永年：《二十四史全译：旧唐书》第四册，汉语大词典出版社 2004 年版，第 2364 页。

了。殿前试人自此始。"武则天在科举制度中首创殿试环节，让国家最高统治者参与到科举取士考核中。武则天亲自参与人才选拔，通过殿试，决定是否录用。通过殿前试人，将有真才实学的人选拔出来，派到合适的岗位上，充分发挥人才的作用。唐代名臣张说就是通过糊名考选、殿前试人的选拔方式，脱颖而出，成为一代贤相。武则天亲自殿前策问张说，发现了张说的才华，授张说"太子校书"一职，开启了张说的政治生涯。

三是定制。武则天时期，进一步发展了科举制度，为新兴的庶族地主参与政治提供了渠道。《通典》中说武则天"颇涉文史"，"以文章选士"，"因循日久，浸以成风"，通过调整取士科目，扩大取士规模。据徐松《登科记考》记载，在唐高宗和武则天统治时期，共录取进士达 1100 余人，远超贞观时期。通过科举制度的进一步实施，出现了"大者登台阁，小者任郡县"的局面。除了大兴文科举外，武则天还首倡"武举"。"武举"考试内容十分丰富，包括骑射、步射、马枪、举重等。这些考试内容考核合格后，武则天亲自面试，决定是否录用，一旦被录用，授予其武官资格，可以在兵部任职。

四是容才。史学家赵翼评价武则天"别白人才，主持国是，有大过人者"①。武则天对人才的理解、把握和使用，已经到了炉火纯青的地步。她之所以能够包容人才，在于她能够认识到这些人才的建议是有利于"国是"的。武则天能够对信赖之臣有宽容之心。狄仁杰为无辜受牵连的老百姓说情，得到了武则天的认可；劝说立李家子孙为皇统继承人，虽初遭冷遇，终为武则天所接受。武则天对于忠诚于她的狄仁杰，是非常宽容的。即使狄仁杰语言犀利甚至挑起尖锐话题，仍然以"国老"待之。唐代名将刘仁轨，位高爵显，但他对武则天进行谏言："因陈吕后祸败之事，以申规谏。"②武则天听了刘仁轨以吕后比她的谏言，没有生气，反而称赞刘仁轨"引喻良深"，自己"愧慰交集"，由此更加凸显刘仁轨忠臣之品："公忠贞之操，终始不渝；劲直之风，古今罕比。"③从武则天对能臣宽容的心态中能够看到她作为一名政治家的阔达、远虑、雄才。武则天能够对政敌

① 谭继和、祁和晖：《武则天研究文选》，四川人民出版社 2020 年版，第 109 页。
② 黄永年：《二十四史全译：旧唐书》第三册，汉语大词典出版社 2004 年版，第 2277 页。
③ 黄永年：《二十四史全译：旧唐书》第三册，汉语大词典出版社 2004 年版，第 2278 页。

有宽容之心。唐代著名诗人骆宾王在为徐敬业起草的讨武檄文中，用恶毒的语言攻击武则天，然武则天看了之后，态度甚为安详，甚至开始欣赏骆宾王的文才，责怪宰相错失此人。清代诗人丘逢甲在《题骆宾王集》诗中对此事非常赞赏："凤阁鸾台宰相忙，此才意令落蛮荒。若将文字论知己，惟有当时武媚娘。"

从国家的角度看，严格的选拔体系和制度，使得"不肖者旋黜，才能者骤升"，最终助力王朝繁荣昌盛。武则天时期提拔重用的一些人才，为日后唐玄宗实现开元盛世奠定了人才基础。正如唐代宰相李绛所说："武后命官猥多，而开元中有名者皆出其选。"①

武则天重视修史。唐太宗时期，重用文臣来修史，达到修史育人的目标。唐高宗对修史不感兴趣，将修史任务交给武则天。武则天开始全方位地物色修史人才。物色好的这些修史人才官阶不高，但均有志于天下，他们被武则天招进宫中，设宴款待，委以重任，负责收集资料、修史鉴史、编写典籍，被称为"北门学士"。孔祥军说："则天所集文士，起先率以编修文献为要务，继而参决政事，其人虽身份不一，然皆从事于此，殊别于以往学士之任，故得'北门学士'之号。"② 武则天作为一名出色的政治家，很重要的一点在于她能够看到中华文化的重要性，且能把对文化的重视、吸纳转化为维护统治的力量。在武则天的主导下，北门学士为武则天编撰了《百僚新诫》《烈女传》《古今内范》《乐书》《孝子列传》《臣轨》等。在封建社会，文化传播并不发达。统治者往往要严格掌握文化资源、控制宣传渠道、实现政策宣传效果。武则天通过运用北门学士编书之才华，撰写许多著作且颁行于世，掌握了当时的文化话语权，为武则天实现其政权持续统治奠定思想文化基础。

武则天重视发展农业。武则天在《臣轨》中指出："建国之本，必在于农"，"家给人足，则国自定焉"。674 年，武则天上表"建言十二事"。③ "建言十二事"是涉及国家政治、经济、军事、社会等方面的具有政纲性质的建议书，其中劝农桑、薄徭役、息干戈、禁淫巧、省力役等主张和措施，都有助于农业生产的恢复和发展。唐高宗全部采纳，下诏予以实施。684 年，武则天下

---

① 黄永年：《二十四史全译：新唐书》第六册，汉语大词典出版社 2004 年版，第 3447 页。
② 王双怀、梁咏涛：《武则天与广元》，文物出版社 2014 年版，第 143—144 页。
③ 谭继和、祁和晖：《武则天研究文选》，四川人民出版社 2020 年版，第 84 页。

令奖励农桑，将重视农业政绩作为官员升迁与否的重要标准。州县境内，若是农业耕地不断增加，农民家中存有余粮，当地官员就会因此得到提拔；若是当地农业生产不好，百姓流离失所、背井离乡、外逃要饭，当地官员就要为此承担责任，受到降职或免官的处理。这样做，极大程度地促进了农业生产的主动性、积极性。690 年，武则天颁诏，"天下咸蠲课役"，减轻了农民负担，调动了农民生产积极性，促进了农业快速发展。

武则天兴修水利，造福于民。何汝泉在《关于武则天的几个问题》中指出："武则天统治时期，修建了不少水利工程。如：光宅元年，在朗州武陵开凿永泰渠。垂拱四年，在巴西因故渠开凿广济陂，灌田百余顷，又在今江苏涟水县开新湾渠通海州、沂州、密州。证圣中，在宝应开凿白水塘、羡塘。圣历初，武陵开发津石坡，后经扩充，灌田五百顷，湖州安吉置石鼓堰，引天目山水溉田。长安中，北海穿成窦公渠，引白浪水溉田，等等。"① 武则天还亲自督促官员兴修水利以灌溉农田，取得了成效。担任绥州刺史的陆元方，兴建了引黄工程，灌溉农田 7 万多顷；在荆州工作的张柬之，引长湖水向北，引汉水向东，灌溉农田 12 万多顷；王及善出使山东赈灾时，修建大小渠 70 多条，灌溉农田 5 万多顷。

武则天对农业的重视，还体现在她善于总结、推广农业生产经验上。武则天将各道朝参使和农民请进宫中，了解全国各地的种植情况，比如东北的高粱、西北的畜牧、江淮的水稻和沿海的渔业等。武则天的女官负责记录，对所反映的情况进行分门别类的梳理，汇总成册。武则天随后命令北门学士范履冰、周思茂等人对这些内容进行整理，详细审阅核查，然后以《兆人本业》为名命之。紧接着，武则天找来贡生、京官、女官等 400 多人，集聚永成殿，分两班日夜抄写，花费了大约一个月的时间，成 600 多册，这是中国有史以来第一部农业科技全书。该书颁布之后，成为指导农业生产的重要遵循资料。

武则天还通过下令戍边部队进行屯田开垦，满足自身需要，减轻百姓负担。680 年，武则天"擢常之未河源经略使，开屯田五千余顷，岁收五百余万石，由是战守有备焉"②。此外，武则天还派娄师德到河套一带屯

---

① 谭继和、祁和晖：《武则天研究文选》，四川人民出版社 2020 年版，第 181 页。
② 谭继和、祁和晖：《武则天研究文选》，四川人民出版社 2020 年版，第 198 页。

田，派郭振元在甘肃走廊一带屯田，取得了显著成效，不仅发展了农业生产，而且稳定了当地百姓生活秩序，一定程度上巩固了国防。

武则天对农业生产的重视，促进了农业发展，扩大了人口规模。652年，全国人口有 380 万户，到 705 年，全国增加至 615 万户。不仅人口增加，而且百姓安居乐业，国家繁荣昌盛。

当然，武则天在争夺权力、任用酷吏、打击政敌、喜好福瑞等方面，留下了令人诟病的地方。然其以超群卓越的能力，一反封建社会中男子为皇帝的定制，崇尚文学、任用贤良、重视农业，将唐太宗时期好的治政风格和成就延续了下来，成为一代明主。著名诗人陈子昂对武则天有很高的评价，认为武则天是一位"自古帝王开政之原备矣，未有能深思远虑、独绝古今如陛下"的圣明之主。洪迈在《容斋续笔》中对武则天的评价是："汉之武帝，唐之武后，不可谓不明。"这些评价所言非虚。

纪律严明的朱元璋

布衣出身的朱元璋对元朝末年政治腐败、经济崩溃、风气恶化等情形了然于心。他在元朝末年拉起的农民起义队伍在群雄逐鹿中最后胜出，他深知大明政权和百姓支持的来之不易，于是决定整顿纲纪、严明法律，为新的稳定的社会秩序和统治秩序的构建，打下坚实的基础。

他总结元朝灭亡的原因主要是元朝皇帝昏庸，使得法度不存、纲纪紊乱。具体而言，元朝末年许多官吏"赃污狼藉"，"上下贿赂，公行如市"，"仕进者多赂遗，权要邀买名爵，下至州县簿书小吏，非财赂亦莫得而进。及至临事，辄蠹政鬻狱，大为民害"，加速了元朝灭亡的速度。[1] 所以，朱元璋经常告诫群臣不要涉贪，否则定会严惩不贷："尝思昔在民间时，官吏多不恤民，往往贪财好色，饮酒废事，凡民疾苦，视之漠然，心实怒之。故今严法禁，但遇官吏贪污，蠹害吾民者，罪之不恕。"[2] 1395 年，朱元璋颁布有 460 条内容的《大明律》，颁布有 147 条内容的《钦定律诰》，

---

[1] 黄冕堂、刘锋：《朱元璋评传》，南京大学出版社 1998 年版，第 167 页。
[2] 黄冕堂、刘锋：《朱元璋评传》，南京大学出版社 1998 年版，第 167 页。

这些律法条文的颁布对于官员遵守法律、维持秩序具有很强的惩戒和约束作用。史学家赵翼说:"帝初即位,惩元政纵驰,用法太严。"①

从朱元璋的勤政中亦能看到他对建立各种规章的看重。清朝顺治帝对群臣讲,"至洪武所定条例章程,规划周详。朕所以谓历代之君,不及洪武也"。朱元璋从王朝建立初期开始,就注重制度设计,从选拔任用官员机制层面杜绝贪官仕进之途。具体而言,朱元璋制定官员考课和监察制度。吏部负责考课工作,考课分为考满、考察两类。所谓考满,是指考察官员升迁需要按年资经考绩期满才能实授。考绩的项目有三,"曰称职,曰平常,曰不称职,分为上、中、下三等"。洪武十八年,吏部考核官员4117人,称职者十之一,平常者十之七,不称职者十之一,据记载,在此次考核中贪污之人亦接近十之一,说明不称职者中有很多是贪污之人,朱元璋下令"称职者升,平常者复职,不称职者降,贪污者付法司罪之"。所谓考察,是指朱元璋派高级官员对所有官员进行察别。察别项目有八,"曰贪,曰酷,曰浮躁,曰不及,曰老,曰病,曰罢,曰不谨"。其中把"贪"置于首位。察别有京察和外察,京察中查出问题,接受"致仕、降调、闲住为民"的处罚;对外官的考察即外察中查出问题,接受"不复叙用"的处罚。

监察机构负责监察工作。明朝最高监察机构为都察院,都御史的职责是"纠劾百司,辨明冤枉,提督各道,为天子耳目风纪之司",要对"奸邪""构党""乱政""坏官纪"等加以弹劾。②其中贪腐是重点查验内容。明代监察机构还有"六科",对应于六部而设立,其职责为"掌侍从、规谏、补阙、拾遗、稽察六部百司之事"。其中贪腐亦是重点察验内容。省一级的监察机构是按察司,"凡官吏贤否、军民利病,皆得廉问纠举"③,当过地方按察使的吕坤在《按察司之职》中对按察司职能进行定位:"廉访之职,风宪约、狱政备言之矣。"

朱元璋下面的名将有很多,然而,他们自己或身边的人如果触犯法律,一样会受到国法的惩罚。谋反和犯法性质不同。胡大海"智力过

---

① 黄冕堂、刘锋:《朱元璋评传》,南京大学出版社 1998 年版,第 168 页。
② 卜宪群:《中国历史上的腐败与反腐败》下册,鹭江出版社 2014 年版,第 754 页。
③ 黄冕堂、刘锋:《朱元璋评传》,南京大学出版社 1998 年版,第 364 页。

人"，在朱元璋刚起兵的时候，"命为前锋"，一路军功累累。然胡大海的儿子胡三屡犯酒禁，其罪当诛。都事王恺来向朱元璋求情，为了稳定正在外面带兵作战的胡大海情绪，建议放过胡三。朱元璋非常生气地说道："宁可使大海叛我，不可使我法不行。"① 宿将有犯法者，严惩不贷；功臣有犯法者，亦严惩不贷。华云龙私占"元相脱脱第宅"，对这所"第宅"进行奢华装修，且"僭用元宫中物"，被朱元璋知道后撤职。朱亮祖虽然勇悍善战却"不知学"，"所为多不法"，在广东收受贿赂，被朱元璋严办。

朱元璋的亲戚也有很多，然而，他们如果违反了国法，仍然要受到惩罚。朱元璋的儿子朱樉被朱元璋寄予厚望，故对他严格管教。明史专家吴晗在《明太祖》一书中指出："二子秦王多过失，屡次受训责，皇太子多方救解，才免废黜。"朱元璋与马皇后所生的女儿安庆公主于1381年嫁给了欧阳伦。欧阳伦自恃有了这层关系后，飞扬跋扈、目无纲纪、践踏国法。洪武末年，当时茶禁非常严，欧阳伦竟然私自暗中贩卖茶叶，破坏了地方的正常社会秩序和百姓的生活秩序，地方官员和百姓敢怒而不敢言。欧阳伦的家奴周保亦狐假虎威，倚仗权势、作威作福。朱元璋得知此事后，赐死欧阳伦，伏诛周保等人。

朱元璋抑制朝臣的粉饰浮词、颂扬套语。为此，他对官员提出了很高的要求。他对中书省的官员说："古今祝颂其君，皆寓警戒之意。适见群臣所进笺文，颂美之辞过多，规劝之言未见，殊非古者君臣相告以诚之道。今后笺文只令文章平实，勿以虚辞为美。"洪武二年，朱元璋看到每当重大朝贺，必有臣僚三呼万岁。朱元璋认为这些欢呼词，虽然有祝上的意愿，但实际上是一种"虚语"，下令改之。对皇帝不能虚言，对工作、对百姓亦不能虚言。朱元璋曾说，"为政非空言，要必使民受实惠"，"不施实惠而概言宽仁，亦无益耳"。朱元璋对一切浮妄怪诞之事予以禁止传播。遇到民间有献祥瑞麦的事情，朱元璋认为这是人民勤于农事，导致粮食丰收，坚决否认以献祥瑞来证明国君之厚德："天不可必，人事则当尽，

---

① 章培恒、喻遂生：《二十四史全译：明史》第四册，汉语大词典出版社2004年版，第2726页。

为国家者岂可以恃此而自怠乎。"① 洪武二十一年，臣僚呈报有五色云出现，乃祥瑞之物，象征治世，朱元璋严词加以否定和拒绝，担心恃祥瑞而骄傲纵恣，贪功生事，劳民伤财。

爱学习的康熙

封建社会，穷尽一生去学习的皇帝是不可多见的。作为一代明君的康熙，秉持"凡是俱由学习而成"的理念，将陶冶情操、追求真理、穷尽知识、思考问题、提出方案当成是学习的重要目的，将学习的成果运用于治国中。

始于王朝初创期，独扛大任的康熙面对内忧外患，只有通过不断学习来提升执政本领和能力。康熙能够跳出自身民族视野，勇于吸纳汉族文化，希望通过对儒家正统思想的学习钻研，建立一个王道社会秩序。正如他在《日讲四书讲义序》中说，"万世道统之传，即万世治统之所系也"，"道统在是，治统亦在是"。康熙亲自学习、讲读《尚书》《周易》等儒家经典，向古圣先贤学习的急迫心理显露无遗。正如他所说："朕自五龄，即知读书，八岁践阼，辄以学庸、训诂，询之左右，求得大意，而后愉快。日所读书，必使字字成诵，从来不肯自欺。及四子之书，既已通贯，乃读《尚书》，于典、谟、训、诰之中，体会古帝王孜孜求治之意，期见之施行。"② "朕自八龄，雅好典籍，无论细旃广厦，讽咏古训，日与讲臣共之。即至銮车帐殿之间，罔废图史，寻味讨论，弗敢畏其艰深而阻焉，弗敢骛于外物而迁焉，盖初始为一日也。"③ 康熙对学习的钟爱与钻研，从中可见一斑。

《清史稿》评价康熙"圣学高深，崇儒重道"。康熙从思想层面很早就认识到研习儒家经典的重要性："（儒家经典）记载帝王道法，关切治理。"④ 康熙从思想上非常重视学习儒家经典，还主动刻苦地学习儒家经典。青年时期的康熙不仅早起用功学习读书，"逐日未理事前，五更即起

① 黄冕堂、刘锋：《朱元璋评传》，南京大学出版社 1998 年版，第 152 页。
② 蒋兆成、王日根：《康熙传》，人民出版社 2021 年版，第 417—418 页。
③ 蒋兆成、王日根：《康熙传》，人民出版社 2021 年版，第 408 页。
④ 蒋兆成、王日根：《康熙传》，人民出版社 2021 年版，第 408 页。

诵读"①，还能在政务繁忙之余形成经筵日讲制度，"朕于政务之余，每日研究精读经史"。康熙读书之辛苦令人同情，他在《庭训格言》中叙述自己有时政务处理完后继续读书，"竟至过劳，痰中带血"，但也没有放弃学习。康熙读书之痴迷令人钦佩，在巡视塞外之时，非常想看曾经用心朱批过的《资治通鉴》《纲目大全》等书，但因为这些书"卷帙繁多"，"未携至此"，建议随驾诸臣"其各以所携书籍进览"。随驾诸臣"以《通鉴》《文选》诸书呈进"后得到康熙"甚善"的高度评价。

康熙没有因为住地的转移、政务的繁忙、气候的变化、身体的疲倦而放弃学习。康熙十二年的时候，因宫殿维修，"明天移至瀛台居住，暂留数日"。这时，他还告诫给他上课的老师"讲官其日至瀛台，如常进讲"。康熙十三年的时候，当时有三藩之乱、台湾之患，国家正处于多事之秋，军务十分紧急和繁忙。康熙提出"虽当此多事之时，不妨乘间进讲，于军事无误"。翰林院随后上奏给康熙，军务繁忙，学习不必日日有，可以隔日有。康熙开导其僚，应该遵守经筵日讲制度，"以慰朕惓惓向学之意"。康熙二十三年，讲官担心皇帝读书过于劳累，谏言等过了冬以后再提学习之事。康熙回答："天气虽寒，朕于宫中暖阁，可以进讲。且机务少暇，每日批览经义，于学问多所裨益，不必停讲。"康熙二十三年十一月，康熙乘船停在江苏燕子矶，读书读到很晚还没休息。

康熙在学习过程中非常注意自己对儒家思想方面有不解的地方进行自问和他问，真正做到"有疑必问"。康熙说："朕自幼读书，间有一字未明，必加寻绎，务至明惬于心而后已。"②"寻绎"就是运用自己的智慧和阅历进行自我拷问，试图从拷问中找出答案。康熙不忘发挥经筵讲官集学问之大成的优点，经常预设一些问题或将读书中遇到的一些问题请教于他们。每日经筵日讲，在讲官讲解之前，康熙自己先讲一遍，遇有疑问之处，虚心请教讲官，以期"义理贯通"。康熙在修身治国平天下方面发问最多，"尔等进讲经书，皆内圣外王修齐治平之道，朕亦孜孜详询"。

康熙在学习、读书、听讲、提问、思考、分析的过程中，由于看书多、提问勤、思考频，往往对古书中所陈述的史实进行质疑和反诘。他列

---

① ［清］康熙：《康熙家训》，华夏出版社 2018 年版，第 6 页。
② ［清］康熙：《康熙家训》，华夏出版社 2018 年版，第 18 页。

举《史记》中项羽"坑秦卒二十万"对这一史料提出质疑："夫二十万卒，岂有束手待毙之理乎?"① 他还列举古书中"囊萤读书"的例子，自己在热河尝试捕萤数百只，"盛以大囊照书"，结果根本看不清楚书中的字，于是得出"此书之不可尽信也"。正如孟子所云，"尽信书，则不如无书"，旨在强调读书学习要有自己的思考和见解。康熙的深刻还在于透过对官场之人的观察，发现终日研究儒家思想的官员，其说话的时候侃侃而谈，实际上"朕见言行不相符者甚多，终日讲理学，而所行之事全与其言悖谬，岂可谓之理学"②。其中，康熙强调的意思是读书要与实践联系在一起，不仅要读好书，还要在实践方面把书籍中提倡的好的执政理念做到实处。

康熙善于从学习儒家经典过程中提取治国理政的经验。儒家非常讲究修身。康熙通过阅读、聆听儒家智慧，对这一点感触颇多，"学问之道，毕竟以正心为本""学以养心，亦所以养身"③。"正心""养心"之要在于通过领会儒家精神，做到"修己治人"。借鉴儒家思想，"知古人事，庶可以寡过"④，提升治国理政能力。康熙注重从儒家思想家的论述中吸取养分，为自己阐发执政之理提供支持。当陈廷敬为康熙讲解完《孟子》中的部分篇章后，康熙结合当时执政环境，对《孟子》中的思想进行阐发："君子进则小人退，小人进则君子退，君子小人势不两立。孟子所谓一暴十寒，于进君子退小人，亲贤远佞之道，最为明快。人君诚不可不知。"康熙注重从历代王朝兴亡治乱中摸索执政规律，以为其资鉴，"辨别古今之乱得失"。他在阅读了唐代名臣魏征的谏书《十思疏》后说："人莫不慎于创业，怠于守成。故善始者未必善终。惟朝乾夕惕，不敢少自暇逸，乃可臻于上理。"通过自身学习和领会，在精研儒家思想基础上，提倡以儒治国。康熙九年《圣谕十六条》的颁布恰是其以儒治国方略的体现。"重人伦""重农桑""尚节俭""隆学校""明礼让""厚风俗"等内容正好能反映儒家思想在治国方面的优长之处。他还诏谕礼部"朕惟至治之世，不以法令为亟，而以教化为先"，"尚德缓刑"，期待社会矛盾能够缓解、所遇困难能够化解，以儒家思想治国的色彩非常浓厚。

① 孟昭信：《康熙评传》，南京大学出版社 1998 年版，第 246 页。
② 蒋兆成、王日根：《康熙传》，人民出版社 2021 年版，第 423 页。
③ ［清］康熙：《康熙家训》，华夏出版社 2018 年版，第 209 页。
④ 楼含松：《中国古代家训集成》第七册，浙江古籍出版社 2017 年版。第 4185 页。

康熙更大的政治理想是希望能够延揽各地通晓儒家思想的优秀人才，实现人才济济、崇儒重道、振兴文运的目标。康熙十七年，他亲自下诏临时设置考试科目，征召"博学鸿儒"，令在京官员和各省督抚荐举有声望的儒生入京，"将亲试录用"。谈到此举的缘由时，康熙说："自古一代之兴，必有博学鸿儒，振起文运，阐发经史，润色词章，以备顾问著作之选。"[①]"务令虚公延访，期得真才，以副朕求贤右文之至意。"[②] 各地官员非常积极地响应康熙谕旨，举荐地方文辞卓越、富有儒家思想的人才。各地被荐举之人赴京，经过严格的考试，名儒硕彦被选拔出来，充实到清朝官员队伍中，名士朱彝尊、汤斌等五十余人纳入翰林院，以备重用。

难能可贵的是，康熙能够积极涉猎西学，并有很深的造诣。来华目睹康熙言行的法国传教士白晋在《康熙皇帝》中说："康熙皇帝不仅努力钻研汉学，而且由于他天生就对一切有益的事情怀有兴趣，所以，他刚一接触西洋科学，就对这项研究工作产生极大的热情。"西方天文历算等自然科学知识有其优势，当时虽遭到复古派诋毁，但在实践中被证明是精准的。这就促使康熙萌发研习西方自然科学的念头。他延聘在华传教士讲授西方自然科学，先后学习掌握天文、数学、地理、医药、欧洲哲学、拉丁语等知识。他能够将中学西学熔铸一体，共同为清朝统治服务，这是康熙学习观的进步所在。

康熙的学习内化于心、外化于行，熔铸成他鲜明的执政风格。他通过对知识的吸纳，对具体问题的阐释，总是有自己精湛的见解与分析，而这些见解分析与传统儒家思想的传承与吸纳有着重大的关联。关于防微杜渐，康熙说："凡理大小事务，皆当一体留心。古人所谓防微杜渐者，以事虽小而不防之，则必渐大；渐而不止，必至于不可杜也。"[③] 关于以上率下，康熙说："如朕为人上者，欲法令之行，惟身先之，而人自从。"[④] 关于节制自己，康熙说："故君子者勤修不敢惰，制欲不敢纵，节乐不敢极，

---

① 蒋兆成、王日根：《康熙传》，人民出版社 2021 年版，第 425 页。
② 蒋兆成、王日根：《康熙传》，人民出版社 2021 年版，第 425 页。
③ 楼含松：《中国古代家训集成》第七册，浙江古籍出版社 2017 年版。第 4160 页。
④ 楼含松：《中国古代家训集成》第七册，浙江古籍出版社 2017 年版。第 4163 页。

惜福不敢侈，守分不敢僭，是以身安而泽长也。"① 关于慎始慎终，康熙说："凡天下事不可轻忽，虽至微至易者，皆当以慎重处之。慎重者，敬也。当无事时，敬以自持；而有事时，即敬之以应事，务必谨终如始。慎修思永，习而安焉，自无废事。"②

雷厉风行的雍正

康熙晚年，承平日久，加之施政逐渐失去之前锐气，社会各种矛盾凸显，政策制定需要重新审视和革新。朝廷之上，朋党之争、立储之争、敛财之风日盛导致统治阶级内部矛盾加剧；地方之中，耗羡滥征、农民暴动、兵力疲弊导致统治阶级与农民阶级的矛盾加剧。雍正在这种背景下，登临皇帝宝座。他以雷厉风行的阵势，勤治政、整吏治、拔人才、振风气，取得了显著成效。清史专家王思治在分析雍正的时候亦谈到其"雷厉风行"的施政风格："他继承了康熙统一的伟大事业，发展和巩固统一的多民族国家，而又雷厉风行地整顿康熙晚年的种种时弊，改革某些制度，为乾隆时期清王朝的进一步发展创造了条件。"③

第一，雍正勤于治政。孟森说："自古勤政之君，未有及世宗者"④，肯定了他的勤政业绩。为了扭转"百弊丛生"的局面，雍正施政以勤、以严、以实。关于勤，雍正以勤政而著称于世。他对朝臣讲，"天下几务，无分巨细，务期综理详明"⑤，这段话体现了他的治政风格。白天，雍正同朝臣商议军国大事，制定重大决策；晚上，他披览群臣奏章，充分了解基层民意。甚至吃饭和休息的时候，他仍然以"勤慎"自勉。"宵衣旰食非干誉，夕惕朝乾自体仁"⑥ 成为雍正勤政的真实写照。关于严，雍正认为，只有实行严猛的举措，才能改变宽和带来的迟缓乱象。《清史稿》对雍正

---

① 楼含松：《中国古代家训集成》第七册，浙江古籍出版社 2017 年版。第 4176 页。
② 楼含松：《中国古代家训集成》第七册，浙江古籍出版社 2017 年版。第 4159 页。
③ 王思治：《清史述论》，故宫出版社 2016 年版，第 616 页。
④ 冯尔康：《雍正传》，人民出版社 1998 年版，第 582 页。
⑤ 冯尔康：《雍正传》，人民出版社 1998 年版，第 506 页。
⑥ 冯尔康：《雍正传》，人民出版社 1998 年版，第 507 页。

的评价是"以严明继之",来区分其父康熙"政治尚宽仁"的治政风格。时任福建巡抚的刘世明,没有及时对雍正提出的训令进行回复和反馈,雍正对刘世明再次作出训示:"朕日理万机,刻无宁晷,费一片好心,亲笔训诲之旨,竟一字不复,想汝终日在醉梦中矣。"① 对官员事务扭住不放,体现出他一抓到底的恒心和决心。关于实,雍正对地方大员说:"朕观古之纯臣,载在史册者,兴利除弊,以实心,行实政,实至而名亦归之,故曰:名者实之华。今之居官者,钓誉以为名,肥家以为实,而曰'名实兼收',不知所谓名实者果何谓也。"② 听闻京畿重地,部分旗人枉法欺民,雍正对直隶巡抚李维钧说:"尔当整饬,不必避忌旗、汉形迹,畏惧王公勋戚。"

第二,雍正勇于整顿吏治。雍正非常看重吏治。他在一次谕旨中指出:"朕惟国家首重吏治。"雍正主政初年,吏治松弛主要表现在两个方面。一方面官员对政务工作的懈怠。当时,朝臣会议召开的时候,"彼此推诿,不发一言,或假寐、闲谈,迟延终日",最后交由皇帝裁决。雍正对此现象十分痛恨,他对朝臣讲:"若明知有弊,而不加以整顿,必加朕以懈弛不理之名也,此亦非治国经邦之道也。朕若竭力整顿,而内外大小臣工不能革命洗心,何以为政?"另一方面官员的腐化侵占比较严重。清史专家王思治在《清史述论》中说:"当时,督抚等文武大员,向下属索取节礼陋规,是贪污纳贿的公开秘密;州县官则横征私派于民,并从中肥己。各省亏欠钱粮少则数十万,多则以百万计,国家财政拮据。"③ 当时官员贪腐、国库亏空的现象成为一大顽疾,引发了雍正的深入思考并进行铁腕治理。雍正对贪污腐化官员的惩治手段多样,力度很大。敛财官员一旦被查实,雍正会采取抄家籍没的方式,让赃官吐出赃银。浙江巡抚李卫发现淮徐道道员潘尚智贪赃敛财,结果潘尚智的家产被查抄,其赃款被充作浙江海塘工程费用。同时,雍正还会采用罢官的方式,摘掉贪官乌纱帽,让其失去再贪的机会。严格执行雍正政策指示的河南巡抚田文镜发现克山县知县傅之诚吞没全县耗羡银1400多两,没有让其留任,将其革职,使其

① 冯尔康:《雍正传》,人民出版社1998年版,第508页。
② 冯尔康:《雍正传》,人民出版社1998年版,第82页。
③ 王思治:《清史述论》,故宫出版社2016年版,第617页。

失去再贪的机会，失去再向百姓敛财的机会。

第三，雍正善于选拔人才。雍正说："治天下惟以用人为本，其余皆枝叶事耳！"① 认为选拔人才作为治政之基，雍正抓到了治政的根本。雍正善于用人，在用人方面有一套方略。他能够做到用人以信、用人以能、用人以广。在用人以信方面，雍正认为："君臣之间惟以推诚为贵，朕与卿等期共勉之。"② 雍正对待其弟允祥，信赖有加，充分授权，让其管理军事、财政等部门，并经常让其传旨，以显其独特地位。深入地看，雍正对允祥的信任，在两个方面体现出来。一是允许允祥广结臣僚。对于封建统治者来说对朝臣搞朋党是非常痛恨的。但是，雍正主动放权，让臣僚主动走近允祥。雍正示意河道总督齐苏勒："王公廉忠诚，为当代诸王大臣中第一人，尔其知之。"③ 雍正对摊丁入亩发起人李维钧说："诸王大臣中秉公为国家爱惜人才者，惟怡亲王一人，卿倘有不便达朕琐屑之隐情，怡亲王尽能照拂，并可为卿周全，卿何不乐为此不担干系之坦途耶！"④ 雍正让齐苏勒、李维钧等官员主动结交允祥，对允祥表达了莫大的信任之情，方便允祥更好地贯彻雍正制定的政策。二是重用允祥推荐的人才。允祥公心体国，为国家荐才，没有私心，关键是其举荐人才有能力，堪当大任。加之雍正对允祥的信任，积极采纳允祥的荐人建议。允祥向雍正推荐康熙第十七子允礼，称赞允礼"居心端方"，大力举荐。雍正采纳了允祥的建议，先后封允礼为果郡王、果亲王，参与重大政务管理，为雍正执政作出重大贡献。雍正感激允祥："朕之任用果亲王，实赖王之陈奏也。"⑤ 在用人以能方面，雍正强调才华能力是用人的重要标准，"卿等封疆大臣，只以留神用才为要，庸碌安分、洁己沽名之人，驾驭虽然省力，唯恐误事"。⑥ 雍正在这里强调的"用才"实际上就是要用一些有能力的官员。如当时名臣田文镜、李卫，二人性格不同，但执行力都很强，能将雍正的政策很好地贯彻落实，因此二人能够一直得到雍正的赏识、重用。在用人以广方面，

---

① 冯尔康：《雍正传》，人民出版社 1998 年版，第 457 页。
② 冯尔康：《雍正传》，人民出版社 1998 年版，第 468 页。
③ 冯尔康：《雍正传》，人民出版社 1998 年版，第 472 页。
④ 冯尔康：《雍正传》，人民出版社 1998 年版，第 472 页。
⑤ 冯尔康：《雍正传》，人民出版社 1998 年版，第 473 页。
⑥ 冯尔康：《雍正传》，人民出版社 1998 年版，第 459 页。

雍正不拘一格，选拔任用各方面人才。之所以能够在雍正执政期间，国力仍然保持强盛之态，很重要的原因在于当时各方面人才比较多，卓越的人才在治国理政中发挥了重要作用。张廷玉出身名门，被雍正委以重任，参与机要决策和起草重大文书，很好地进行了工作履职，得到了雍正的高度评价。鄂尔泰经过个人的努力在康熙执政期间中举后走上仕途，然自觉怀才不遇。雍正见其在祖国西南推行改土归流政策，做事有战略眼光，于是予以重用。鄂尔泰在朝堂之上，协助雍正，制定了许多卓有成效的政策，被雍正以"公忠弼亮"匾额赐之。

关于雍正的话题有许多，有他推行的摊丁入亩、耗羡归公制度；重视农业生产、发展农田水利；创立军机处、健全密折制度；平定国内叛乱、巩固国家统一等；也有他大兴文字狱、推行保甲制度、信佛崇佛礼佛、大搞祥瑞活动等；还有关于他的即位传说、兄弟有隙传言、去世谜团以及与权臣斗智斗勇的传奇等，均在延续雍正话题的热度。后世对他的误解，有的源于雍正改革所触动的利益群体的造谣泄愤；有的源于与雍正持不同意见的文人墨客所发表的文章专著，还有的源于散播在民间的市井传说，这些误解传言增加了真实理解雍正的难度。好在雍正的言行记录逐渐被发现、重视、研究，更多的人对其雷厉风行的治政风格是持钦佩之感的。当然，雍正身上存在着个人不可避免的性格缺点、决策中的盲点和历史阶段的局限性。但是他愿意朝着建设一个稳定昌盛国家的目标而矢志不渝、努力奋斗，就凭这一点，他足以让后人铭记。

治 理 篇

古代灾害治理之蝗灾

古代虫灾种类比较多，其中蝗灾是重要的一种。早在殷商的时候就出现了蝗灾，蝗灾会对农业生产造成危害。人们通过占卜、祭祀等方式，试图平息蝗灾。古代先民逐渐认识到蝗灾带来巨大灾难的同时，亦开始深入地探究治理蝗灾的方法和对策。

陈家祥在 20 世纪 30 年代发表了《中国文献中关于蝗灾之记载》一文，该文中统计，从 707 年到 1935 年的 1228 年中，我国发生的蝗灾的年份共有 796 年。每次蝗灾后，百姓苦不堪言。蝗虫属于暴食性的害虫，欧阳修《答朱寀捕蝗诗》中形容其为"口含锋刃疾风雨，毒肠不满疑常饥"。民间的老百姓说："蝗虫发生连四邻，非在空中似黑云，落地吃光青稞物，啃平房檐咬活人。"[①]

蝗灾危害如此之大，必然给整个社会的发展进步带来巨大影响。一是造成大量农作物受损。1163 年，"飞蝗过都，蔽天日。徽、宣、湖三州及浙东郡县，害稼。京东大蝗，襄、随尤甚，民为乏食[②]。1436 年，"直隶河间府静海县四月蝗蝻遍野，田禾被伤，民拾草子充食"[③]。二是破坏当地

---

① 邱云飞、孙良玉：《中国灾害通史·明代卷》，郑州大学出版社 2009 年版，第 97 页。
② 邱云飞：《中国灾害通史·宋代卷》，郑州大学出版社 2008 年版，第 148 页。
③ 邱云飞、孙良玉：《中国灾害通史·明代卷》，郑州大学出版社 2009 年版，第 97 页。

157

生态环境。蝗灾危害农作物，导致树木枯死、土地荒芜、人口骤降。明代徐光启认为，蝗灾之害甚于水灾旱灾："凶饥之因有三，曰水，曰旱，曰蝗。地有高卑，雨泽有偏被，水、旱为灾，尚多幸免之处，惟旱极而蝗，数千里间，草木皆尽，或牛马毛，幡帜皆尽，其害尤惨，过于水旱也。"[①]三是引发社会动荡。王莽主政的时候，出现了蝗灾，"枯旱霜蝗，饥馑荐臻，百姓困乏，流离道路"[②]，最后引发农民起义。

蝗灾形成的主要原因有三个方面。一是与气温有关。蝗虫的卵孵化成幼虫需要一定的温度和湿度。二是与地理环境有关。从我国历史来看，蝗灾形成于黄河中下游松软的黄土。这些黄土具有很好的松软性、透气性，比较适合蝗虫产卵孵化和幼虫的出土。三是与水旱灾害有关。水旱灾害致使沿河、滨海、内涝地区出现大面积荒地、荒滩，为蝗灾发生提供了适宜的自然条件。

古人在治理蝗灾方面，在观察分析、调查研究、总结经验的基础上，积累了许多行之有效的办法。

一是运用人工防治法来治理。人工防治法首先要做的是挖掘虫卵，将蝗灾消灭于未成之时。1443年，"山东济南等府、长清、历城等县蝗蝻生发，已委官督捕，所掘虫子少有一、二百石，多至一、二千石"[③]。

人工防治法还可以通过开沟陷杀治理蝗灾。徐光启在《农政全书》中记载："蝻子跳跃行动，便须开沟捕打，其法视蝻到处，预掘长沟，深广各二尺，沟中相距丈许即作一坑，以便掩埋。多集人众，不论老弱，悉要起赴沿沟排列，或持帚，或持捕打器具，或持锹锤。每五十人用一人鸣锣其后，蝻闻其金声，努力跳跃，或作或立，渐渐进沟，即大声不止。蝻虫惊入沟中，势如注水，众各尽力，扫者自扫，扑者自扑，埋者自埋，至沟坑俱满而至。前村如此，后村复然，一邑如此，他邑亦然，当净尽矣。"清人张集馨在《道咸宦海见闻录》中记载："捕蝗之法，如行军然，以十人为一队，二人持锹挖长壕丈余长，三四尺深，浮土堆在对面，四人在后，二人在旁，齐用长帚轰入沟中，二人在六人之后，用长柄皮掌，将轰

---

① 邱云飞、孙良玉：《中国灾害通史·明代卷》，郑州大学出版社 2009 年版，第 97 页。

② 安平秋、张传玺：《二十四史全译：汉书》第三册，汉语大词典出版社 2004 年版，第 2114 页。

③ 邱云飞、孙良玉：《中国灾害通史·明代卷》，郑州大学出版社 2009 年版，第 99 页。

不尽净扑毙。一员官，领二百人，作二十队，每日可得数十担。蝗入沟中，即将所堆浮土，掀入捶实，何虑不死？"

人工防治法的运用，如果得到最高统治者的重视，可以得到更好的推行。康熙极为重视治理蝗灾。他多次下诏灭蝗，还亲历蝗区进行考察调研，且在总结前人捕蝗经验的基础上，撰成《捕蝗说》一书，对蝗虫生长规律和捕蝗方法进行较为详细的论述。为了治理蝗灾，康熙建立起皇帝—总督巡抚负责制。地方一旦发生蝗灾，总督、巡抚第一时间要向皇帝奏报，康熙根据奏报，及时指导捕蝗工作。同时，为了推进捕蝗工作，康熙设计了责任制，对蝗灾预防不力和发现蝗灾后隐匿不报、申报不详、禀报不实、捕打不及等情况酿成严重后果的各级官员，一旦发现，便治其重罪。《大清会典事例》中记载康熙四十八年作出的相关规定："州县卫所官员，遇蝗蝻生发，不亲身力行扑捕，借口邻境飞来，希图卸罪者，革职拿问；该管道府不速催扑捕者，降三级留任；布政使不行查访，速催扑捕者，降二级留任；督抚不行查访，严饬催捕者，降一级留任；协捕官不实力协捕，以致养成羽翼，为害禾稼者，将所委协捕各官革职。"

二是利用声音和蝗虫的趋光性特征来灭蝗。五代时期出现了官员利用声音捕蝗，"值天下飞蝗为害，在礼使比户张幡帜，鸣鼙鼓，蝗皆越境而去，人亦服其智焉"。1763 年，德州、济南一带发生蝗灾。时任山东巡抚阿尔泰组织民众"一面扑打，一面张网兜捕，俾无漏逸。又于隙地刨沟，夜间燃火，蚂蚱见火奔趋，群集沟内，加草焚烧，用土埋压。并于黎明露重之时，上紧扑捕"[①]。《旧唐书》记载唐代名臣姚崇运用蝗虫趋光这一特性有效捕打飞蝗："蝗既解飞，夜必赴火，夜中设火，火边掘坑，且焚且瘗，除之可尽。"

三是利用物种之间的相克远离治理蝗灾。唐代出现了飞鸟食蝗的记载，"开元贝州蝗，有白鸟数千万，群飞食之，一夕而尽，禾稼不伤"。在宋代，982 年"北阳县蝗，飞鸟数万食之尽"；1076 年，"金州生黑虫食苗，黄雀来，食之皆尽"。[②] 明代的陈世元撰写《治蝗传习录》，介绍养鸭、放鸭治蝗的成功经验。

---

① 朱凤祥：《中国灾害通史·清代卷》，郑州大学出版社 2009 年版，第 96 页。
② 邱云飞：《中国灾害通史·宋代卷》，郑州大学出版社 2008 年版，第 148 页。

四是动员人民群众进行捕蝗。西汉末年，一些地方出现蝗灾。统治者面对蝗灾，组织群众进行蝗灾治理，以民众捕蝗多少予以相应的奖励，调动群众捕蝗积极性，及时遏制蝗灾蔓延的局面。"遣使者捕蝗，民捕蝗诣吏，以石斗受钱。"① 元代有"灾有大小，而蝗旱为最"的说法。统治者从上到下，都十分重视蝗灾治理。一旦某地发生蝗灾，当地官员要负起责任来，否则就会受到惩罚。《宪台通纪》中有"蝗蝻生发，官司不即打捕，及申验灾伤不实者，纠察"的记载。张养浩在《为政忠告》中也强调："蝗生境内，必驰闻于上，少淹顷刻，所坐不轻。"《紫山大全·捕蝗行》中记载，某地发生蝗灾，官员动员组织群众进行蝗灾治理："老农蹙额相告语，不惮捕蝗受辛苦。但恐妖虫入田中，绿云秋禾一扫空"，"奚待里胥来督迫，长壕百里半夜撅，村村沟堑互相接"，"女看席障男荷锸，如敌强敌须尽杀"。

古代灾害治理之水灾

早在春秋战国时期，古人就针对已经发生的自然灾害进行梳理、归纳。管仲说："水，一害也；旱，一害也；风雾雹霜，一害也；厉，一害也；虫，一害也。此谓五害。五害之属，水最为大。"② 他认为，水灾从危害程度讲是排在五害之中第一位的。

在尧执政的时候，面对洪水的泛滥，发出了这样的喟叹："嗟！四岳：汤汤洪水滔天，浩浩怀山襄陵，下民其忧，有能使治者？"③ 在尧的心中，如果哪位有能力的人能够治理好洪水，就有可能成为他的接班人。当时经过大家的讨论研究，派鲧去治理黄河。然而"用鲧治水"，"九年而水不息"，最后治水失败。舜执政的时候，听从众人的意见，启用鲧的儿子禹去治理洪水，且对禹给予厚望，"女平水土，维是勉之"④。

① 焦培民、刘春雨、贺予新：《中国灾害通史·秦汉卷》，郑州大学出版社 2008 年版，第 74 页。
② 谢浩范、朱迎平译注：《管子全译》，贵州人民出版社 1996 年版，第 683 页。
③ ［汉］司马迁：《史记》第一册，天津古籍出版社 1997 年版，第 4 页。
④ ［汉］司马迁：《史记》第一册，天津古籍出版社 1997 年版，第 24 页。

禹为什么能够成功治理洪水呢？首先，禹能够反思其父鲧治水的教训，不断总结经验，采取了疏导的方式，把积聚的洪水引入经过疏通的河道或低地，然后再引向大海，最终取得了显著成效。禹善于从制度设计层面思考治水之策。他实地测量黄河流域的山川实景，"道九山"，循行九州各山，"道九川"，巡视了九州各水，不仅治好了水患，还发展了农业，安民定业，让百姓受益。其次，禹能够带头吃苦。面对洪水泛滥，百姓遭殃，禹十分辛苦，"陆行乘车，水行乘舟，泥行乘橇，善行乘檋"，"居外十三年，过家门不敢入"。① 他将心思都花在了治理洪水上，最终功夫不负有心人，取得了治水的成功。禹因治理洪水，且有大德，深得民心，最终得到舜的肯定，继承大位。

水灾有雨灾、决溢灾、海啸灾等。这些水灾带给百姓巨大的灾难。持续下雨，酿成雨灾，雨灾的危害极大。汉文帝执政的时候，史书记载了"秋，大雨，昼夜不绝三十五日。蓝田山水出，流九百余家。汉水出，坏民室八千余所，杀三百余人"②。河口主要是黄河、淮河、长江、渭河、汉水等决溢，导致百姓流离失所、民不聊生。西汉建元三年，"春，河水溢于平原，大饥，人相食"③。东晋建武元年，"河、汾溢，漂千余家"④。海啸灾的危害更大，主要发生在东部沿海地区。西汉末年出现了一次海啸，"东北风，海水溢，西南出，浸数百里，九河之地已为海所渐矣"⑤。

为了治理出现的水灾，古人千方百计地出招，积累了丰富的治水经验，涌现出许多治水名臣。唐代韦景骏担任肥乡令期间，发现辖区范围内的漳水，连年泛滥。面对此水灾，韦景骏通过兴修水利，福泽当地百姓。自幼追随名家学习水利知识的郭守敬因"习水利，巧思绝人"，得到中书左丞张文谦的举荐。忽必烈召见了郭守敬。郭守敬"面陈水利六事"，被

---

① ［汉］司马迁：《史记》第一册，天津古籍出版社 1997 年版，第 24 页。

② 焦培民、刘春雨、贺予新：《中国灾害通史·秦汉卷》，郑州大学出版社 2008 年版，第 21 页。

③ 焦培民、刘春雨、贺予新：《中国灾害通史·秦汉卷》，郑州大学出版社 2008 年版，第 22 页。

④ 张美莉、刘继宪、焦培民：《中国灾害通史·魏晋南北朝卷》，郑州大学出版社 2008 年版，第 44 页。

⑤ 焦培民、刘春雨、贺予新：《中国灾害通史·秦汉卷》，郑州大学出版社 2008 年版，第 22 页。

忽必烈任命为"提举诸路河渠"。他亲自循黄河故道规划防洪灌溉水利工程，惠泽于民。明代的潘季驯，一生为官生涯中共有四次治理黄河的经历，成效颇大。潘季驯四次治河中，多次深入工地，与普通河工一起观察地势水情，从事堤防工程，在河南至海口的黄河下游沿线做了大量的调查研究。他在治河过程中，熟悉各地地形险易，合理任用治河官吏，严格运用治河材料，科学推进治河工程，成为当时最富有成绩的治河名臣。他非常注意治河经验的总结，撰写《河防一览》《总理河槽奏疏》，积极倡导科学治河理念，被人称道。

一方面，古人将兴修水利作为重要的工程去推动。历代统治者都非常重视水利工程建设，在清代前期更是如此。清朝前期的几个比较有作为的皇帝都非常重视水患治理。清代顺治帝在诏书中强调："东南财赋之地，素称沃壤。今年水旱为灾，民生重困，皆因水利失修，致误农工。该督抚责成地方官悉心讲求，疏通水道，修筑堤防，以时蓄泄，俾水旱无虞，民安乐利。"[1] 康熙在诏书中强调："诏江、浙诸郡县兴修水利备旱涝。"[2] 雍正告诫地方官："地方水利，关系民生最为紧要。江南户口繁庶，宜更加修浚，时其蓄泄，以防旱涝。"[3] 乾隆说："养民之道，必使兴利防患，水旱无虞，方能使盖藏充裕，缓急可资。"[4] 从这些皇帝论述中，可见他们对治理水患的重视。

另一方面，古人建立治理水灾的领导机制。为了更好地应对水灾带来的灾难，古代政府成立专门治理水灾的机构。唐代在工部下面设立水部，水部职能是进行沟洫、河渠、水利灌溉工程的兴建维修。都水监、行都水监是元代设立专门兴修水利工程的机构。都水监、行都水监负责维护堤岸、道路、桥梁，督促兴修水利工程建设。北宋初期，虽然朝廷没有设立专门的治河机构，但鉴于河患频繁，下诏命令地方官兼任河堤一职，主抓治河工作。宋仁宗的时候，设置"京都水监"这一当时全国最高专职水务的官员。这些治理水灾的专门机构的设立和完善，有效地遏制了水灾带来的负面影响。

---

① 朱凤祥：《中国灾害通史·清代卷》，郑州大学出版社 2009 年版，第 324 页。
② 朱凤祥：《中国灾害通史·清代卷》，郑州大学出版社 2009 年版，第 324 页。
③ 朱凤祥：《中国灾害通史·清代卷》，郑州大学出版社 2009 年版，第 324 页。
④ 朱凤祥：《中国灾害通史·清代卷》，郑州大学出版社 2009 年版，第 324 页。

古代灾害治理之疫灾

疫是流行病的总称，如痢疾、伤寒、天花、麻疹、结核病、霍乱、鼠疫等，是人类面临的重大灾害。

东汉名将马援英勇善战。在他征战交趾的时候，遇到疫灾，所率部队"经瘴疫死者十四五"。率部队征讨五溪蛮军队时又逢疫灾，马援因传染上此病去世了。一代名将至此折损。马援可能预料到了这个结局，其同乡朱勃在马援去世后上疏刘秀："出征交趾，士多瘴气，援与妻子生决，无悔吝之心，遂斩灭征侧，克平一州。"①

曹魏时期的司马朗率部队攻打东吴，"到居巢，军士大疫"。司马朗亲自巡视疫情，"致医药"，最终因感染军中疫情去世，时年四十七岁。

长江流域以南气候湿润，为疫情传播提供了较好的条件。吕后征伐南越，王莽征伐西南夷，部队均有染疫的记载。鉴于历史教训，东吴时期许多有识之士劝谏孙权慎兵江南。230 年，孙权派重兵征伐夷洲。陆逊以益州疫情严重进行劝阻："臣反覆思惟，未见其利，万里袭取，风波难测，民易水土，必致疾疫，今驱见众，经涉不毛，欲益更损，欲利反害。"② 全琮亦谏言："以圣朝之威，何向而不克？然殊方异域，隔绝障海，水土气毒，自古有之，兵入民出，必生疾病，转向污染，往者惧不能反，所获何可多致？"③ 孙权不听良言相劝，派重兵攻打夷洲，部队染疫死亡的十有八九。孙权对此非常后悔。

从这些历史典故中，我们看到了古代疫情的巨大危害。那么，疫灾是怎么出现的呢？古人将疫灾产生的原因大致分为几类。一是节气不调容易诱发疾疫，二是旱涝灾害容易诱发疾疫。大旱大涝之后，各种细菌迅速滋生蔓延，极易诱发疾疫。《史记》记载，公元前 142 年，"大旱。衡山国、河东、云中郡民疫"。《汉书》记载，公元前 48 年，"关东大水，郡国十一

---

① 张剑光：《中国抗疫简史》，新华出版社 2020 年版，第 43 页。
② 许嘉璐：《二十四史全译·三国志》第二册，汉语大词典出版社 2004 年版，第 889 页。
③ 许嘉璐：《二十四史全译·三国志》第二册，汉语大词典出版社 2004 年版，第 917 页。

饥，疫尤甚"。《清史稿》记载，1709 年，江苏铜山一直阴雨连绵，持续数个月，"六月，潜山、南陵、铜山大疫"。三是战争加剧疾疫的产生和传播。战争兴起，战场尸体堆积，一旦得不到及时清理，容易为病毒滋生、瘟疫盛行提供条件。曹操在赤壁之战中，其部队发生疫灾。清代名医柳宝诒在《温热逢源》中对此进行分析："大疫之沿门阖境，传染相同者，多在兵荒之后，尸浊秽气，充斥道路，人在气交，感之而病，气无所异，人病亦同。"

古人在疾疫治理方面采取了哪些措施呢？

第一，减免赋税。汉宣帝元康二年，朝廷因"天下颇被疾疫之灾"而"令郡国被灾甚者，毋出今年租赋"。[①] 唐代宗听闻杭州一代瘟疫盛行，"委租庸使与本州审细勘责，据实户差遣，处置讫具状闻奏，仍委刺史县令设法招携，课最之闲"[②]。疫情给百姓带来了苦难，为了减轻百姓负担，朝廷会以轻徭薄赋的举措帮助百姓渡过难关。

第二，奉行节约。疫灾发生后，政府会带头减膳撤乐，以表励精图治之心，显抗灾救灾之表率作用。在政府引导下，普通百姓亦会开源节流，合理安排饮食起居。汉元帝初元元年，朝廷因疫灾而采取节约的政务措施，"以民疾疫，令大官损膳，减乐府员，省苑马，以振困乏"[③]。百姓亦会减少外出，奉行节俭，以应危局。

第三，环境治理。为了预防疫灾的滋生和蔓延，古代政府比较重视城市环境建设。北宋都城开封城内布满各种绿色植被，为驱逐疫灾奠定环境卫生基础。为了更好地预防疾疫滋生和蔓延，古代政府还重视对垃圾、粪便的清理。这在晚清时期体现得尤为明显。光绪二十九年杭州规定垃圾必须在清晨八点之前打扫完毕，粪担不准在大街上行走，其制定此政策初衷之一也是防疫。因疫情严重，采取隔离措施在两汉的时候就已经出现。2 年，青州出现疫情，当地政府采取"舍空邸第，为置医药"措施，取得了成效。"舍空邸第，为置医药"意思是在疫情区腾出住宅，作为患者的隔

---

① 焦培民、刘春雨、贺予新：《中国灾害通史·秦汉卷》，郑州大学出版社 2008 年版，第 98 页。

② 闵祥鹏：《中国灾害通史·隋唐五代卷》，郑州大学出版社 2009 年版，第 122—123 页。

③ 焦培民、刘春雨、贺予新：《中国灾害通史·秦汉卷》，郑州大学出版社 2008 年版，第 277 页。

离病房，为患者集中配药、诊治，切断传染源，防止扩散或者交叉感染。162年，皇甫规攻打陇右时，军中发生疫情。皇甫规"亲入庵庐，巡视将士，三军感悦"。当时，皇甫规及时地将感染疫情的士兵安置在指定的庵庐中进行隔离诊治救护，取得了成效。隋唐时期，出现收治麻风病人的"疠人坊"。宋代设立安济坊，配备管理人员、医生、病房，这里的病房是每个病人一个房间，以防止交叉感染。明代医家主张对疫情感染者进行隔离，"患痘疮，无论兄弟妻子，但一切避匿不相见"①。《无锡金匮县志》记载，1786年，江苏无锡发生疫情，"贫病者枕藉于道"。有一个叫张鹏翔的人，"处以空室，至数百人，予之食及药"，"多所全活"。张鹏翔之所以能够救治那么多疫情患者，原因之一就是及时采取了隔离措施。

第四，输送药物。疫灾发生后，百姓最为急需的是医生诊治和治病药品。明朝政府在疫灾发生后，一般会派遣医官巡视疫情，且由惠民药局散发药物。1542年，北京发生疫灾，时任礼部侍郎孙承恩上奏朝廷给百姓派医送药，"乞命太医院及顺天府惠民药局依按方术预备药饵，于都门居民辐辏之处，招谕散给庶阽危贫困之人，得以有济，虽有厉气不为灾矣"②。孙承恩的建议得到皇帝的批准。1680年，因疫情而滞留在京城的饥民受到康熙的优待。康熙不仅施粥于饥民，且"遣太医官三十员分治饥民疾疫"。另外，还会有一些地方名医，通过药物治理，破除百姓对疫病不可治的偏见。清代嘉庆时期，直隶威县名医陈念祖，以治疗伤寒、瘟疫而出名，曾著《伤寒金匮浅注》。在一次水灾过后，陈念祖所在威县出现"大疫"，他"亲施方药，活人无算"。

第五，注重宣传。鉴于疫灾带来的巨大危害，政府会出面印刷防范疫情的书籍。宋太宗执政的时候，设立负责收集、整理、考证、校勘医学书籍的校正医书局，推动医学知识普及。宋代的李惟清在担任涪陵尉的时候，看到百姓治不好疫情，就借助迷信来祛除疫情。李惟清"教以医药，稍变风俗"，通过宣传医学知识，改变百姓的认知。1892年，台北地区出现霍乱。当地中医世家黄玉阶印发《霍乱吊脚痧》千册分送民众，惠及于民。

---

① 邱云飞、孙良玉：《中国灾害通史·明代卷》，郑州大学出版社2009年版，第130页。
② 邱云飞、孙良玉：《中国灾害通史·明代卷》，郑州大学出版社2009年版，第132页。

第六，个人护理。清代著名医学家王士雄看到疫病发生跟所居环境和个人卫生有很大关联，于是提出建议：一要饮干净水。二要"开爽通气，扫除洁净"，注意个人卫生，认为"霉时受湿，暑令受热，平日受秽"，就要面临"人人可守之险"。[①] 三要注意清热解毒之药物食物的服用。清代名医陈虹在治理疫病方面总结出一些好的建议："沟衢宜打扫清洁，衣服宜浆洗干净，水皂宜早汲，用沙沥过，鱼蔬忌久炖，用冰更佳。房屋大者宜多开窗牖，小者宜急放气孔。而尤要者，则厕桶积秽之处，日施细炭屑其上，以解秽恶。"[②] 陈虹对个人卫生防护在治理疫情中的措施写得非常具体，提供了好的镜鉴。个人护理除了对卫生讲究之外，还要有防疫预防意识。《清史稿》记载，江苏人贾锡成在其父染上疾疫后，"伏枢侧喃喃若共父语，梦中或欢笑，寐则大恸"。贾锡成虽为其尽孝，但没有很好地进行自我防护，最终在其父死后五天亦染疫身亡。从中可见，提高预防警惕意识，对防范疫情是十分必要的。

古代灾害治理之旱灾

古时经常发生旱灾，会产生很大的危害。旱灾会造成农作物减产甚至绝收，给农民生产生活带来影响，给全国财政收入带来影响。旱灾会引发其他诸如蝗灾、疫灾等灾害，给百姓生活带来更多的伤害和困难。旱灾还会带来社会动荡，加速百姓流亡，没有出路的百姓就会揭竿而起，对国家政权产生极大的威胁。

旱灾会造成农作物减产、绝收。962 年，"京师春夏旱。河北大旱，霸州苗皆焦仆"；1173 年，"婺、处、温、台、吉、赣州、临江、南安诸军、江陵府皆久旱，无麦苗"。[③] 农作物减产、绝收，受损失的最终还是农民。1163 年，江浙大旱，官员王梦蕾写下《勘灾诗》，再现了江浙农民因干旱而导致的颗粒无收、老幼皆哭的情形："散吏驱驱踏旱丘，沙尘泥土掩双

① 朱凤祥：《中国灾害通史·清代卷》，郑州大学出版社 2009 年版，第 180 页。
② 朱凤祥：《中国灾害通史·清代卷》，郑州大学出版社 2009 年版，第 180 页。
③ 邱云飞：《中国灾害通史·宋代卷》，郑州大学出版社 2008 年版，第 131 页。

166

眸。山中树木减颜色，涧畔泉源绝细流。处处桑麻增太息，家家老幼哭无收。下官虽有忧民泪，一担难肩万姓忧。"① 1389 年，监察御史许珪向朝廷汇报："自开封永城至彰德，春、夏旱旸，麦苗疏薄，农民所收无几，今年夏税宜减半征收"。② 看到旱灾让农民"所收无几"，许珪向朝廷谏言减少对农民的税收，以减轻农民负担。

旱灾会引发其他灾害，比如会引发蝗灾、疫灾。蝗虫喜欢干旱的气候环境。干旱的气候为蝗虫生殖、繁衍提供了温暖干燥的条件。贞观元年至贞观四年，唐朝在发生旱灾后，出现了连年的蝗灾，给农业带来巨大损失。旱灾过后出现湖水、井水干涸，导致居民用水紧张，迫使缺水的居民前去水源集中的地方去取水，一定程度上会造成水源感染，进而产生瘟疫。隋朝大业八年、唐朝永淳元年等，都是在大旱之后，引起水源紧张和感染，出现了大规模的疫病。另外，旱灾发生过后，疫病病毒大量出现，加之人的免疫力下降，加剧了疫病的产生。297 年，秦、雍二州出现旱灾，最终引起疾疫流行。1588 年，"五月，山东、陕西、山西、浙江俱大旱疫"③。

旱灾会带来社会不稳定。旱灾爆发后，农作物产量受影响，粮食出现匮乏，人心逐渐浮动，产生大量饥民，成为危害社会稳定的重要因素。明朝末年的旱灾，持续时间长、范围广、灾情重，出现了赤地千里、禾苗干枯、颗粒无收的状况。陕西尤为严重。崇祯二年，官员马懋才就陕西的旱情向皇帝作了汇报："臣乡延安府，自去岁一年无雨，草木枯焦。九八月间，民争采山间蓬草而食，其粒类糠皮，其味苦而涩，食之仅可延以不死。至十月以后，而蓬尽矣，则剥树皮而食。诸树惟榆皮差善，杂他树皮以为食，亦可稍缓其死。迫年终而树皮又尽矣，则又掘其山中石块而食。石性冷而味腥，少食则饱，不数日则腹胀下坠而死。民有不甘于食石而死者，始相聚为盗，而一二稍有积贮之民遂为所劫，而抢掠无遗矣。"④ 灾荒成为引发明朝末年农民起义的导火索，最终倾覆了明王朝。

古人是如何治理旱灾的呢？一是省刑。省刑是指在旱灾等灾害发生

---

① 邱云飞：《中国灾害通史·宋代卷》，郑州大学出版社 2008 年版，第 131—132 页。
② 邱云飞、孙良玉：《中国灾害通史·明代卷》，郑州大学出版社 2009 年版，第 89 页。
③ 邱云飞、孙良玉：《中国灾害通史·明代卷》，郑州大学出版社 2009 年版，第 90 页。
④ 樊树志：《崇祯传》，中华书局 2021 年版，第 202 页。

后，统治者会释放一些狱囚。29 年，刘秀因"久旱伤麦"而下诏"罪非犯殊死一切勿案"。二是节约。遇到旱灾等灾害，统治者往往十分注重节约贮粮，以备凶荒。晋武帝因出现旱灾，而减膳一半，来表示节约之可贵。1679 年，康熙诏曰："盛治之世，余一余三。盖仓廪足而礼教兴，水旱乃可无虞。比闻小民不知积蓄，一逢歉岁，率致流移。夫兴俭化民，食时用礼，惟良有司是赖。"① 康熙告诫臣僚，要学会节俭，贯彻节俭精神，方能备荒克难。三是赈济。赈济是指用钱粮救济灾民，帮助灾民渡过难关。1299 年，"京兆旱，以粮三万石赈之"②。四是蠲免。蠲免是指按照受灾程度，对受灾地区的灾民赋税等进行部分或者全部免除。唐代的韩愈向朝廷谏言，发生旱灾的地方，"租赋之间，例皆蠲免"③。1270 年，"保定等二十六余路旱，减是岁租三千一百二十一石"④。此外，统治者还通过劝课农桑、发展农业，兴修水利，建设工程，建设仓库，储粮备荒等方式，来解决旱灾带来的各种问题。

---

① 朱凤祥：《中国灾害通史·清代卷》，郑州大学出版社 2009 年版，第 318 页。
② 和付强：《中国灾害通史·元代卷》，郑州大学出版社 2009 年版，第 221 页。
③ 闵祥鹏：《中国灾害通史·隋唐五代卷》，郑州大学出版社 2009 年版，第 188 页。
④ 和付强：《中国灾害通史·元代卷》，郑州大学出版社 2009 年版，第 230 页。

古风篇

古人的择友观

　　《毛诗序》中说："自天子至于庶人，未有不须友以成者。"择友是参与仕宦生活必不可少的组成部分。很多名臣和思想家在论述如何择友方面，有着精深的见解和独特的分析。仕宦生活中，如果能遇到良友，那是幸事，能够起到砥砺学问、事业相助、精神鼓励、及时规谏的积极作用。

　　首先来看砥砺学问。朋友之间若能做到切磋知识、砥砺学问，互相成就对方，那将是人生的一大快事。明代的曹端在永乐年间出任霍州学正，教学有方，"诸生服其教，郡人皆化之，耻争讼"。当时，有一个叫李德的人也在霍州讲学，见到曹端后，非常佩服他的学问，嘱咐自己的学生要好好向曹端请教学问："至其知古今，达事变，未学鲜或及之。古云'得经师易，得人师难，诸生得人师矣。"① 说完，李德离开了讲学的教室。曹端亦为李德的品行和学问所感佩，"命诸生延致之，讲明正学"②。曹端与李德互相学习、礼敬、谦虚成为二人处理友谊关系的润滑剂，不仅促进了学问增长，还加深了友谊的厚度。宋代两大文化巨子苏轼与黄庭坚，二人交往"最密"，"风节行谊，铿轰一时，炳耀千古"，互相了解对方，"苏公真

---

　　① 章培恒、喻遂生：《二十四史全译：明史》第九册，汉语大词典出版社 2004 年版，第 5755 页。

　　② 章培恒、喻遂生：《二十四史全译：明史》第九册，汉语大词典出版社 2004 年版，第 5755 页。

知鲁直者"，黄庭坚"亦心契东坡"。二人初交，始于诗文品评。当苏轼看到黄庭坚的诗文后，"耸然异之，以为非今世之人"[1]，进而产生想见黄庭坚的想法，"观其文以求其为人"。苏轼对黄庭坚的赏识，黄庭坚知道后，先是表达了苏轼的羡慕之情，"伏闻阁下学问文章度越前辈，大雅恺弟约博后来。立朝以直言见排退，补郡辄上课最，可谓声实相当，内外称职"，紧接着，黄庭坚表达了对苏轼赏识自己的感激之情，"传音相闻，阁下又不以未尝及门，过誉斗筲，使有黄钟大吕之重"[2]。二人随后诗文往来，友情进一步升华。等到时机成熟，二人见面，切磋诗艺，感悟人生，虽各有所悲社会与人生，然托扶帮助，寄寓深情，见友谊真谛。

其次来看事业相助。在择友的时候，如果能在内心强化道德感，做正确的公平的事情，一定会为这份友谊以及事业添上浓墨重彩的一笔。嘉靖二十六年，张居正考中进士，当时的名臣徐阶非常欣赏张居正的才华，张居正亦敬重徐阶的为人。当时，权奸严嵩为首辅，操持权柄、排斥异己、为害一时。严嵩"忌阶"，"善阶者皆避匿"。然而，张居正不惧严嵩权势，仍旧保持与徐阶的密切关系。等到徐阶取代严嵩成为首辅之后，对张居正进行事业上的提携，"倾心委居正"。张居正与徐阶既是朋友又是同僚，在友谊交往与处理政务中，关系得到检验，事业亦得到相助。官员身居要职，其身份和职位显要，容易做到身边聚集许多人，等到卸官离任，其身份和职位不再显要，身边之人散去，这就形成了对友谊的考验。古人说，"交友之道难矣"。汉代有个叫翟公的官员，当他是太尉的时候，门庭若市、宾客塞门；等他罢官后，门可罗雀、宾客稀少；等他复为廷尉时，之前的宾客又想登门，他在门口写下一段文字："一死一生，乃知交情。一贫一富，乃知交态。一贵一贱，交情乃见。"[3] 这段话验证了友谊的真伪。所以，明初"开国文臣之首"的宋濂发出感慨，"人当意气相得时，以身相许，若无难事。至事变势穷，不能蹈其所言而背去者多矣"[4]。这就印证了张居正在同僚落魄不得势之时仍然能够与其交往的可贵，翟公在罢官后其宾客离散不能与其共担风险的悲叹。

---

① 王水照、崔铭：《苏轼传》，人民文学出版社 2020 年版，第 170 页。
② ［宋］黄庭坚：《黄庭坚全集》第二册，中华书局 2021 年版，第 407—408 页。
③ ［汉］司马迁：《史记》第四册，天津古籍出版社 1997 年版，第 3183 页。
④ ［明］宋濂：《宋濂全集》第五册，浙江古籍出版社 2012 年版，第 1713 页。

再次来看精神鼓励。王夫之在《读通鉴论》中说："君子之所望于人者，以礼相奖、以情相好已耳"①。朋友之间，由于才华吸引，走到一起，就要用"礼""情"维系好友谊。这里的"礼"是指尊重，"情"是指友谊。尊重和友情不因富贵与贫穷、职高与职低而有所不同，这也许是择友的时候，互相之间进行精神鼓励所值得提倡的地方。明代时，况钟在靖安县当了九年小吏。当时，吏部担任司务的平思忠同况钟有来往，并且有恩于况钟。后来，当况钟被提拔为苏州知府后，一直不忘平思忠的恩情，还经常拜访平思忠，态度非常谦逊，"数延见，执礼甚恭"，还派自己的两个儿子去服侍平思忠。而平思忠家境贫寒、廉正厚道，"未尝缘致谊有所干"，没有因为过去与况钟有恩，就请求况钟利用职权为自己谋利。况钟没有因为自己职位低下而产生自卑心理拒绝与平思忠交友，平思忠没有因为自己家境贫寒而求况钟谋利。二人对友情的理解超过世俗，成为别人传颂的对象。

最后来看及时规谏。王阳明说："人在仕途，比之退处山林时，其工夫之难十倍，非得良友时时警发砥砺，则其平日之所志向，鲜有不潜移默夺，驰然日就于颓靡者。"② 从国事来看，为国家荐才，形成了一种超越个人利益关系的更高层面的友情。这份友情可能会遭到误解，但是如若遇到真正的朋友，会直言相对，收获更多。《围炉夜话》中强调"直话"是交友之真谛："同人聚处，须多说切直话，方见古风。"晋武帝时名臣郄诜因富有才华、做事公正被吏部尚书崔洪举荐而任官。当时，郄诜担任总领纲纪的左丞，因事弹劾崔洪，崔洪讥讽说，我推荐了郄诜，而他回头来弹劾我，这真是自己挽弓射自己啊。郄诜听到这句话后，举史实来澄清误会：春秋时期晋国的赵宣子任用韩厥为司马，但韩厥按军法处死了赵宣子的仆人，赵宣子却向大家说，你们可以恭贺我了，是我推荐了韩厥，他做了司马且能胜任其职事。紧接着，郄诜说，您为国家举荐我，是因为我刚直不阿，我以自己的才能被举荐，就要发挥刚直不阿的作用，都是为了国家公事，为何您说这样的话呢？崔洪听了之后非常惭愧。从郄诜的阐释中，可以看到郄诜把真正的友情构架在为国做事这一点上，可谓是真朋友的净

---

① 勾利军、刘海文：《文白对照全译读通鉴论》，山西人民出版社1994年版，第431页。

② 张祥浩：《王守仁评传》，南京大学出版社1997年版，第124页。

言。二人的友情在郄诜的"答"与崔洪的"服"上达成共识并进而升华。"良友时时警发砥砺"成为正确择友的初衷和目标。三国东吴有两个名臣，一个叫吕岱，一个叫徐原，两人经过交流，发现有许多共同话题，而且互相欣赏对方的才华。"原性忠壮，好直言，岱时有得失，原辄谏净，又公论之"，等到徐原去世后，吕岱非常悲伤，"今不幸，岱复于何闻过"？[①]

古人的工作观

古人对从事的工作保有一份自己的理解，形成了独特的工作观。这种以积极进取、健康向上为特征的工作观包括工作担当、敢于创新、公正待人、工作充实等内容，对于今天的人们具有积极的借鉴价值。

第一，来看工作担当。很多古代官员能够做到不因职位变化而改变对工作的热爱和职守，这里面有担当精神作支撑这个关键。清朝有个官员叫严如煜，年少好学，胸怀大志，时人称其有经世之才，足当大用。他在不同岗位上爱岗敬业，富有担当精神，干出了实绩。乾隆晚年，武备松弛，贵州苗族作乱。朝廷派云贵总督福康安进讨，湖南巡抚姜晟配合福康安作战。"独留心兵事"的严如煜正好有了用武之地，为姜晟草拟《平苗议》十二则，"言剿抚防御之策甚备"。严如煜所提之策内含中国兵家以修文德感化之精神，通过感化苗族世仇仡佬人，以之为策应，助朝廷取得阶段性胜利。嘉庆年间，严如煜补授陕西洵阳知县，上任之后首要之急在于剿除匪患。严如煜采取游击战的策略，"贼锋锐，勿迎击，俟其无所掠必去，去则出奇抄其尾，视其夕顿处，多方扰之，疲其力，使不得休息"。不长时间，严如煜一举平贼之乱，"得旨加知州衔，赏戴花翎"。"劳于治民，拙于事上"是严如煜做官的风格，这个为官风格使得"十年不得调"，但他仍然认真履职，"益恳饬吏治，勤民事"，没有因为职位得不到提升而抱怨、懈息。随着口碑的不断累积，道光年间，严如煜治绩大显，得到其他地方大员的夸赞和赏识，进而被提为贵州按察使。然而未及才华在更大平台上施展，他便不幸患"微疾"去世。严如煜去世后，老百姓非常悲痛，

---

① 许嘉璐：《二十四史全译：三国志》第二册，汉语大词典出版社2004年版，第921页。

"秦民巷哭，如失慈父母"。严如熤在不同岗位上都认真履职，保持担当精神，切实推进各项工作，作出了实绩，得到了百姓认可。

第二，来看敢于创新。保持创新的工作态度，按照时代发展的规律，顺应社会发展潮流，提倡破除因袭之法，提倡向新之道，是国家兴旺发达的关键所在。西汉名臣龚遂被推荐主政渤海郡，渤海郡盗贼丛生，严重影响了当地社会秩序和经济发展。龚遂来到渤海郡之后，没有延续以剿为主的对盗贼的策略，而是创新，采取攻心为上的方法，基于对苦难群众被逼为盗贼这个事实的深入了解，留出悔改时间，让盗贼去做正当职业，取得了成效，不仅化解了盗贼之患，还赢得了群众支持，促进了社会进步。

第三，来看公正待人。保持公正的工作风格，按照法律规定，惩治恶人，虽然会遭到一时误解，但是从国家长远发展考虑，仍然是值得鼓励和赞扬的。汉光武帝刘秀的门吏祭遵随刘秀转战河北，被任命为军队中的执法官，负责军营的法令工作。刘秀的亲戚中有一个人年轻人违反了军纪，被祭遵依法将其处死。刘秀非常生气，打算收监祭遵。当时主簿陈副向刘秀谏言道："明公常欲众军整齐，今遵奉法不避，是教令行也。"[1] 刘秀听后，转怒为喜，封祭遵为刺奸将军，告诫诸将，祭遵连刘秀的亲戚都敢依法处置，必定不会徇私于你们。祭遵在自己的工作岗位上，能够按照法律规定，对违纪违法之人进行有力惩罚，体现出他一视同仁、敢于执法的鲜明工作作风。这种工作作风为刘秀统一全国提供了必要的权威基础。

第四，来看工作充实。保持充实的工作状态，不能选择清闲的工作状态。日则敬业，夜亦不歇，成为许多古代官员工作状态的真实写照。南朝时期，傅翙工作辛劳、治政有方。别人请教他治政成功的秘诀。傅翙回答，"唯勤"而已，"勤则事无不理"。傅翙可以说抓到了治政成功的根本。唐朝名臣韩滉听闻唐德宗被赶出长安，自己"负米一石登舟"，亲自运输粮食，可谓勤臣之典范。杨联陞在《帝制中国的作息时间表》中对曾国藩每天兢兢业业、辛勤繁忙的工作状态非常赞赏。两江总督任上的曾国藩制定了自己的工作时间表，工作时间表中上半日工作内容包括：见客审貌听言；作折核保单；点名看操；写亲笔信；看书；习字；下半日工作内容包括：阅本日文件；改信稿；核批札稿；查记银钱账目；夜间工作内容包

---

① 许嘉璐：《二十四史全译：后汉书》第二册，汉语大词典出版社 2004 年版，第 604 页。

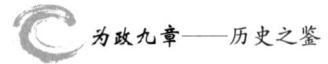

括：温诗、古文；核批札稿；查应类事目。充实的工作生活会带来工作业绩的提升，反之，如果选择清闲的工作状态，会产生放逸的行为后果。

古人的读书观

古代社会，条件比较简陋，教师资源比较短缺，读书学习门槛比较高。然而古人非常喜欢读书学习，他们在很早的时候就认识到读书学习的重要性，而且在学习、工作、生活中不断检验这种重要性。具体而言，古人认为，通过读书可以更好地修身，通过读书可以更好地解决实际难题，通过读书可以更好地从政。

第一，通过读书可以更好地修身。古人通过读书正心、育德，更好地从事自己的职业，更好地为社会和国家做贡献。傅玄说："立德之本，莫尚乎正心。"① 读书可以为"正心"提供涵养源，使人树立正确的世界观、人生观、价值观。明朝末年有一个叫杨维岳的人，"生而孝谨，好读书，毅然自守以正"。他在读书中，将古人的道德人心铭记于心，读到感触之深之处，流泪以敬之，"尝读书至忠孝大节，往往三复流涕"。他对文天祥自爱、有节、忠诚的人格非常景仰，"画像以祀之"。等到崇祯自缢，清军南下，沉痛的杨维岳难进食，"家人进粥食，麾之去，平日好饮酒，亦却之，曰：'践土而思禹功，食粟而思稷德。'吾家世食胶庠之泽，今值国事如此，饮食能下咽乎"。清军到达杨维岳所在地方，下令剃发，"维岳不肯"。周围的人们劝言杨维岳暂避风头、妥协退让，杨维岳以"吾死耳"答之。他的儿子走到他面前哭泣，他打定决心以死殉国，"小子！吾生平读书何事，一旦苟全幸生，吾义不为。吾今得死所矣，小子何泣焉"。随后，他"不食七日"，"顷之遂卒"，"闻者莫不为之流涕"。② 如果不读书或者读书力度不够，正心、育德之事就不可能做好。清朝道光时期名臣陶澍给自己好友周石芳回信中告诫他要让子女多读书："尊府深仁厚德，积累自不待言。惟于读书一事，悠悠忽忽，毫不介意，大有倚恃名父坐享富贵

---

① ［唐］魏征等：《群书治要译注》第十册，中国书店 2012 年版，第 4099 页。

② ［清］戴名世：《戴名世全集》第一册，中华书局 2019 年版，第 194—196 页。

之意。不知名门世家之子，京师中落寞何限？一旦失势，欲如常人而不可得。世俗炎凉，大抵如斯。求其可久，惟有精进之一法。"① 出身名门世家，更应该读书正心养德，如若沾染不良气息，一旦政治气候突变，没有好的品德和才华作为支撑，很快会走上衰微之路。

第二，通过读书可以更好地解决实际难题。古人在探索解决实际难题的过程中，发现读书的重要性。通过读书，可以提升解决实际难题的能力。《围炉夜话》中说："士既多读书，必求读书而有用。"这里的"有用"是指通过读书能够解决实际难题。《呻吟语》中说："学识一分不到，便有一分遮障，譬之掘河分隔，一界土不通，便是一段流不去，须是冲开，要一点碍不得。"有了更多的"学识"，才能更好地"冲开"障碍。清代道光年间经世派名臣陶澍将读书解决实际难题概括为"实学"："有实学，斯有实行，斯有实用；非是，则五石之瓠，非不枵然大也，其中乃一无所有。"② 陶澍的这段话意在强调学以致用、解决实际难题的重要性。明成祖时期，有一个官员叫周忱，于永乐二年中进士，后"进学文渊阁"，阅读大量皇家藏书，不断累积自己的知识和学问。周忱被任命为刑部主事，"浮沉郎署二十年，人无知者"。③ 然而，人生前期的知识沉淀和阅历积攒，为其后来才华施展奠定基础。明宣宗时期，江南财税没有得到系统梳理，缺一个能吏进行管理。当时大学士杨荣推荐周忱，"迁忱工部右侍郎，巡抚江南诸府，总督税粮"。等到周忱去了江南后，从实践中了解到许多豪族"不肯加耗"，许多贫困群众"逃亡"这些重要的事实。他通过读书积累的知识基础，在解决江南"税额益缺"问题中，表现得游刃有余。周忱创设制度，"令出耗必均"；分解调配粮长权力，将屯粮、验粮、收粮程序设计得更加科学合理；整合财政、交通等部门资源，确保国家对江南税额收取，"终忱在任，江南数大郡，小民不知凶荒，两税未尝逋负，忱之力也"。④

---

① ［清］陶澍：《陶澍全集》（修订版）第六册，岳麓书社 2017 年版，第 422 页。
② ［清］陶澍：《陶澍全集》（修订版）第六册，岳麓书社 2017 年版，第 109 页。
③ 章培恒、喻遂生：《二十四史全译：明史》第五册，汉语大词典出版社 2004 年版，第 3015 页。
④ 章培恒、喻遂生：《二十四史全译：明史》第五册，汉语大词典出版社 2004 年版，第 3015—3016 页。

第三，通过读书可以更好地从政。古代有才华的思想家在经历复杂人世之后，静下心来读书，收获颇丰。西汉名臣黄霸因事被关进监狱，在狱中，他秉持"朝闻道，夕死可矣"的理念，向经学专家夏侯胜学习《尚书》，沉淀了知识，为日后出狱成为干练循吏奠定了扎实知识基础。

古人的仕宦观

古代官员在仕宦生活中，认为奢、骄、恣、愎是为官大患，需要警惕、预防、解决。

奢是为官大患之一。对于拥有固定工资的官员，如果固定工资满足不了自己的物欲追求，势必会通过违规敛财来补救，这是古代社会中，官员总结、认识到的为官之患。儒家构建的礼仪秩序，从根本上来讲，是反对奢侈的。《论语》中说："礼，与其奢也，宁俭。"晋武帝时期，豪门大族集体追求奢华的生活，为晋朝覆灭埋下伏笔。北方世族王济，娶常山公主为妻，成为晋武帝的女婿。王济"性豪侈，丽服玉食。时洛京地甚贵，济买地为马埒，编钱满之，时人谓为'金沟'"。[①]王济在吃饭的时候，以人乳蒸肫，皇帝见了都非常吃惊。西晋宠臣何曾，"性奢豪，务在华侈。帷帐车服，穷极绮丽，厨膳滋味，过于王者"[②]。何曾的奢华之处在于"食日万钱，犹曰无下箸处"[③]，铺张侈靡的生活物资都难以满足其奢欲。当过荆州刺史的石崇"财产丰积，室宇宏丽"[④]，其与皇亲国戚王恺斗富，充分说明有钱任性、疯狂炫富对政治秩序稳定具有极大的危害。

骄是为官大患之一。骄是古代官员十分提防的不良习气。古代有骄奢、骄溢、骄蹇一类的词，其中"骄"字都有骄傲自大的意思。《左传》中说："骄、奢、淫、泆，所自邪也。"《汉书·淮南厉王刘长传》中说刘长："骄蹇，数不奉法。"《荀子·不苟》中说："小人能则倨傲僻违以骄溢人。"骄傲的习气容易让官员沾染不良生活习惯、塑造奸佞的小人心理。

---

① 许嘉璐：《二十四史全译：晋书》第二册，汉语大词典出版社 2004 年版，第 965 页。
② 许嘉璐：《二十四史全译：晋书》第二册，汉语大词典出版社 2004 年版，第 783 页。
③ 许嘉璐：《二十四史全译：晋书》第二册，汉语大词典出版社 2004 年版，第 783 页。
④ 许嘉璐：《二十四史全译：晋书》第二册，汉语大词典出版社 2004 年版，第 791 页。

占有权力、享有财富的人容易膨胀，膨胀之时，就会产生骄傲的言行。北宋末年，宦官李彦利用自己手中的权力，依靠皇帝的政治辐射力，大肆搜刮民田，即使有人上诉，他动用权力加以打击，老百姓非常痛恨其骄狂之态。南朝宋文帝刘义隆胞姐的儿子徐湛之，出身豪门，"贵戚毫家，产业甚厚"，经常穿着华贵的衣服，招摇过市，进行炫富。拥有财富的徐湛之通过炫富将骄演绎得淋漓尽致。

恣是为官之患。恣是一种没有节制、放纵的行为。古代有恣肆、恣睢的说法。《新唐书·张巡传》中写到名臣张巡在地方为官中，看到"大吏华南金树威恣肆"，"以法诛之"。明朝的时候，蒙古瓦剌部落首领也先随着实力的增强，"残贪，荒酒色"，"恃其强，日益骄恣"。骄恣的也先大权独揽，控制心非常严重，导致蒙古各部落离心离德。也先由此被部落仇人所嫉恨，遭到杀害，瓦剌从此衰落。从另外一个层面看，如果上级对下级为官之恣没有进行很好的管理，而是采取放纵的态度，最终必然会酿成大错。南朝陈宣帝的第二个儿子陈叔陵荒淫无道，经常游荡于墓葬之地，搜刮石志古器，"持为玩弄，藏之库中"；他贪恋美色，"府内民间少妻处女，微有色貌者，并即逼纳"①。知子莫若父，陈宣帝对陈叔陵的种种劣迹非常了解，但是疏于管教和引导，一味地纵容，最终导致陈叔陵行刺丑剧的发生。

愎是为官大患之一。愎是一种比较自我、听不进别人不同意见的行为。《左传》中提到智伯是这样的："智伯贪而愎。"智伯是指智襄子，位高权重，对其他臣僚经常表现出因势倨傲的态势。有识之士告诫他不要因此得罪他人，如果得罪他人会产生极为严重的后果："主不备，难必至矣。"智襄子狂妄地回答："难将由我，我不为难，谁敢兴之!"智伯的"贪而愎"为其覆灭埋下了伏笔。为官之要在于胸怀、气度、格局。不能容纳谏言容易陷入自我僵化、自我封闭、自我陶醉的境地中而不能自拔。汉光武帝刘秀，励精图治，实现"光武中兴"。纵览刘秀的一生，虽然其光辉的形象彪炳史册，但其因执迷图谶而听不进谏言这一点，终究成为令人深思的教训。刘秀迷信谶纬之学，"多以决定嫌疑"，给朝政带来诸多负面影响。时任给事中的桓谭上疏提出谏言，"今诸巧慧小才伎数之人，增益图书，矫称谶记，以欺惑贪邪，诖误人主，焉可不抑远之哉"，"陛下宜

---

① 杨忠：《二十四史全译：陈书》，汉语大词典出版社2004年版，第408页。

垂明德，发圣意，屏群小之曲说，述《五经》之正义，略雷同之俗语，详通人之雅谋"①。刘秀听了这番言语后，"不悦"，继而仍然坚持己见地对桓谭说："吾欲之谶决之，何如?"②桓谭以谶纬为非经之说加以排斥，引起刘秀的震怒："桓谭非圣无法，将下斩之。"③桓谭因口头谢罪而被免于"斩之"，最终被贬到地方，在途中忧郁而亡。

古人的劝谏观

古代官员在仕宦生活中，对皇帝、同僚、下属、朋友会提出非常有见地的想法，这些想法或直言，或委婉，或讽刺，或含蓄，旨在说明厉害，提出对具体问题的看法，找到对策。这就形成了古人的劝谏观：鞭辟入里、入情入理、言旨据理。

一、鞭辟入里

汉朝在选人用人方面有着许多制度设计，其中察举、征辟、认子制度是当时比较盛行的选官方式。察举是由下而上推举人才，其标准分为四科，具体为："一曰德行高妙，志节清白；二曰学通行修，经中博士；三曰明达法令，足以决疑，能按文章覆问，文中御史；四曰刚毅多略，遭事不惑，明足以决，才任三辅令。皆有孝悌廉公之行。"④征辟是自上而下的选拔人才，其中包括皇帝亲自出面征聘，选聘名望很高且品学兼优之士，这是当时汉代最尊荣的仕途。认子制度是高级官吏可以保任其子弟为官。当时的名士黄琼，其见识能力符合察举要求，其多学好思符合征辟要求，其出身显赫门第又符合任子制度。因此，黄琼很早就被朝廷关注，皇帝多次征召他入仕，但都被他拒绝。名臣李固得知此事，写了一封信《与黄琼书》，发表了他的看法。在信中，李固引经据典，先说历史上的伯夷、柳下惠，他们虽然可以称得上是道德楷模，但是在判断时代发展潮流、为民

---

① 许嘉璐：《二十四史全译：后汉书》第二册，汉语大词典出版社 2004 年版，第 720 页。
② 许嘉璐：《二十四史全译：后汉书》第二册，汉语大词典出版社 2004 年版，第 721 页。
③ 许嘉璐：《二十四史全译：后汉书》第二册，汉语大词典出版社 2004 年版，第 721 页。
④ 吕思勉：《秦汉史》，商务印书馆 2019 年版，第 679 页。

做事的态度上仍然有值得商榷的地方。李固引用扬雄的《法言》中对此二人的评价"不夷不惠，可否之间"来告诫黄琼，在遵循时代发展规律和实现个人理想抱负之间找到适当的平衡点是贤良之人最为珍视的内容。洞悉黄琼有志报效国家，但是碍于各种顾虑和纷扰，李固以尧时的巢父、许由为例进行阐释，通过列举所谓"社会名士"被朝廷重用，结果名不副实，继而提出，希望黄琼能够为社会名士还以清白之名并且贡献自己的智慧，"愿先生弘此远谟"①。黄琼收到李固这封信后，打消顾虑，立即动身入京，拜官封相，成为一代名臣。

二、入情入理

战国时期燕国名将乐毅受到燕昭王的礼遇和重用。乐毅率领部队连下齐国七十余城，直逼齐国都城临淄，恰逢燕昭王去世，燕惠王即位，其人心胸狭窄、多猜善疑，受到齐国田单反间计的影响，撤销了乐毅的军权，并派骑劫为将，然骑劫连败于齐国。此时，燕惠王担心逃到赵国的乐毅趁机率领赵国部队攻打燕国，向乐毅致信，批评乐毅忘恩负义，希望乐毅返回燕国。乐毅针对燕惠王"使人数之以罪"，通过对先王燕昭王任用贤良的魄力之事进行追忆，入情入理地阐释自己之所以能被委以重任，都在于报效先王的缘故。而燕惠王的猜疑、指责、非议在燕昭王的信任、欣赏、肯定的对比下，失色太多，这就是乐毅选择逃到赵国的原因之一。乐毅逃到赵国的原因之二在于他能够明白，历史上国君对大臣有猜忌的，大臣很少有幸存的。乐毅在信中告诉燕惠王，从情感上讲，"免身立功，以明先王之迹，臣之上计也"；从理性上讲，"离毁辱之诽谤，堕先王之名，臣之所大恐也"②。如果能够了解乐毅的行事风格，必然不会担心乐毅会率赵国部队攻打燕国，这再次印证了燕惠王目光短浅、缺乏政治眼光。乐毅的这封信，既露忠义之心，又显感遇之情，做到了情理交融，读来令人动容。

三、言旨据理

通识时变，勇于任事的张居正在担任内阁首辅后，主持朝政，推行改

---

① 许平：《历代书信赏析》，明天出版社 1989 年版，第 47 页。
② ［汉］司马迁：《史记》第三册，天津古籍出版社 1997 年版，第 2355—2356 页。

革，国运为之一振。当时湖广巡抚想为张居正在其家乡修建三诏亭以恭维。张居正严词拒绝，并写下了《答湖广巡抚朱谨吾辞建亭书》这封信。这封信以张居正宦海感悟、历史经验、家道规律为其理，进行深入的剖析，告诫地方官不可劳民伤财、大兴土木。张居正以宦海感悟起笔，说到近些年来，许多地方官为张居正"建坊营作"，造成了"损上储""劳乡民"的负面影响，此事令张居正"日夜念之，寝食弗宁"，在反省此事基础之上，张居正告诫湖广巡抚再兴土木是"重困乡人，益吾不德"的行为，认为"流俗之所艳"的是"恩宠之隆，阀阅之盛"，不是圣贤所教诲的"三不朽"盛业，而大兴土木、修建三诏亭更不是"三不朽"盛业。紧接着，张居正举近世之名臣张文忠，人称"贤相"，"然其声施于后世者，亦不因三诏亭而后显也"；再举前代汉文帝因考虑到修建露台需要花费百斤铜钱，相当于十户中等人家的产业，最终作罢。在此基础上，张居正得出"举百家之产，千人之命"来修建三诏亭，实为不宜。最后，张居正以家道荣辱兴衰本为常事，现在修亭子，未来可能踏为平地，不要寄希望于通过某种物质手段来固化人的政绩、显示人的荣耀，这些都是没有用的。张居正在整篇文章中据理行文，其所阐发的道理令人深思。[①]

古人的治家观

很多古人对治家的心得体会进行分析和提炼，进而上升到价值判断、精神引领层面，形成了内容丰富的治家观。这些独特的治家观在传承家风、延续美德、矫正缺失、促进社会进步等方面发挥着重要的作用。

一、提倡学习

家中长辈基于知识的运用能够为社会进步作出贡献，希望将学习知识的良好风气传导给家中晚辈。杜甫给家中幼子杜宗武写了一首《宗武生日》，诗中告诫其子："熟精文选理，休觅彩衣轻。"杜甫非常喜欢读《文选》，并把读此书的经验传递给儿子，希望儿子能够重视此书，通过此书

---

① 许平：《历代书信赏析》，明天出版社1989年版，第238页。

陶冶情操、培育道德。对于杜家来说，"诗是吾家事"，诗书是传家之宝，需要把良好学习读书之风延续下去。陆游的高祖陆轸喜欢购书看书，撰写《修心鉴》，教育子孙如何读书。陆游祖父陆佃，虽然身居要职，但仍坚持学习，不仅藏书颇多，还著书242卷，显示出对经学、文学等方面颇深的造诣。陆游的父亲陆宰是宋代有名的藏书家，是当时浙中三大藏书家之一。在这样的书香门第熏陶中，陆游从小就酷爱读书，自嘲为"书痴"。陆游希望把祖传的热爱读书的家风传承下去。他在家训中告诫晚辈："子孙才分有限，无如之何，然不可不使读书。"① 陆游写了许多诗，在这些诗中将父亲一颗谆谆教诲的心展示无疑。陆游首先在诗中告诫子孙要了解陆家的学风积淀，"经术吾家事"，在此基础上要"躬行更不疑"，"汝曹切勿坠家风"。陆游在诗中告诫孩子要勤学习、多读书："学贵身行道，儒当世守经。"② 陆游幼子在这样的氛围中也被培养为有名的藏书大家。清代的陆陇其在给大儿子的信中深切地盼望其能够通过读书达到明理的目标："我虽在京，深以汝读书为念。非欲汝读书取富贵，实欲汝读书明白圣贤道理，免为流俗之人。"人在成长过程中，首先要通过读书来做人，在做正派人的基础上，通过读书来正确做事。

二、讲求实用

封建社会是以农为重的社会，强调一分耕耘、一分收获。费正清在《中国：传统与变革》中概括古代中国人"拥有土地是人们经济努力和投资的主要目标"。人们把这种在土地上付出与回报是相等的思想，移植于家庭，强调做任何事情都要讲求实效性。焦竑在《澹园集》中作了一个精妙的说理："夫犀象珠璧，世所珍也，然寒不可衣，饥不可食，挈而过三家之市，必有谇而怪之者。"为什么会产生这样的情况呢？原因在于"犀象珠璧"对于农耕的人们来说没有实际用处，这种实用精神体现到古人的丧葬观上就是摒弃浪费和虚妄，求得内心的平静才是最宝贵的事项。唐代名臣姚崇在遗训中告诫子孙不可厚葬自己，"不得辄用余财，为无益之枉

---

① 楼含松：《中国古代家训集成》第一册，浙江古籍出版社2017年版，第373页。
② 徐少锦、陈延斌：《中国家训史》，人民出版社2011年版，第463页。

事；亦不得妄出私物，徇追福之虚谈"①。倪思在《经锄堂杂志》中亦阐明这种观点，"若乃丧葬，仓卒之际，往往为浮言所动，多至妄用"，这种行为是不值得提倡的。古人从实际精神入手，对一切事物看得非常透彻，这与国人的生存机遇与心理特征是紧密相连、密不可分的。

三、严于律己

古人为官，对自己要求非常严格。长期的仕宦生活培育出古代官员异于常人的可贵品格。古代官员希望将自己身上塑造的美德通过家风营造、家训传递的方式，让后代子孙能够从中汲取养料，做社会的栋梁。明代杨继盛在给儿子的书信中告诫儿子要忠诚报国："若是做官，必须正直忠厚，赤心随分报国。"② 袁采在家训中告诫后辈做哪些事是为人处世之忌："处己接物，常怀慢心、伪心、妒心、疑心者，皆自取轻辱于人，盛德君子所不为也。"③ 朱柏庐在《治家格言》中告诫后辈如何治家处世："居家戒争讼，讼则终凶；处世戒多言，言多必失。"古人的这些言论都比一般的规则和约束要严格，只有在严格的环境中存在和发展，才能够有大的视野、大的格局、大的功勋。

魏晋风度中的贤媛们

刘义庆所著《世说新语》是中国古代志人笔记小说代表作。该书共 36 篇，记载从东汉后期到南朝宋之间名人雅士奇闻逸事，是一部名士"教科书"。《世说新语》中专门有"贤媛"章节，叙述那些或有德，或有才，或有貌的女子在纷繁复杂的社会中如何做到品行独佳、能力出众，为当时冰冷政治增加了些许温情，也为后世贤内助树立了榜样。

一、品行独佳

晋朝名将陶侃出身寒微，由于战功显赫而被授予重任。他在担任荆州

① 黄永年：《二十四史全译：旧唐书》第四册，汉语大词典出版社 2004 年版，第 2490 页。
② 楼含松：《中国古代家训集成》第四册，浙江古籍出版社 2017 年版，第 2287 页。
③ 楼含松：《中国古代家训集成》第二册，浙江古籍出版社 2017 年版，第 729 页。

刺史期间，治理地方非常有政绩。他以身作则，清正廉洁，并且以德化为己任，教化僚属，营造出风清气正、干事创业的良好氛围，"朝野用命，移风易俗"，百姓在这样的良好氛围中受益良多。陶侃能成为一代名将名臣，关键在于他的母亲在他从政之路上的悉心指导、及时点拨，终使之成事。《世说新语》记载陶侃少年时，"作鱼梁吏"，即担任监管鱼梁的小吏，借用职务之便运用公款，托人给母亲送去一罐腌鱼。按照常理推断，所腌之鱼虽然不值钱，即使用公款买之，将其送给自己的亲友，实是小事。但是从细微处看大节，陶侃之母的个人品行修养在对待公款送礼之事上表现出非同寻常的识见和行为，令人尊重。《世说新语》说陶侃的母亲在见到腌鱼这份礼物后，封存腌鱼后交给使者送还给儿子陶侃，并且给陶侃写了一封信："汝为吏，以官物见饷，非唯不益，乃增吾忧也。"对陶侃以"官物"也就是公款送礼行为进行指责和教育，而且指出这样做对陶侃的从政为民是不利的，反而增加了作为母亲对儿子从政一旦因为满足贪欲、不断敛财而覆灭的担心。从小事之轻微，看大节之重要，陶侃之母亲做表率为陶侃从政廉洁奠定了基础，造就了陶侃之后的成就。

二、能力出众

《世说新语》中记载的阮共的女儿阮氏才华卓异、品德高尚、能力超强，但是相貌丑陋，"奇丑"，许配给许允。新婚之夜，许允认为阮氏太丑而"无复入理"，许家深为此忧。此时，许允好友桓范来看望许允。得知桓范到访，作为新娘的阮氏在新房中对婢女说："无忧，桓必劝入。"桓范果然与许允深聊，而且告诫许允"卿宜察之"，要与阮氏深度交流才能发现适不适合自己。许允听从了桓范之告，转头进入新房，等到他看到新娘阮氏的时候，认为阮氏丑得太厉害了，目不忍看，"即见妇，即欲出"。阮氏看到此情景，拉住许允的衣襟让他留下。许允无奈之下就不经意间问了阮氏一句话："妇有四德，卿有其几？"阮氏回答说，我除了容貌不佳之外，其他三德都具备，进而反问许允作为读书人具备什么品行。许允说美德"皆备"。阮氏接着说："夫百行以德为首，君好色不好德，何谓皆备？"许允非常惭愧，从此对阮氏非常看重。许允在吏部郎的职位上由于选用人才大多是他的同乡，被魏明帝发现后，欲将其治罪。此时，阮氏对许允说："明主可以理夺，难以情求。"等到许允被押解到魏明帝跟前，按照妻子的吩咐，对魏明帝进行如实说理，告知魏明帝自己任用的人才尽管有同乡之谊，但都是根据职位与人才是否匹配才任用的。魏明帝经过调查后发现，许允任用的这些人才都很称职，于是不仅没有逮捕许允，还下令赏赐了他。当许允被带走之时，"举家号哭"。阮氏却说："勿忧，寻还。"果然不一会儿，许允就回来了。这表明了阮氏对丈夫行为结果的预判是自信的。夫妻关系不仅是婚姻共同体，而且是思想共同体，好的思想、卓越的能力能够彼此交通。阮氏用自己的思想和能力为许允的成长提供了良好镜鉴，自己也在史书传名、成为贤媛的典范。

教子有方母有功

在中国历史发展过程中，不乏英豪男儿，亦不乏识见有方的女性。这些识见有方的女性能够在家庭中扮演重要角色，尤其是在培养孩子方面起到了非常关键的作用，为孩子成长提供了优质的教育理念。

一、成长勿入歧途

个体在家庭中受到什么样的教育，从某种程度上来讲决定了其在未来的作为和成就。个体在早期心智还未成熟的阶段，定会遇到各种纷扰和掣肘，如果对这些纷扰出现判断偏差，就会走向歧途，此时家庭中的长辈若没有及时指出，进行矫正，人生的方向可能就会改写。魏晋时期著名学者皇甫谧能够取得那么大的成就，一个非常重要的原因在于少年时期得到婶母悉心的教诲。皇甫谧幼年时期，父母双亡，他被寄养在叔父家中。婶母对他如亲生的儿子，他对待婶母也有如自己的生母。皇甫谧在年少之时，不爱学习，《晋书》记载他"年二十，不好学，游荡无度，或以为痴"。他的婶母开导他："汝今年余二十，目不存教，心不入道，无以慰我。"意思是说，你今年都二十岁了，还未知书达理，没有可以用来宽慰我的任何表现。婶母在说这番话的时候，"因对之流涕"，皇甫谧深感惭愧，立即拜乡里名学者为师，用功学习，"勤力不怠"，不仅培养了高尚的情操，还著书立说，传教于人，其门人挚虞等皆为晋代名臣。

二、为官要清廉

古代有许多品行高尚、为官清廉的历史人物，他们在推动改善社会政治生态方面发挥了重要作用。他们能够做到为官清廉，也是众多原因促成的，其中一点重要原因就在于他们的家教十分深厚。唐代名臣崔玄暐为官有良好声誉，其母卢氏的深切教导发挥了重要作用。卢氏引用亲戚所言告诫崔玄暐："儿子从宦者，有人来云贫乏不能存，此是好消息。若闻赀货充足，衣马轻肥，此恶消息。"[①] 这句话意思是说，儿子做官，有人来讲他在外面贫穷得不能生存下去，这是好消息。如果听说他财货充足、轻裘肥马，这是坏消息。卢氏觉得亲戚说的这段话非常有道理，"以为确论"。卢氏紧接着说，我看到亲戚中有当大官的人，大都用钱物孝敬他们的父母，而那些做父母的见钱眼开，竟然不问他们的儿子这些钱财的来源，如果确实是从俸禄中节余下来的，那倒也是好事；如果是他们当官的儿子通过不正当的手段得来的，这与盗贼又有什么区别呢？卢氏对崔玄暐进行诫勉："汝今坐食禄俸，荣幸已多，若其不能忠清，何以戴天履地？"[②] 意思是你已经被朝廷宠幸，享有俸禄，应该是荣幸之至，若不能做到清正廉洁，何以堂堂正正做人？卢氏最后对崔玄暐提出希望："特宜修身洁己，勿累吾此意也。"[③] 意思是你一定要修身洁己，不要辜负了我这番心意。《旧唐书》记载，在听了母亲的告诫后，崔玄暐"遵奉母氏教诫，以清谨见称"。

三、做事要公正

作为官员，手中掌握权力，本来是为百姓服务的，但是如果在做事行权的过程中不公正，就会扭曲权力，使权力变质变味。隋末唐初名臣郑善果的母亲崔氏素有贤明之名，教子有方。郑善果的父亲在征战过程中殉国，郑善果在很小的时候就继承了父亲的爵位，后来又成为主政一方的地方长官。为官节俭、办事公正是崔氏对郑善果谆谆教诲的核心内容。崔氏

---

① 黄永年：《二十四史全译：旧唐书》第四册，汉语大词典出版社 2004 年版，第 2401 页。
② 黄永年：《二十四史全译：旧唐书》第四册，汉语大词典出版社 2004 年版，第 2402 页。
③ 黄永年：《二十四史全译：旧唐书》第四册，汉语大词典出版社 2004 年版，第 2402 页。

坚持每天纺纱织布，到很晚才能休息。孝顺的郑善果对其母亲说道："儿封侯开国，位居三品，秩奉幸足，母何自勤如是邪？"[①] 崔氏听了之后，对郑善果进行教诲：你的年龄已经不小了，原以为你已经懂得天下的道理，现在听到你说的这些话，才知道你并没有懂。我真怀疑，照你这样，靠什么来处理好公事呢？你的职位俸禄都是皇帝对你父亲以身殉职的报答，你应当将这个恩惠散开来用以赡养亲属，我怎能独享其利呢？纺纱织布本来就是妇女所干之事，如果不做这些事情，那就会骄奢淫逸。我虽然不知道礼数，难道可以败坏自己的名分吗？郑善果听了以后，深受教育，从此以后，为官办事更加认真。郑善果处理政务时，崔氏总是在里屋细心听讲，如果郑善果办事公正，剖析合理，她就会很高兴；如果郑善果办事不公正，剖析不合理，她就会不高兴。崔氏一不高兴就不与郑善果说话。孝顺的郑善果跪伏于床前，终日不敢食。这时，崔氏才对郑善果进行教诲，"内则坠尔家风，或亡官爵；外则亏天子之法，以取罪戾"[②]。听了这段话后，郑善果在为官过程中更加注重办事公平公正，"所在有政绩，百姓怀之"。

四、对国要忠诚

爱国是积淀于国人血液中的文化因子。贾谊说："国而忘家，公而忘私，利不苟就，害不苟去。"对国家的忠诚与奉献是爱国主义传统的核心要义。晋朝名将虞谭的母亲孙氏非常注重对孩子的家庭教育。孙氏出身名门，识见高远。《晋书》记载孙氏结婚后："恭顺贞和，甚有妇德。"等到其夫去世，孙氏"躬自抚养"虞谭。孙氏高远的识见在帮助虞谭成长的过程中发挥了重要作用。"性聪敏，识鉴过人"的孙氏在抚养教育虞谭过程中，强调要对国家忠诚，"谭始自幼童，便训以忠义"。虞谭成年后成为一代名将，在平叛叛乱、维护国家统一方面贡献颇多。时任南康太守的虞谭，遇到杜弢组织流民起义，"孙氏勉谭以必死之义，俱倾其资产以馈战士"，孙氏对虞谭的鼓励、支持坚定虞谭平叛决心与信心，结果就是"谭遂克捷"。后来苏峻作乱，虞谭响应陶侃，平叛苏峻之乱。此时，孙氏对虞谭寄予厚望，"吾闻忠臣出孝子之门，汝当舍生取义，勿以吾老为累

---

① 徐少锦、陈延斌：《中国家训史》，人民出版社 2011 年版，第 306 页。
② 徐少锦、陈延斌：《中国家训史》，人民出版社 2011 年版，第 305 页。

也"。孙氏还将自己珍藏的首饰当卖以为军资，还将自己的家童派到虞谭身边助战。当孙氏听说会稽内史王舒派子参战这个消息后，建言虞谭："王府君遣儿征，汝何为独不？"虞谭于是派子参战。孙氏教导有方，终使虞谭成为一代名将。《晋书》记载孙氏"拜武昌侯太夫人，加金章紫绶"，当孙氏去世的时候，晋成帝"遣使吊祭，谥曰定夫人"。

历史英豪之间的赏荐关系

江山代有人才出，然而人才还需要有伯乐能够赏识、挖掘、推荐。历史上，有许多英豪，他们或文或武，为文治民、为武治军，均有功业。这些英豪的伟大之处不仅在此，更为重要的是涵德育才，他们或积极向朝廷推荐人才，或与人才深入交流、及时点拨、为其延誉。

晋武帝时期名将羊祜积极推荐优秀的人才，为实现统一大业奠定了基础。唐代诗人孟浩然在《与诸子登岘山》中所提到的"羊公"是羊祜："人事有代谢，往来成古今。江山留胜迹，我辈复登临。水落鱼梁浅，天寒梦泽深。羊公碑尚在，读罢泪沾襟。"羊祜的功劳不仅在于他的军事武功，还在于他能够对有才华的人进行推荐。出身仕宦之家的羊祜"有见识"，出镇襄阳后，与东吴政权对峙。羊祜修文德、蓄军粮，保持了对东吴的政治和军事双重进攻压力。东吴依仗长江天险而进行抵抗。为彻底击败东吴，完成统一大业，着重还须打造强大水师，这是摆在羊祜面前一项十分重要的课题。羊祜注意对适合打水战的将领进行选拔。羊祜听闻东吴有童谣说，"不畏岸上兽，但畏水中龙"，就此判断"此必水军有功"，更加坚定了他选拔水军将领的决心和信心。[1] 经过分析，羊祜发现时任益州刺史的王濬适合担当此重任。王濬有才华，"濬有大才，将欲济其所欲，必可用也"[2]。在不同军事岗位历练后的王濬被任命为右卫将军。羊祜"雅知濬有奇略，乃密表留濬，于是重拜益州刺史"[3]。羊祜需

---

① 许嘉璐：《二十四史全译：晋书》第二册，汉语大词典出版社 2004 年版，第 799 页。
② 许嘉璐：《二十四史全译：晋书》第二册，汉语大词典出版社 2004 年版，第 967 页。
③ 许嘉璐：《二十四史全译：晋书》第二册，汉语大词典出版社 2004 年版，第 967 页。

要得力水师干将，于是大力推荐王濬。王濬没有辜负重托，"修舟楫"，备兵攻吴。宋人邵博在《邵氏闻见后录》中对精通造船技术的王濬有一段描述："王濬伐吴，在益州作大舰，长百二十步，受二千人。以木为城，起楼橹，开四门，其背可以驰马往来。"在王濬的指导下，西晋强大的水师队伍就此建立，为之后克服长江天险，决胜东吴水军奠定了基础。王濬亦在之后的平吴战争中，发挥了非常重要的作用。刘禹锡在《西塞山怀古》中对王濬的功劳进行讴歌："王濬楼船下益州，金陵王气黯然收。"

278 年 4 月，身患重病的羊祜向晋武帝建议趁东吴弊政日益增多之机一举拿下东吴。由于自己身体不佳，他向朝廷推荐合适的人。羊祜"举杜预自代"。杜预非常有才华，"预在内七年，损益万机，不可胜数，朝廷称美，号曰'杜武库'"①。杜预"及祜卒，拜镇南大将军、都督荆州诸军事"②，因而有了才华大展的空间和平台。杜预赴任后，"缮甲兵，耀威武"，在与东吴名将张政的交战中取得首胜。杜预判断伐吴时机成熟，向晋武帝上疏建议："若或有成，则开太平之基。"③ 晋武帝于是"许之"。由杜预指挥，陈兵伐吴，以迅雷之势拿下东吴，建立了不世功勋。

除了直接推荐人才之外，历史英豪还积极地通过深入对话的方式，为优秀人才传授政治智慧，并为其延誉。清代名臣林则徐不仅政绩卓越，而且能赏鉴后辈，传为一时佳话。林则徐赏荐左宗棠的事迹被人传诵一时。林则徐与左宗棠之间的最早交集在 1848 年。这一年，担任云贵总督要职的林则徐已经 64 岁，当时他走遍大江南北、身经宦海沉浮，对边疆事务已经非常娴熟，品人鉴物已经达到了很高的境界。而居住在湘阴之地的左宗棠时年 36 岁，正年富力强，当时他博览群书、瞻思时事、交接英豪，希望自己的才华能够被赏识。正当林则徐为了应对云贵事务而苦于没有合适的幕宾帮助打理日常之事时，时任贵州知府的胡林翼向林则徐推荐了左宗棠。胡林翼曾经与左宗棠"风雨连床，彻夜谈古今大政"，了解左宗棠的品学之才。随后，胡林翼又多次与左宗棠交流切磋，对左宗棠作出了"近日楚

---

① 许嘉璐：《二十四史全译：晋书》第二册，汉语大词典出版社 2004 年版，第 809 页。
② 许嘉璐：《二十四史全译：晋书》第二册，汉语大词典出版社 2004 年版，第 809 页。
③ 许嘉璐：《二十四史全译：晋书》第二册，汉语大词典出版社 2004 年版，第 810 页。

材第一"的评价。

林则徐对胡林翼力荐左宗棠的行为非常重视，复信胡林翼："承示贵友左孝廉，既有过人才分，又善经世文章，如其噬肯来游，实所深愿。即望加函敦订，期于早得回音。其馆毂舟资应如何致送，亦希代为酌定。以执事之聆音识曲，当能相与有成。"① 然而，左宗棠因家中之事，通过发出"坐此羁累，致乖夙心，西望滇池，孤怀怅结"之音来表达未能与林则徐见面的遗憾之情。

左宗棠因家中之事羁绊，未能赴云南，但是其才名给林则徐留下了深刻印象。1849 年 9 月，林则徐请求朝廷批准他回家养病。被获准后，由云南回福建路途中，林则徐来到岳麓山下湘江岸边时，遣人招呼左宗棠见面。在舟上，林则徐与左宗棠彻夜长谈，"抗谭今昔"，以至于多年以后，左宗棠对此仍有深刻的记忆，"江风吹浪，柁楼竟夕有声，与船窗人语互相响答。曙鼓欲严，始各另去"②。二人的交谈涉及家事、国事、军事、人事、政事，"无所不及"。通过交谈，林则徐对左宗棠有了更为深入的认识，"一见倾倒，诧为绝世奇才"。在信任基础上，林则徐将自己的从政经验倾囊相授。谈到在新疆期间，看到屯垦事业搞得不太好，林则徐语重心长地对左宗棠说，"西域屯政不修，地利未尽，以致沃饶之区，不能富强"，"言及道光十九年洋务遭成时，曾于伊拉里克及各城办理屯务，大兴水利，功未告藏"，"颇以未竟其事大憾"。③ 这些思想对左宗棠后来引进西方先进设备，在新疆进行屯垦，兴修水利工程，具有了非常深远的影响。林则徐的思想和实干精神对左宗棠的影响是深刻的、长远的："左宗棠虽只在林则徐由云南引疾还闽途中在长沙见过一面，但对他的政治见解、思想作风、治事态度则由衷钦佩。"④ 将钦佩之意转化为自己之后的从政动力和追求目标，是左宗棠从林则徐身上获得的最大启迪。

---

① 本书编委会：《林则徐全集》第八册，海峡文艺出版社 2002 年版，第 4097 页。
② 郭雪波：《山之巍峨：林则徐传》，作家出版社 2016 年版，第 323 页。
③ 林庆元：《林则徐评传》，南京大学出版社 2000 年版，第 189—190 页。
④ 马啸：《左宗棠在甘肃》，人民出版社 2011 年版，第 17 页。

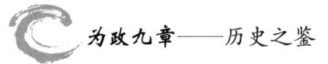

以身许国的古代英豪

中国历史上有许多具有浓厚家国情怀的名臣勇将，他们由对自己小家的热爱转化为对国家的忠诚。这份忠诚包含了持之以恒、全心全意、九死不悔、舍生取义等丰富内涵。他们身上的精神，成为激励后辈英勇奋进、爱国为国的宝贵精神财富。

一、以身许国的祖逖

东晋名将祖逖出身于多慷慨悲歌的燕赵大地，身上流淌着燕赵之士粗犷奔放的血液。其为人"性豁达，不修仪检"，又"轻财好侠，慷慨有节尚"。祖逖喜好结交朋友，且能做到乐善好施，经常以其兄的名义将谷帛之物捐赠给乡党，"乡党宗族以是重之"。祖逖在十四五岁后开始博览群书，具备了"赞世才具"。①

祖逖的青年时代是在动荡不安的时局中度过的。当时，恰逢"八王之乱"、匈奴起兵进入中原，北方处于大混乱之中。年轻的祖逖和好友刘琨在司州共事，他们关心国事，议论到深情处，慷慨激昂。"国家多难，臣子何敢自安？"思念国事殷切的祖逖晚上经常辗转反侧，难以入睡，忽闻远处传来鸡鸣之声。祖逖骤然推被而起，披好衣服，唤醒身边的刘琨，两人走到屋外，在月光下一起舞剑。此后，祖逖和刘琨养成习惯，不管是严寒还是酷暑，每日闻鸡鸣之声，必起床练习舞剑，从不中断。"闻鸡起舞"的故事从此被流传。

西晋灭亡前夕，祖逖也像其他贵族官僚一样避难江南。祖逖在避难江南途中，他热心照顾同行之人，拿出自己的衣服和药物给老弱病残。他还能够给避难之人讲解国家大事，成为大家推崇的对象。当时司马睿委任祖逖为徐州刺史，虽然当时他远离战乱，但是心中仍然惦记着中原的父老乡亲，"以社稷倾覆，常怀振复之志"②。祖逖屡次请求司马睿派自己北伐收

---

① 许嘉璐：《二十四史全译：晋书》第三册，汉语大词典出版社 2004 年版，第 1423 页。
② 许嘉璐：《二十四史全译：晋书》第三册，汉语大词典出版社 2004 年版，第 1424 页。

复中原："今遣黎既被残酷，人有奋击之志。大王诚能发威命将，使若逖等为之统主，则郡国豪杰必因风向赴，沉溺之士欣于来苏，庶几国耻可雪，愿大王图之。"①

司马睿后来任命祖逖为奋威将军、豫州刺史，调拨给他粮饷，因没有兵源和武器，只能让祖逖自己设法筹招。祖逖积极整编从北方来的宗族乡亲，组织成一支队伍。313 年 8 月，祖逖组织率军渡江北伐。当船至长江中流的时候，祖逖望着滔滔江水，立在船头，用木浆猛然一击发誓道："祖逖不能清中原而复济者，有如大江！"② 这段话表明了他不收复中原誓不回江东的决心。祖逖一路北上，其部队也受到北方人民的热烈欢迎。

祖逖一路过关斩将，出奇谋，一路整合资源，化敌为友，使"黄河以南尽为晋土"。在北伐途中，祖逖不仅拥有军事之强，还能劝课农桑，既解决了粮饷问题，又为当地百姓创设了一个较为安定安居的环境，得到了当地百姓的爱戴，展示出深远的政治家韬略风采。当地百姓带着酒水来感谢祖逖，而且还自编歌曲赞美祖逖："幸哉遗黎免俘虏，三辰既朗遇慈父。玄酒忘劳甘瓠脯，何以咏恩歌且舞。"③

正当祖逖准备乘胜前进的时候，司马睿已经在江南建立了东晋政权。司马睿担心祖逖在北伐过程中所产生的巨大的声望和逐渐累积的势力对他执政构成威胁。于是，司马睿派亲信戴渊充当都督，统管北方六州军事，以牵制祖逖。司马睿的这一行为极大地挫伤了祖逖北伐的积极性和爱国心。他忧虑愤懑，积劳成疾，但在得病期间，仍"图进取不辍，营膳武牢城"④。祖逖 56 岁去世，临终之前，他悲愤地说："天欲杀我，此乃不佑国也。"⑤ 祖逖去世后，豫州的百姓"若丧考妣"，有的地方还给他立了生祠。

二、举家为国的高叡

唐代名臣高叡出身名门，通过自身努力，"明经及第"，考取功名后，出任四川通义县令，任职期间，"有治劳"，当地百姓感恩其政绩，为其刻

---

① 许嘉璐：《二十四史全译：晋书》第三册，汉语大词典出版社 2004 年版，第 1424 页。
② 许嘉璐：《二十四史全译：晋书》第三册，汉语大词典出版社 2004 年版，第 1424 页。
③ 许嘉璐：《二十四史全译：晋书》第三册，汉语大词典出版社 2004 年版，第 1426 页。
④ 许嘉璐：《二十四史全译：晋书》第三册，汉语大词典出版社 2004 年版，第 1427 页。
⑤ 许嘉璐：《二十四史全译：晋书》第三册，汉语大词典出版社 2004 年版，第 1427 页。

石载德。后来高叡被提拔为赵州刺史。当时，东突厥默啜可汗军队时常骚扰唐朝边境，给边境百姓带来巨大困扰。698 年，默啜可汗率部队围攻赵州，赵州刺史高叡据守城池。

在东突厥部队进攻赵州之前，持投降论调的人就告诫高叡，东突厥实力强大，所向披靡，所到之处，人们闻风丧胆，您抵御不了，不如投降。高叡回绝道："吾为天子刺史，不战而降，其罪大矣。"① 拒绝投降的高叡看到赵州即将沦陷，觉得自己没有尽到守土职责，于是选择同夫人一起服毒自杀，结果自杀未遂，被东突厥俘虏。

默啜可汗为了劝降高叡，便派人将高叡夫妇一起抬到军帐，拿出金狮子带和紫袍，对高叡说："降则拜官，不降则死！"此时高叡看看妻子秦氏，秦氏坚定地说："酬报国恩，正在今日！"② 于是，高叡夫妇闭目不言，等待就死。默啜可汗将二人看押起来，想借以时日，以促二人改变主意，结果二人仍然坚持原志。默啜可汗看到高叡夫妇不会投降，于是将二人处死。

三、舍孝为国的赵苞

东汉名臣赵苞在地方为政期间，不仅治绩卓越，而且敢于担当。他以其堂兄赵忠之行为耻，与其断绝关系。当时，北方的鲜卑族逐渐强大起来，成为侵扰东汉边境的一大麻烦。为了更好地抵御鲜卑族进攻，赵苞从扬州县令任上被提拔到当时东汉与鲜卑交界的辽西当太守。

赵苞在辽西太守任上的第二年，便迎接自己的母亲和妻子来辽西。当赵苞的母亲和妻子走到离辽西不远的柳城时，遭遇到鲜卑军队，鲜卑军队就此劫持了赵苞的母亲和妻子。当鲜卑军队得知这两人身份后，非常高兴，认为可以当作要挟赵苞放弃辽西的最大砝码。

随后，鲜卑军队攻打辽西，赵苞率军出战。两军对峙之时，鲜卑军队狡猾地将赵苞之母推到阵前，以期达到动摇赵苞部队军心、瓦解斗志的目的。赵苞痛心地对其母说，"昔为母子，今为王臣，义不得顾私恩，毁忠节，唯当万死，无以塞罪"③。

---

① 黄永年：《二十四史全译：旧唐书》第六册，汉语大词典出版社 2004 年版，第 4191 页。
② ［宋］司马光：《资治通鉴》第二十一册，中华书局 2013 年版，第 6737 页。
③ 许嘉璐：《二十四史全译：后汉书》第三册，汉语大词典出版社 2004 年版，第 1633 页。

深明大义的母亲对赵苞说："威豪，人各有命，何得相顾，以亏忠义！昔王陵母对汉使伏剑，以固其志，尔其勉之。"① 赵苞在母亲的鼓励下，率部队进攻，打败了敌人。然而，他的母亲和妻子却都被敌人残忍地杀害了。赵苞收敛了母亲和妻子的尸体，回老家安葬他们后，便吐血而之。

① 许嘉璐：《二十四史全译：后汉书》第三册，汉语大词典出版社 2004 年版，第 1633 页。

廉 洁 篇

从题诗中看古人的廉洁观

立志圣贤、廉洁自持是很多古代官员的人生信条。他们把这种信条置于诗歌中予以呈现，展示出修身立德、廉洁不染的高尚情操和为官智慧。

一、"清心为治本"

北宋名臣包拯，为官廉洁，被百姓称为包青天。他在端州担任知州的时候，因当地盛产砚石，端砚闻名全国，但他丝毫不取，离开端州时，"不持一砚归"。当地百姓奔走相告传颂他的事迹。

担任庐州知州时，因庐州是其家乡，故亲朋好友及旧交皆来找包拯办事，均被他谢绝。即使遇到涉及他亲戚的案子，他也依然能够做到秉公处理，"法令者，人主之大柄"。他的堂舅依仗包拯的权力，胡作非为、鱼肉百姓、横行乡里。当地百姓去府衙状告此事。包拯及时将其堂舅传至堂前，进行审讯，问明情况后，命令衙役依法仗打其七十大板。"自是亲旧皆屏息"，此后亲族中再也没有为非作歹之行，包拯的铁面无私可见一斑。

百姓称赞其清明，却也遭到亲族说他六亲不认、沽名钓誉。面对非议，包拯挥笔写了一首诗以作回应："清心为治本，直道是身谋。秀干终成栋，精钢不作钩。仓充鼠雀喜，草尽兔狐愁。古牍有遗训，毋贻来者羞。"① 在这

---

① 许高彬：《包拯传》，安徽人民出版社 2018 年版，第 66 页。

首诗中，包拯体现出他为了国家和百姓的利益，不惧流言蜚语、不求荣华富贵的高尚情操。

在朝中任职的时候，包拯"立朝刚毅，贵戚宦官为之敛手，闻者皆惮之"①。在开封府任职期间，他改革不合理的诉讼程序。原来百姓申诉，须把状纸交给"门牌司"，由他们再往上递交。"门牌司"借此机会从中勒索钱财，遂有"天下衙门朝南开，有理无钱莫进来"的坏名声。包拯洞悉其中各种弊端，撤销了"门牌司"，百姓可以直接将状纸递交给包拯，有理无钱也能申冤雪恨。1062 年，63 岁的包拯去世，"公之薨也，其县邑公卿忠党之士，哭之尽哀。京师吏民，莫不感伤，叹息之声，闻于衢路，若相属也"②。

二、"任他沉在碧波间"

明朝名臣吴讷，"毅然以道自重，不矜小名，志存大体"。因为"敬慎廉直，不务矫饰"，他经常被委以重任。在他巡按浙江的时候，整理陆贽奏议，修复岳飞墓祠，"搅咨吏治，赫然有声"，"议论举措，有前贤风"。③随后，在他巡按贵州的时候，因其能够因地制宜地采取措施治理贵州，取得了政绩，当地官员和百姓对他十分尊重。

当他离开贵州回朝复命的时候，贵州的布政使司、按察使司、都指挥使司准备了礼物为他送行，被他拒绝。吴讷乘船走到三峡的夔州时，贵州三司官员派人追上来他送上百两黄金。吴讷在盛放黄金的盒上写下了《却金诗》以表辞意："萧萧行李向东还，要过前途最险滩。若有脏私并土物，任他沉在碧波间。"吴讷一生非常俭朴，等到他做到左副都御史的高位，还能以极严的要求约束自己。回到家中，"布衣蔬食，环堵萧然"。周忱在江南为官，看到他住所简陋、破败，"欲新其居"，被吴讷严词拒绝。④

三、"不寝常如枕有警"

钱陈群走上仕途之后，"自奉俭约如寒素"，能够以廉洁自勉。当时学

---

① 倪其心：《二十四史全译：宋史》第十一册，汉语大词典出版社 2004 年版，第 7104 页。

② 许高彬：《包拯传》，安徽人民出版社 2018 年版，第 263 页。

③ 章培恒、喻遂生：《二十四史全译：明史》第五册，汉语大词典出版社 2004 年版，第 3106 页。

④ 章培恒、喻遂生：《二十四史全译：明史》第五册，汉语大词典出版社 2004 年版，第 3107 页。

政一职，负责一省学校教育、科举考试，权力很大，诱惑也很大。然而，出任顺天学政一职的钱陈群，对自己要求很严。当时的学政每年要到各府州县巡视，了解情况，主持考试。地方官员对学政的巡视非常重视，招待更是"甚盛"，往往给百姓带来很大负担。钱陈群对自己要求严格，以学政身份到各府州县巡视，谢绝一切招待，要求居住条件从俭。当他第一次去河间府巡视的时候，只要求地方官提供一个卧室，卧室中设置一帐，寒则御冷，夏则驱蚊，临走时，还要将帐子撤下归所司，下次来仍用此帐。

1741 年，钱陈群第五次来到河间府进行巡视。当时，旧帐破旧不堪，故当地官员令人改换新帐。不料，看到新帐后的钱陈群大为不满，立即命人将新帐撤走，换上以前的旧帐，并作一首《题帐》诗："不寝常如枕有警，屏私直似镜无尘。题诗自有纱笼护，留伴他时绛帐人。"为了表明志向，警戒后人，钱陈群在这首诗前面写了一个序："往年学使者下车，供张甚盛，厥后相继简任于此者，多清节素著之前辈，以次删除。惟卧室内设一帐，寒则御风，夏避蝇蚊。余前后视学于此，凡七年，莅瀛郡者四，将行，必撤帐归有司，曰：'明年来，无烦改作也。'辛酉春夏来，见帐极新，因识数语，并缀以诗。继余而役于此者必朝右君子，慎乃俭德，有同志焉。"

四、"但饮湘江一杯水"

乾隆时期有一个名臣陆朗夫，自幼习文，以古圣贤自勉。他走上仕途后，"居官廉洁"，一次奉诏进京，城门外他被税官拦截，要求他交门税。陆朗夫当时身上一无所有，只好将衣服脱下来，权当交门税。后来，他在京城找到故友，借了一身衣服，才面见皇帝。

陆朗夫在湖南当巡抚时，一次梦见了一首七言诗，醒来后，只记得其中的一句："能开衡岳千层云，但饮湘江一杯水。"他以此为自己的座右铭，该诗句不仅表达了他的爱民情怀，还反映出他的廉洁志向。他患病多日，半夜想吃藕粉。当时湖南水多，"藕甚贱"，以至百姓都不爱吃藕。结果，在陆府居然连藕都没有，"素不具，乃使仆叩其客之门乞之"。张士元在《书陆中丞遗事》中说"其廉俭如此"。

湖南在当时有一个陋习，就是盐商在卖盐时要把馈送给官府的钱财计算在内，这一陋习无疑加重了百姓的买盐负担。一次，盐商送给陆朗夫三万两白银。陆朗夫不知其故，问其原因。盐商答道："此旧规也。先进此金，后当以时继进。"盐商馈送给官府大量钱财，官府便不会再对盐商行为进行限制，助长其牟取暴利之行为。陆朗夫坚决不收。盐商回答："大人不收，则此金无所归矣。"于是，陆朗夫将此钱用于平抑盐价，百姓受益。

陆朗夫在湖南，对自己、家人、朋友要求非常严格。当时，吏治松弛、贿赂成风。但他未尝一物送于权臣。他还告诫自己的儿子，平常不要随便外出，更不允许在外人面前炫耀。陆朗夫让幕僚教其子读书做人。其子外出回老家，临行前，陆朗夫安顿其幕僚："所过都邑，幸毋使官吏知吾子。"为什么陆朗夫会有这番安顿嘱托之语呢？主要在于陆朗夫深知，如果州县官员知道过境的是自己的儿子，必然会对其子有所馈赠，故有此安顿。当陆朗夫之子离开长沙时，"行李萧然，竟无人知所过者为公之子也"。

当时湖广总督来到长沙，未经通报，直入巡抚衙门，看到陆朗夫正在吃饭，"所食皆菽乳菜韭"，十分惊讶，问其原因。陆朗夫回答："天久不雨，地方官戒杀清斋为祈雨耳。"当时这个湖广总督一向奢侈，听了陆朗夫之言，非常惭愧，于是，返回行辕后，立即将酒肉之食尽撤。此事一出，百姓皆"美总督之知过，而益叹公之清德器感人者速也"。

陆朗夫带病在湖南任职，因日夜兴劳，积劳成疾，最终病逝于任所。当地百姓得知他去世的消息后，吟诵"能开衡岳千层云，但饮湘江一杯水"，以表达对他的纪念。

五、"清风两袖返韩城"

"节风为尤著"的王杰历仕乾隆、嘉庆两朝，"受两朝知遇，始终无间"。他对自己要求颇为严格，从来不谋私利。在他负责督学期间，不仅自己能够做到廉洁自持，还能教诲学生廉洁奉公。他的一个门生调回京城，遇上王杰的生日，便送上白银数百两，以表祝贺之意。经过王杰的开导教育后，该门生持银告退。王杰不仅对下属门生严格要求，对自己的至亲朋友亦能做到严格要求。王杰之子"工文艺，善书"，曾在京城为王杰代笔。王杰同僚非常关心其子金榜题名。王杰则认为自己的儿子"性于饮"，不适合做官，况且如能凭其真才实学考中尚可说得过去，如本身没有那么大才华，因受到同僚照顾，被录取重用，说不过去。于是，在京城考试，王杰就告诫同僚："谁荐中吾子者，吾即劾之。"王杰之子在京城待不下去，回到家乡陕西，打算参加家乡考试。当时，陕西巡抚恰是王杰的门生，欲在考试中照顾王杰之子。王杰致信陕西巡抚："亦以是嘱之"。王杰之廉可见一斑。

王杰为官清廉，亦疾恶如仇。他与和珅同朝为官，非常痛恨和珅贪污敛财之行为，多次与其针锋相对。他经常在乾隆面前指责和珅贪赃枉法，"遇有不可，辄力争"，言旁人不能之言，是当时朝堂上难得的一股清流。和珅奏报乾隆，说王杰在家乡建宅修府，非常奢华。乾隆秘派陕西巡抚实地调查，结果王宅"湫隘如寒士"。乾隆特诏王杰前来，告知他："卿为宰相，而家宅太陋"，命赏银三千两以修宅院，被王杰谢绝。由于王杰受到乾隆的重视和保护，和珅亦不能对王杰有歹意。和珅见栽赃不成，遂采取拉拢方式，千方百计地讨好王杰，王杰仍不为所动。和珅有一次拿出一幅水墨画，请王杰欣赏，王杰一语双关地对和珅进行嘲讽："贪墨之风，一至于此。"和珅落了一个自讨没趣的下场。在一次朝堂议政后，和珅为了讨好王杰，故意拉着王杰的手说："状元宰相的手果然好！"王杰听后，正色曰："王杰手虽好，但不能要钱耳！"和珅无言以对，无趣退场。嘉庆亲政后，拜为首辅的王杰率先向新皇帝揭露和珅贪赃枉法之行为，和珅由此被严惩。1803年，王杰选择告老还乡。他任官40年，"贫如诸生"。嘉庆亲自为其赠诗来表彰他的廉洁行为："屡蒙恩旨秉文衡，艺苑群瞻桃李荣。直道一身立廊庙，清风两袖返韩城。"

遗嘱中见为官之品

很多古代官员非常注意官德的塑造。一方面他们以较高的道德标准要求约束自己；另一方面他们能够作出很大的政绩，官德与政绩相得益彰。等到年老身弱时，他们在临终前中总结自己的为官之道，告诫后辈如何做一名合格的官员。

北魏名臣裴佗出身仕宦之家，自幼喜好读书，对《周易》《毛诗》等颇有研究。他走上仕途后，对自己要求很高，十分注重官德塑造和培养。在地方为官的时候，"所得俸禄，分恤贫穷"，"郡民恋仰"①。裴佗俭朴自持，"清白任真，不事家产，宅不过三十步，又无田园。暑不张盖，寒不衣裘，其贞俭若此"②。他每到一个地方为官，总是想方设法地作出政绩，在代理河东郡太守一职期间，"所在有称绩"；担任赵郡太守期间，"为治有方，威惠甚著"；担任平南将军一职期间，恩威并施，收服蛮族，"阖境清晏，寇盗寝息"。在他临终之前，裴佗给家中后辈留下遗嘱，"遗令不听请赠，不受赙襚"③。他的几个儿子都遵照这个遗嘱执行。从裴佗简短的遗嘱中可以窥见他为官之品、廉洁之风。

南朝名臣孙谦历仕宋、齐、梁三朝，在不同岗位上，颇有政声。他博闻强记，"出为句容令"后，条分缕析地解决百姓难题，当地百姓"号为神明"；担任巴东建平二郡太守后，"布恩惠之化"，当地百姓被感怀，"郡境翕然"，他由此"威信大著"。孙谦对自己要求非常严格，"居身俭素，床施蘧蒢屏风，冬则布被莞席。夏日无帱帐，而夜卧未尝有蚊蚋"④。在他92岁高龄的时候，自知身体不健，给孩子们写下了遗嘱，遗嘱中回顾了自己的一生，以感恩的心态对待自己应有的职位和官声，告诫后代子孙一定要从俭下葬，棺材可以藏身，墓穴能够置柩就可以了。在他死后，他的后代遵照他的遗嘱俭朴地办理了丧事，实现了他生前廉洁、死后节俭的意愿。

唐代名臣卢怀慎历仕中宗、睿宗、玄宗三朝，生活俭素，清廉自守，"不营产业"，穿衣非常朴实，"所得俸禄，皆随时分散，而家无余蓄，妻子匮乏"⑤。卢怀慎患病期间，友人去看望他，发现他较为寒酸的处境："日晏设食，蒸豆两器、菜数杯而已。"⑥卢怀慎为官宽厚，谦逊待人，连司马光都发出了赞叹的声音。卢怀慎在临终前给唐玄宗留下遗书，向皇帝大力举荐宋璟等人："宋璟立性公直，执心贞固，文学足以经务，识略期于佐时，动惟直道，行不苟合，闻诸朝野之说，实为社稷之臣。望垂矜録，减加进用。"⑦

---

① 周国林：《二十四史全译：魏书》第三册，汉语大词典出版社 2004 年版，第 1606 页。
② 周国林：《二十四史全译：魏书》第三册，汉语大词典出版社 2004 年版，第 1607 页。
③ 周国林：《二十四史全译：魏书》第三册，汉语大词典出版社 2004 年版，第 1606 页。
④ 杨忠：《二十四史全译：梁书》，汉语大词典出版社 2004 年版，第 696 页。
⑤ 黄永年：《二十四史全译：旧唐书》第四册，汉语大词典出版社 2004 年版，第 2527 页。
⑥ 黄永年：《二十四史全译：新唐书》第五册，汉语大词典出版社 2004 年版，第 3039 页。
⑦ 黄永年：《二十四史全译：旧唐书》第四册，汉语大词典出版社 2004 年版，第 2526 页。

唐玄宗"深嘉纳之"。宋璟等人不负众望，促成了开元盛世局面的出现。

北宋名臣包拯，在考中进士后回家孝顺父母。"后数年，亲继亡"，包拯才选择出来做官。在盛产砚台的端州为官期间，"岁满不持一砚归"，廉洁之风可见一斑。在随后转任不同职位的仕途中，他能够兢兢业业，向朝廷提出富有针对性的建议，助力振兴朝纲。他在朝中"立朝刚毅"，惩贪除弊，颇有政名。他一生俭朴，"虽贵，衣服、器用、饮食如布衣时"①。临终前，他在遗嘱中强调："后世子孙仕宦，有犯脏者，不得放归本家，死不得葬大茔中。不从吾志，非吾子若孙也。"② 包拯要求将这条遗训刻在石头上，砌在堂屋东壁，"以昭后世"。从包拯的遗嘱中亦可看到其为官之清。

明朝有一个官员叫魏骥，做事认真、兢兢业业。在他担任松江训导一职的时候，"常夜分携茗粥劳诸生。诸生感奋，多成就者"③。他随后被召入朝廷，修撰《永乐大典》，认真参与撰写工作，顺利完成工作任务。魏骥"居恒布衣粝食，不殖生产"。退休后，他回到家乡，"戴笠行田间"，与乡亲们打成一片，教导子孙孝悌之义和农耕之术，"增堤浚湖，捍御灾患"。当他在乡间的美德被朝廷得知时，朝廷派人前去慰问，使者和命令还没有到达，魏骥就去世了。朝廷按照礼仪要求，对他要进行厚葬。但是，魏骥临终前留下遗言，希望能够俭葬。他的儿子魏完"以骥遗言诣阙辞葬，乞以其金振饥民"。皇帝感慨，"骥临终遗命，犹恐劳民，可谓纯臣矣"。④

古代民间谣谚折射的反贪理念

人类在社会发展进程中，创造出的具有普遍意义的价值规范和行为方式，这就是一般意义上的文化。中国文化在长期发展过程中因为具有独特

---

① 倪其心：《二十四史全译：宋史》第十一册，汉语大词典出版社 2004 年版，第 7105 页。

② 倪其心：《二十四史全译：宋史》第十一册，汉语大词典出版社 2004 年版，第 7106 页。

③ 章培恒、喻遂生：《二十四史全译：明史》第五册，汉语大词典出版社 2004 年版，第 3107 页。

④ 章培恒、喻遂生：《二十四史全译：明史》第五册，汉语大词典出版社 2004 年版，第 3108—3109 页。

的民族性、相对独立的延续性和具有一定特征的时代性而成为古文明国家的代表。民间谣谚作为百姓对经验与智慧的洞悉与总结，以极具特色的民间文化的方式，反映了百姓的真实心声，概括了鲜明的时代特色，传递出一种对善追求、对恶贬斥的价值追求信念。从民间谣谚中梳理出有关百姓对腐败反感、痛恨甚至反抗的内容，梳理有关对反腐倡廉真心拥护、认同的内容，吸取反贪文化的智慧结晶，对当下反腐倡廉具有积极的借鉴意义。

一是形象地勾勒出贪腐者众生相。封建社会作为剥削阶级占统治地位的私有制社会，不能从根本上消除腐败。人治色彩较为浓厚的特征使得贤君良相统治时期出现相对清明的社会氛围，暴君奸臣统治时期则又呈现出腐化堕落的社会景观。首先来看权钱交易。政治秩序越无序，腐败滋生得越快。金钱可以换来权力，权力可以换来金钱，这种权钱交易刻画出卖官者的狂妄和买官者的疯癫。东汉末年，朝廷腐败的特征就是权钱交易。当时崔烈用五百万钱跟汉灵帝买相当于宰相的职位，权钱交易实现后，汉灵帝非常遗憾地说自己手太软了，没有卖千万钱的价钱。这种权钱交易的行为扭曲了官员价值观，必然会破坏政治生态，使得社会朝着更加无序的方向发展。东汉末年就出现了这样的谣谚："举秀才，不知书；察孝廉，父别居。寒素清白浊如泥，高第良将怯如鸡。"[1] 就是权钱交易后形成的不良政治格局。其次来看利用权力追求奢靡。贪官敛财的目标是享受和挥霍。明代部分地方官将贪腐所得，除存留一小部分孝敬上司外，其余的大部分都用来挥霍享乐。所以，当时流传着这样的谣谚："知县是扫帚，太守是拼斗，布政是叉口，都将去京里抖。"[2] 另外，权权交易、权色交易等腐败类型也层出不穷，都有在谣谚中反映。这些贪污敛财的众生相不仅使得贪腐者丑态毕露，而且这种贪腐行为还对吏治、社会和国家危害极大。

二是深刻地揭示出贪腐行为带来的巨大危害。腐败是一颗毒瘤，如果一个国家长了这颗毒瘤，又没有得到及时的根治，就会给这个国家带来巨大的灾难。这个灾难具体体现在各领域。从政治角度讲，腐败会导致公共

① 王子今：《秦汉史：帝国的成立》，中信出版社2019年版，第285页。
② 卜宪群：《中国历史上的腐败与反腐败》下册，鹭江出版社2014年版，第816页。

权力滥用和腐化。北宋末年的大贪官、"六贼"之一朱勔利用手中的权力，贪污受贿敛财，为个人纵欲享乐提供条件，《宋史》记载他当时负责花石纲，"指取内帑如囊中物，每取以数十百万计"。他不仅敛财，而且还利用手中的权力为家奴许愿封官赐爵，其中受金带者达数十人。民间谣谚说："金腰带，银腰带，赵家世界朱家坏。"① 朱勔的腐化堕落侵蚀了北宋王朝的统治基础，危害了政权的巩固和维持，是北宋走向灭亡的重要原因。从经济角度讲，腐败会导致直接的经济损失。清代大贪官和珅，是清代以"贪鄙成性"而被诛杀的最高级别官员。嘉庆亲政之日大诛和珅，得到百姓的广泛民意支持。当时百姓有"和珅跌倒，嘉庆吃饱"这样的谣谚。按照梁启超的估价，和珅共贪污敛财达八亿两白银，相当于清政府十多年财政收入总和。和珅所贪污聚敛起来的财富对于当时国库亏空严重、国力日益衰竭的清王朝来说，无疑形成了鲜明的对比。从社会角度讲，腐败会破坏社会公平和公正。北宋末年贪官王黼公开出售他所掌握的官职。老百姓为他卖官行径编了顺口溜："三千索，直秘阁；五千贯，擢通判。"② 这种权钱交易加重了冗官现象，使得宋徽宗时期成为北宋历史上官员数量最为冗滥的时期，也加剧了社会不公平与不公正，使得没有才学的人上位，有才学的人上没有平台发挥作用，不利于人才的正常流通与社会秩序的稳固。

三是将反贪斥贪文化渗透到官员队伍的施政理念中。百姓对贪污思想和贪污行为的痛恨在民间达成共识，这种共识具有强大的传播力，在影响社会各阶层上，特别是官员这支队伍方面，反贪文化打下深深的烙印。封建社会中，郡县治，天下安，地方政府官员执政效果很大程度上由其执政理念所影响甚至决定。如果一个地方官头脑中持有"三年清知县，十万雪花银"的有害思想，并利用手中的权力，为一己私利而实施腐败行为，会加重百姓负担、引起社会情绪不满、严重销蚀统治基础。如果一个地方官员头脑中持有反贪意识、清官理念，并且将权力的作用最大限度地用于给老百姓办实事上，会赢得百姓称赞、减少社会不满情绪、巩固统治者权力基础。这个时候，百姓在谣谚中所表达的反贪思想和文化如果能够渗透到

---

① 单卫华、赖红卫、张相军：《中国廉政文化史》，山东画报出版社 2010 年版，第 216 页。
② 单卫华、赖红卫、张相军：《中国廉政文化史》，山东画报出版社 2010 年版，第 216 页。

官员队伍中，对官员提升反贪意识具有重要作用。封建社会，悬于地方政府公堂之上的匾额，如"明镜高悬""公正廉明"等就是群众希望有"清官""青天"的情感表达。除了匾额之外，许多官员还通过楹联表达对腐败的痛恨及对清廉的向往。明代弘治年间吏部尚书王恕在官衙门口贴出一副楹联："仕于朝者以馈遗及门为耻；仕于外者以苞苴入都为羞。"① 清代有一个地方官叫陈景登在衙门门口立一副楹联："头上有青天，作事须循天理！眼前皆瘠地，存心不刮地皮。"② 当然，言与行是一对紧密联系的两个事物。如果言与行联系得好，头脑中有反贪思想，而且还将其付诸实践，这样就会进而造福一方，王恕、陈景登属于这一类。如果言与行联系得不好，头脑中有反贪理念，反而在工作中大肆收受贿赂，那就成为官场的"双面人"。唐代仆射刘崇龟表面上以廉洁自居，而且还以粗茶淡饭招待同僚以博清廉之名，但是在实际生活中，他并没有做到清廉。孙光宪在《北梦锁言》中记载，"家人鬻海珍珠翠于市"，这种奢侈品的出现恰恰证明了他的不清廉，所以当时的百姓"讥之"。晚清李鸿章在直隶总督任上把慈禧御赐的"清正廉洁"金匾送回家乡挂于李氏祠堂，作为光宗耀祖的宣传。没想到几天后，百姓在李氏祠堂大门上写了一副对联："市屋千幢皆姓李，良田万顷属中堂。"这是民间对李鸿章"双面人"贪腐一面的揭露。俄国十月革命后，在清理冬宫档案时，发现了档案库秘存的李鸿章在中俄密约签订背后收受道胜银行三百万卢布贿赂的证据。在李鸿章办洋务及为官过程中，收受巨额贿赂。据容闳说："李鸿章绝命时私产四千万两以遗子孙"，从一个侧面可见他的贪腐。所以，一句"宰相合肥天下瘦"广为人知。

无欲为官乃是福

被嘉庆帝称为"敏而好学可为文，授之与政无不达"的清代鸿儒纪昀用十年时间写成《阅微草堂笔记》，该书内容丰宏，囊括了官场逸闻、风

---

① 单卫华、赖红卫、张相军：《中国廉政文化史》，山东画报出版社2010年版，第269页。
② 单卫华、赖红卫、张相军：《中国廉政文化史》，山东画报出版社2010年版，第324页。

土人情、狐仙鬼怪之事，深刻地反映出清代社会的官场、人情、社会风貌，是清代文言笔记小说代表作。鲁迅在《中国小说史略》中对纪昀的这部笔记体小说在劝世方面所发挥的作用进行高度评价，"盖不安于仅为小说，更欲有益人心"。下面，以该书提倡的无欲为官乃是福的官道精神进行分析。

生活俭朴是无欲为官之根。为官一任，造福一方。为官者利用国家赋予的权力，为百姓谋福祉是一件正常、正当的事情。国家为为官者发放俸禄以养其家、以奖其能。有节俭意识的为官者将俭朴作为生活工作的常态加以自律。纪昀在《阅微草堂笔记》中极为推崇一个叫郝瑷的地方官，因为他生活俭朴、为民着想、工作认真。乾隆二十四年，郝瑷被录为举人，紧接着中了进士，后被任为一个县城县令。"菲衣恶食"，郝瑷平时穿着普通，粗茶淡饭。"视民事如家事"，他把百姓的事当作自己家的事去做。"仓库出入，月月造一册"，仓库物品的进出，郝瑷每个月都登记造册。"预储归途舟车费，扃一箧中，虽窘急不用铢两"，他把日常开销后剩余的工资储备为回家费用，锁在一个箱子里，即使生活窘迫也不动用。后来他辞官回家时，锁在箱子里的钱都没带走。① 纪昀从郝瑷的为官经历中传递为官者生活清廉俭朴，工作兢兢业业，退休之后安享晚年的为官之道。这就与极少数官员动辄挪用、挥霍公款，工作之中讨价还价，退休后还对权力的念念不忘形成鲜明对比。郝瑷不存有贪欲之心，这种道德基础就决定了他在官宦生涯中不会贪污敛财，不会为了一己之欲而鱼肉百姓，决定了他在工作期间兢兢业业，决定了他在辞职之后能够安享晚年。郝瑷的人生经历真实地再现了无欲为官的平凡与伟大。

没有邪念是无欲为官之枝。心中怀有邪念，并且将邪念付诸实践，给为官者造成的负面影响十分巨大。如聚赌、嫖娼等，不仅败坏了官声，而且败坏了社会风气。《阅微草堂笔记》中记载了一个官府衙役好赌，靠作弊经过十年积累了成千上万的资金。该衙役把通过赌博赢来的钱财全部给了儿子，让自己儿子去经商。结果该衙役的仇家将他经商的儿子引入歧途，沉湎于声色犬马的生活，"舞衫歌扇，耽玩忘归，耗其资十之九"。表面上的仇家相报暗合不义之财、邪恶之念必遭报应之说。抛去迷信成分，

---

① ［清］纪昀：《阅微草堂笔记》，岳麓书社 2021 年版，第 142 页。

沾有恶习、心怀邪念的为官者能有时间与精力干好自己的工作吗？这也就是明代名臣杨继盛在临刑之前给自己孩子写的遗书中谈到的："心为人一身之主，如树之根，如果之蒂，最不可先坏了心。"[①] "不可先坏了心"就是不要有邪念的存在，更不能去做邪恶之事。

富有公心是无欲为官之叶。中国人自古就有"天下为公"之说。在宦海生涯中，干事要有公心，处世要有公心，交友要有公心，治家要有公心。公心的对立面是私心，公心重，国家兴旺家庭幸福；私心重，国家分崩家庭不幸。纪昀在该书中记载了一个欲为官的读书人"惟事事欲利归于己，害归于人"。这个读书人精明到一定境界，在与其他读书人投宿旅店时，"雨暴作，屋尽漏"。刚开始的时候，只有紧靠北墙的地方没有漏雨，精明自私的这个读书人"忽称感寒，就是榻蒙被取汗"。其他读书人都知道他的自私，也没有搭理他，大家坐在屋内聊天。等过了一段时间，"北壁颓圮"，其他读书人都趁机逃了出来，而在北墙下酣睡的这个自私的人被坍塌的墙"正压其下，额破血流"。由此，纪昀想起了自己的奴仆于禄跟随他去乌鲁木齐时所做之事。走在路途中，"阴云四合"，于禄判断有大雨要降，于是把自己的衣服行李全部放在车厢里，而把纪昀的衣服行李盖在上面。走了一段时间，"天竟放晴"，"车陷于淖"，天气虽然放晴，但是车轮却陷进泥坑里，泥水从车下渗上来，反而把于禄的衣服行李全部浸湿。这使纪昀不得不发出"信巧者造物之所忌也"的感慨。为官者由于自私自利而引发笑话是小事，如果由于自私自利引发违法的事情，那可不是笑话的问题，这也是纪昀劝为官者富有公心的原因所在。

---

① 楼含松：《中国古代家训集成》第四册，浙江古籍出版社 2017 年版，第 2287 页。

学习篇

倡勤学之风

在中国历史长河中，勤奋者不乏帝王、名臣、学者。这些杰出人物通过自己勤奋治政、勤奋为臣、勤奋好学，在社会中倡导勤奋之风，产生了极为深远的政治和历史影响。本文仅以部分古代学者为例，来展示其倡导勤学之风的努力和成就。

学者对历史总结最为擅长，对规律把握最为全面，对社会发展认识最为深刻。东汉思想家王符在《潜夫论》中强调："是故工欲善其事，先利其器；王欲宣其义，必先读其智。"阅读学者之书成为帮助人们认识问题、分析问题、解决问题的一把利器。

春秋战国时期，出现了思想解放、文化繁荣的局面，百家争鸣、百花齐放，每一个派别都有各自代表人物，每一代表人物都通过著书立说来亮明其思想观点，以达到传之后世、用于治政的目标。孔子就是其中的典型。

孔子一辈子都勤奋学习，对自己好学不倦有客观横向比较，认为同辈人中很少有如自己一样好学的，"不如丘之好学也"①。孔子爱好读书，经常"发愤忘食"。他在读《周易》的时候，"韦编三绝"，说明其读书学习非常用功。"吾十有五而志于学"②，说明孔子年轻的时候就刻苦学习，养

---

① 孔祥瑞：《论语译注》，上海社会科学院出版社 2020 年版，第 111 页。
② 孔祥瑞：《论语译注》，上海社会科学院出版社 2020 年版，第 23 页。

成读书学习的良好习惯。

孔子积累知识，不仅注重从书本中学习，而且还善于拜人为师，学人之长，表明孔子"非生而知之者"，而是如子贡所说孔子"亦何常师之有"。孔子问礼于老聃，学琴于师襄子，向子产学习从政之道，向晏婴学习治国之理。孔子还"不耻下问"，勇于向自己的徒弟提问并虚心采纳长处。孔子同弟子子夏探讨《诗经》后受到启发，同弟子颜回探讨安贫乐道后受到启发。顾立雅在《孔子与中国之道》中对孔子的勤奋好学进行了论述："在他自己的时代和他以后的时代，孔子都被看作是格外勤勉之人。实际上，在他死后很久写成的种种著作中，与孔子有关的传统说法的发展使他逐渐有了超自然的智慧，并且还把他描绘成一个精通各种古代知识和奇异学问的人。"

孔子在保留传统文化、弘扬传统文化方面，着力甚多。孔子知识和阅历增长到一定程度时，融会贯通地整理和讲授《诗》《书》《礼》《乐》《易》《春秋》，后来记录孔子言行的《论语》《孔子家语》成为传世名著。孔子涉猎广泛，并且将所学知识整理成书，这是其伟大之处。孔子学习之勤、涉猎之广、写作之用功，非常了不起。更难能可贵的是，孔子能够认识到读书学习是一剂良药，可以及时矫正缺点，为完善人格提供良好镜鉴。关于这一点，《论语·阳货》中孔子教诲弟子子路，如果一个人仅具备了仁智信直勇刚这些良好品质，没有用学习来作支撑，最终也会走向歧途。孔子当时是这样说的："好仁不好学，其蔽也愚；好知不好学，其蔽也荡；好信不好学，其蔽也贼；好直不好学，其蔽也绞；好勇不好学，其蔽也乱；好刚不好学，其蔽也狂。"

司马迁对孔子勤奋好学的品格非常赞赏，引用《诗经》中"高山仰止，景行行止"来表达对孔子为人和思想的敬仰。司马迁说，"余读孔氏书，想见其为人"，"孔子布衣，传十余世，学者宗之"，尊敬之情，油然而生。[①] 德国著名历史学家马克思·韦伯在其《儒教与道教》中高度评价了以孔子为代表的儒家思想家在以君子理念为毕生奋斗目标过程中所展示的境界，"只有通过不断的学习，才有可能臻于完美，而这指的是文献经典的学习"，"'君子'凡事都不断地和重新地反省与'学习'"。如果不学习或者学习力度不够，孔子提倡的"君子"人格目标就不会实现，"追求知识就只是浪费精神，

---

① ［汉］司马迁：《史记》第三册，天津古籍出版社 1997 年版，第 1748 页。

仁慈会成为愚蠢，正直会成为缺少谋略，刚毅会成为粗鲁，大胆导致不逊，而性格的倔强则导致放肆不轨"。[①]

从春秋战国时期到清朝，学者学术成果不断涌现，离不开学者的勤奋好学和刻苦钻研。到了清朝，学者的知识沉淀、学术修养都增强了，这使得清朝出现了一大批致力于学问的学者，他们明性见悟，参透人生，洞彻万物，勤奋撰述，使自己的著作得以流传于世。

清初的一个叫颜元。他博学多才，深服道学，立志做一个传道之学者，更好地致力于推动政治改革，"以其学斡旋世运，干济天下，想转世，而不是为世而转，想以其学培养百万乡官，以落实其全国之政治改革"[②]。颜元学生众多，影响颇大，他的勤奋好学给学生以深刻的启发。康雍年间，有一个叫李恕谷的学者，拜颜元为师，钻研学问，日新月异，每天都有进步和成就。李恕谷早年富有实践精神，不尚空文，晚年，因求教者众，遂写书传世。李恕谷所写《小学稽业》《大学辨业》《圣经学规纂》《论学》《周易传注》《诗经外注》等书，传之于世，影响深远。

与李恕谷同时代的另外一个学者叫昆绳，才气横溢，著书立说从未断过。早年，昆绳撰写《兵法要略》《舆图指掌》等书。等他年纪稍大，拜颜元为师后，效仿其师作日记以修身，更著有《平书》《读易通言》等书，传之于世，影响深远。

当时还有一个学者叫程绵庄，年少好学，致力于治经，博采清初各家所长，其著具有很强的实效性。他撰写的《易通》《尚书通议》《论语说》《周礼说》《春秋识小录》等，学术功力尽在其中。

这些学者的共性都是喜欢学习，勤奋读书，立志写书，传名后世，且都做到了。

从《孔子家语》看儒者之风

《说文解字》对"儒"进行这样的解释："儒，柔也，术士之称，从

---

① 马克思·韦伯：《儒教与道教》，江苏人民出版社 2010 年版，第 171 页。
② 王汎森：《晚明清初思想十论》，北京师范大学出版社 2020 年版，第 130 页。

人，需声。"真正的儒者既具有《说文解字》所强调的外柔，也具有《论语》所说的"刚"和"毅"。《孔子家语》中对儒者的论述，既翔实，又精辟，对儒者的崇拜化为从政者之德。

一、儒者之修身

古人十分重视个体的礼仪习惯。通过对个体礼仪的考查，判断其是否具有修身的条件。《孔子家语》中描述"儒有衣冠中"，强调儒者穿衣不标新立异，应恪守中道。在儒者看来，衣服不仅是物质层面的衣服，更是一种象征。这种象征可以确认某种社会秩序，制约个体各种嗜欲。穿衣节俭俭朴成为儒者追求的最高境界。儒者对穿衣俭朴理念的提倡，影响统治者的思维和执政理念。这就使许多有作为的统治者率先垂范，以俭朴示人。汉文帝经常"衣绨衣"，"宫室苑囿狗马无所增益"，"以示敦朴，为天下先"。汉文帝得以开创文景之治，被司马迁称为"德至盛也"。唐太宗以节俭约束自己："朕今欲造一殿，材木已具，远想秦皇之事，遂不复作也。"①用节俭规约官员行为："自王公已下，第宅、车服、婚娶、丧葬，准品秩不合服用者，宜一切禁断。"②唐太宗时期就出现了"风俗俭朴，衣无锦绣"的社会氛围，为贞观之治奠定了重要基础。统治者以节俭示人，象征意味比较浓厚，能够确立良好的统治秩序、遏制不良风气的蔓延。古人强调礼仪的同时，对化为人的内在道德修养更为看重。《孔子家语》中说，"儒有澡身浴德"，强调儒者沐浴身心于道德之中。儒者之德主要体现在谦虚地陈述建议以期君主的采纳；君主有过失要委婉地加以提醒；不会因为面对地位卑微的人而生傲心；不会因为超过能力不足的人而过分炫耀自己；高手如云时不妄自菲薄；世道混乱时坚守正道而不沮丧；不结党营私、不诋毁同僚。儒者的这些道德被称为"特立独行"，被赋予许多理想化色彩，如果被有作为的统治者接纳，可以极大地维护统治秩序。唐代名臣房玄龄就是官员中儒者的代表。房玄龄十分注重用道德品质约束自己的行为。他在病危之时，仍上奏劝谏李世民慎待东征，"罢应募之众"，还百姓太平生活，这种良言有利于让君主保持清醒头脑，进行科学决策

---

① 骈宇骞译注：《贞观政要》，中华书局2011年版，第399页。
② 骈宇骞译注：《贞观政要》，中华书局2011年版，第400页。

和管理。在总览朝务过程中，房玄龄能够不骄不躁，"不以己长望人"，同时又能做到欣赏他人的长处，"取人不求备，虽卑贱皆得尽所能"。① 他多次谦辞重要职务，"拜太子少师，固让不受"，"加太子少师，玄龄频表请解仆射"，等到他"进拜司空"，仍坚持"抗表陈让"。谦虚谨慎的房玄龄被李世民推为贤相的代表，并且发出不可失的感慨："然国家久相任使，一朝忽无良相，如失两手。"② 房玄龄把自己修身之要写在屏风之上，命令自己的孩子熟悉在心，表明传递修身法则的坚定决心。

二、儒者之处世

为人处世是一门大学问，里面存有太多纷繁复杂的内容。如何良性处世，得到良好处世结果，是一件难得之事。儒者之处世，既能通过学习提升丰盈自己，更好地运用知识思考和解决社会难题，又能弘扬正道的气场和使命，更好地塑造社会形态；既有行事的圆润，又有交友涉世的方正。《孔子家语》中说，"儒有博学而不穷"，对知识孜孜不倦地学习和汲取，是儒者处世的前提和基础；"博学以知服"，运用所学到的知识指导自己如何处世；"慎静尚宽，底厉廉隅"是儒者弘扬正道的表现，既有柔和宽容一面，又有端方刚毅一面，做到刚柔并济。北宋宰相吕端既能做到"慎静尚宽"，又能做到"底厉廉隅"。当时任同知枢密院事的李惟清被降为御史中丞，怀疑吕端排挤他，于是设计陷害吕端，吕端得知后以行直道而不考虑这些小动作。这体现出吕端对此事的处理十分泰然。宋太宗去世后，吕端在关键时刻保卫当时太子继承皇位的正统性，又凸显出他刚毅坚强一面，"吕端大事不糊涂"说的就是这个事。《孔子家语》中说，"礼必以和，优游以法"，这是强调儒者要以中和为原则进行为人处世。在古代官场，如果官员权力大了或者权力不大，都容易以权压法或借权避法；而儒者无论在哪种情境下，都能依照法律规定进行处世。儒者交友秉持"义同而进，不同而退"，强调"合志同方，营道同术"。遇到国家衰微、政治腐败、奸佞当道，儒者"若不逢世，上所不受，下所不推，诡谄之民有比党

<hr>

① 黄永年：《二十四史全译：新唐书》第五册，汉语大词典出版社2004年版，第2517页。

② 黄永年：《二十四史全译：旧唐书》第三册，汉语大词典出版社2004年版，第1968页。

而危之，身可危也，其志不可夺也"。真正的友朋应该持静不动，志向不改，这样的交友行为是值得提倡的。[①]

三、儒者之荐贤

中国古代具有宝贵的察人知人用人思想。很早的时候，先民就认识到了人才对于国家治理来说具有重要的作用。《毛诗序》中说："得贤，则能为邦家立太平之基矣。"儒者在推举人才方面具有独特的眼光。《孔子家语》中儒者对荐贤内容和目标进行归纳，"儒有内称不避亲，外举不避怨"是儒者荐贤的风格体现。从国家治理角度来看，只要是能为社会进步、国家富强作出巨大贡献的人才都能称得上是贤才。超越宗族界限推荐这些贤才，能够做到为国荐贤，这种胸怀识器是颇为难得的。儒者荐贤的目标是"君得其志，民赖其德"[②]。真正能从国家和人民角度进行荐贤，使得贤良之才为国为民服务，既是贤良之才的幸事，也是国家和人民的幸事。儒者荐贤的初衷是"推贤达能，不忘其报"，"苟利国家，不求富贵"。[③] 荐贤者的初衷比较复杂，有的荐贤者为了寻找政治利益代言人，延续自己的政治生命；有的荐贤者是为了逃避社会责任而选择贤良充当政治牺牲品。能够抛开个人利益和恩怨，从国家和人民的角度荐贤，这是需要境界开拓和胸怀开阔的。三国东吴的名将陆逊，被当时会稽太守淳于式批为"枉取民人，愁扰所在"。陆逊听后不仅没有生气，反而在与孙权交谈过程中"称式佳吏"。这种称赞与举荐是对淳于式做官杰出表现的肯定，出于公心而发出的真挚心声。

从武则天的《臣轨》看忠诚为国

武则天撰写的《臣轨》是一部规范为臣之人的著作，内涵丰富，涵盖了为臣之人如何尽忠、守道、公正、匡谏、诚信、廉洁等内容。"轨"是

---

① 王国轩、王秀梅译注：《孔子家语》，中华书局 2020 年版，第 42—43 页。
② 王国轩、王秀梅译注：《孔子家语》，中华书局 2020 年版，第 42 页。
③ 王国轩、王秀梅译注：《孔子家语》，中华书局 2020 年版，第 42 页。

标准、规矩的意思。"臣轨"是旨在给为臣之人定标准、立规矩，使其遵守，更好地服务国家。《臣轨·至忠章》中体现出的忠诚为国思想值得品味和研究。

一、尽心尽力

《臣轨·至忠章》中说："盖闻古之忠臣事其君也，尽心焉，尽力焉。"尽心尽力是忠臣的鲜明底色和职责所在。尽心尽力的第一层意思是脚踏实地地完成上级交给的任务。西汉末年，战乱四起，孔奋担任河西地区姑藏的行政长官。在这里任职的孔奋，尽职尽责，"治贵仁平"，施政以仁义平和为本，而且他为官清廉，任职期间"财产无所增"，得到百姓的赞赏和认可。之后孔奋被召入京，授予武都郡丞一职。当时陇西残余贼人深夜袭击武都并且残杀了武都太守。贼人害怕孔奋紧追不舍，于是抓住孔奋的妻子儿女为人质。当时年已五十的孔奋，"终不顾望"，"遂穷力讨之"，追讨成功后被任命为武都太守。为官一任，造福一方。孔奋每任职一个地方，总是尽心尽力地完成职责范围内的工作任务，赢得了人们的赞赏。

尽心尽力的第二层意思是能力出众，超额完成工作任务。明宣宗时期，承平日久，府衙百弊滋生，需要任用廉政且有能力的官员去收拾这个局面。在京为官的况钟经人举荐，升任苏州知府。当时苏州地区赋役繁重，豪强猾吏舞文弄墨以奸求利，有"最号难治"之称。上任之后的况钟抓住属僚中贪赃暴虐之徒违法事实进行处理，"一府大震，皆奉法"。完成朝廷派他到苏州任职整顿吏治的任务后，他本可以因规办事、按矩处世，但是过人的能力匹配忠诚的品格，让他上演了超额完成工作任务的一连串好戏。他上奏折希望能够免除苏州繁重的赋役，明宣宗都予以批准。况钟还注重制度建设，通过设置簿籍记录乡民善恶，设立通关勘合簿防止出纳时行奸作伪，设立纲运簿，防止运夫偷盗侵没。况钟亦重视文化建设，"重学校，礼文儒"，畅通寒门子弟上学渠道，振兴当地文教事业。此外，况钟打出了铲除豪强、扶植良善的组合拳，当地风气为之一变。超额完成工作任务的况钟赢得百姓爱戴。在苏州知府任上，况钟要为去世的母亲服丧，当地百姓请求朝廷将他留任，朝廷下诏，让他戴孝起复留任。况钟在苏州任职期限已满，本应提拔，当地百姓请求让况钟继续在苏州任职，明英宗下诏，为况钟提薪，"进正三品俸禄"，仍然留任苏州知府。况钟后来

死于苏州知府任上，当地百姓非常痛惜，"吏民聚哭，为立祠"。①

尽心尽力的第三层意思是甘冒一定风险，为了特定的使命，通过谏言力行的方式，说服上级和群众，以实现某种工作安排与计划。武则天虽贵为英主，然其晚年仍然要选"美少年"来侍奉她。当时有一个叫朱敬则的官员上书谏言武则天："臣闻志不可满，乐不可极。嗜欲之情，愚智皆同，贤者能节之不使过度，则前圣格言也。""臣愚职在谏诤，不敢不奏。"武则天听到此言，非但没有责难他，而且还称赞他"非卿直言，朕不知此"，还"赐彩百段"。② 对待上级，谏言之策会因有识的领导而被采纳；对待群众，谏言之策也会因为言之有理、行之有道而被采纳。明代一个叫唐侃的官吏来到江西永丰县任职。当时永丰百姓有三个喜好："喜刁诉""尚鬼祀""好俳优"。唐侃认为这三个喜好劳民伤财而且造成的风气不好，于是他做百姓思想工作，认为这是加重百姓财政负担的不良习气，应予以打击。唐侃辅以刑罚震慑，他在官署立了两块木牌，左边写的是"从刑"，右边写的是"从化"，百姓经过长时间考虑，认为这三个喜好的确是不值得提倡，于是都愿意站到右边牌下，当地民风发生了很大变化。

二、不断自省

在《臣轨·至忠章》中有这么一句话："见善行之如不及，见贤举之如不逮。"这段话旨在强调官员看见美好事物，做了犹恐不够；发现贤才，举荐犹恐不到。儒家思想强调的自省精神为这句话的理解赋予了更深的含义。忠诚为国为自省精神的发挥找到了最为坚实的依据。

首先，忠诚为国，要敢于进行自省。长期的政治实践中，信奉儒家思想的官员试图建立富有理想化情怀的家国秩序。在这样的秩序中，小家中的治家原则和大国中的治国之道是相吻合的。修身之要在于自省，这是在一种更高境界中关照自我的君子之道，用于家中，可以和睦家庭关系，用于国家，可以解决实际难题。明初开国勋臣徐达深得此理，通过不断地自省，达到"事已立而迹不见，功已成而人不知"的境界。与朱元璋有"布

---

① 章培恒、喻遂生：《二十四史全译·明史》第五册，汉语大词典出版社 2004 年版，第 3160—3162 页。

② 黄永年：《二十四史全译·旧唐书》，汉语大词典出版社 2004 年版，第 2195 页。

衣兄弟"之交的徐达，帐中能谋，帐外能战，帮助朱元璋立下赫赫军功。然而军功显赫的徐达在处于隆誉之时，仍反躬自省，愈加谦虚谨慎，不仅实现了兼济天下的目标，而且还使得自己能够在明初严酷的政治环境中独善其身。每次征战回朝，徐达"还辄上将印"，上交将印，以忠示国。朱元璋"赐休沐""宴见欢饮"，徐达"愈恭慎"。朱元璋授予开国元勋"免死铁券"，其中授予徐达的"免死铁券"上面写有258个字，这段文字中不仅高度评价了徐达的军事武功，而且将一种封建社会中皇帝极高的圣恩给予了徐达："今天下已定，论功行赏，朕无以报尔，是用加尔爵禄，使尔子孙世世承袭。朕本疏愚，皆遵前代哲王之典礼，兹与尔誓：除谋逆不宥，其余若犯死罪，尔免二死，子免一死，以报尔功。"[1] 面对圣恩隆誉，如果不去自省，轻飘飘然，最终会因膨胀而不免陷于兔死狗烹的历史怪圈而不能自拔。徐达能够不断反省，面对每一次奖赏夸赞，反而更加谦虚，更加不敢接受，既是其韬略使然，也是一种对国家责任不敢掉以轻心的使命使然。朱元璋对徐达非常赏识，经常对人说徐达"不矜不伐"，"中正无瑕，昭明乎日月"。徐达也实现了朱元璋对他的期待，"高而不危，所以常守贵也；满而不溢，所以常守富也。尔当慎守斯言"[2]。去世后的徐达亦享受各种荣耀，"配享太庙，肖像功臣庙，位皆第一"[3]。

其次，忠诚为国，自省中蕴藏自信。古人为了明确立身之本，在纷繁复杂的人际关系中，通过对自身的反思，试图找到某种润滑人际关系、提升个人成长、提高执政能力、夯实统治基础的规律，以便更好地为国家服务。在自省的过程中，通常以自信的态度贯穿始终，升华了执政艺术水平。北宋名臣王旦尽职尽责地工作，得到宋真宗的信赖。一次宫禁发生火灾，烧毁许多财帛，宋真宗非常惋惜。这时，身为宰相的王旦进宫安慰宋真宗，而且还进行了自省："为臣备位宰相，出现这样的天灾，理应罢免臣的宰相之职。"王旦紧接着就上表请罪，宋真宗也下诏罪己。后来大臣报告说，宫廷失火不是天灾，而是某人失火殃及皇宫，请求皇帝将其治罪。结果，此事牵连数百人。王旦面见宋真宗，劝说道，刚发生火灾后，

---

① 樊树志：《明史讲稿》，中华书局2016年版，第94页。
② 樊树志：《明史讲稿》，中华书局2016年版，第94页。
③ 章培恒、喻遂生：《二十四史全译：明史》第四册，汉语大词典出版社2004年版，第2596页。

陛下已经下诏罪己，我也上表待罪。如今反而把罪过归于他人，这如何能取信于人呢？火灾有可能是某人失火殃及皇宫，但怎知不是上天的警告呢？如果真要按刑法处置，就先处罚我吧，与其他人没有关系！宋真宗听从王旦的建议，赦免了数百人的死罪。没有对朝廷的政治自信和担当，王旦怎会说出如此硬朗的话呢？王旦多次在宋真宗面前夸赞寇准的才能，而且还推荐寇准担任宰相。寇准却经常在宋真宗面前指出王旦的缺点。宋真宗对王旦说，虽然你一直称赞他的好处，而他却专谈你的缺点。身为宰相的王旦对自己任职期间所作所为进行反思，这是理所当然的。臣在相位时间很久了，所处理的政事一定会有不少缺失和不到之处，寇准对陛下无所隐瞒，更显出他的忠直，这是我所以看重寇准的原因。对良好政治秩序的构建、对优秀人才的推荐是基于对国家忠诚基础上的一种正直的表现，一旦和这种表现产生距离，即使涉及自身利益包括名誉和地位，也要深刻地进行自我批评与反省，没有强大的政治信念和自信作支撑是不可能做到的。

最后，忠诚为国，自省中发现胸怀。古代社会中有一批循吏，他们有思想、有能力、有担当，难能可贵的是他们还具有自省精神带来的清醒、谦虚、礼让。从表面上看，他们所言所行不符合"常规"，实际上却反映了自身大胸怀、大视野的人生格局。东汉名臣杜诗就是其中典型的代表。杜诗在担任南阳太守之后，为政廉洁，治政有方，"性节俭而政治清平，以诛暴立威，善于计略，省爱民役"[1]，为当地百姓所称赞。但是他居功不傲，没有因为自己作出了业绩而邀功请赏，反而能够不断地静心自省，向皇帝陈辞，"自以无劳，不安久居大郡，求欲降避功臣"[2]，生怕自己耽误了国家大事、毁掉国家对自己的信任。带着一颗感恩的心，杜诗说："本以史吏一介之才，遭陛下创制大业，贤俊在外，空乏之间，超受大恩，牧养不称，奉职无效，久窃禄位，令功臣怀愠，诚惶诚恐。"[3] 在自省的基础上，杜诗提出了"愿退大郡，受小职"的政治期望。这份情真意切的陈词，饱含着对国家的忠诚，同时也显现出他的人生格局、境界之大。

---

① 许嘉璐：《二十四史全译：后汉书》第二册，汉语大词典出版社 2004 年版，第 781 页。
② 许嘉璐：《二十四史全译：后汉书》第二册，汉语大词典出版社 2004 年版，第 781 页。
③ 许嘉璐：《二十四史全译：后汉书》第二册，汉语大词典出版社 2004 年版，第 782 页。

著名藏书家黄丕烈的藏书人生

叶昌炽在《藏书纪事诗》中评价黄丕烈："乾嘉以来藏书家，当以先生为一大宗。"黄丕烈作为清代著名的藏书家，其藏书的情怀、识见，其所交藏书之友的行为，都深深地影响着后世藏书人。其对书的情感，投射出读书人的志趣和追求。

一、藏书家的情怀

黄丕烈出生于具有藏书之乡美称的苏州。黄丕烈家学渊源深厚，自幼塑造了他读书好学的品性。黄丕烈的表兄石韫玉说他"少岁读书，务为精纯，发为文章，必以六经为根柢"[1]。这为黄丕烈走上藏书之路奠定了学识基础。黄家虽不是大富大贵之家，但比较殷实，这为黄丕烈走上藏书之路奠定了物质基础。

年轻时黄丕烈试图走科举之路，但是遭遇挫折，促使他将人生志趣投向藏书。从 20 多岁开始一直到 63 岁去世为止，历时 40 余年的藏书生活，他收藏了 200 多部宋版书和上千种元、明刻本以及其他古籍善本，所收之书之多之精，罕有后人能够与其匹敌。

黄丕烈藏书爱书的意识渗透到血液中。作为一名藏书家，他将自己的室名，根据不同的藏书风格和特点进行命名。有表现黄丕烈藏书特点的室名如学山海居、读未见书斋、求古居、陶复斋等；有表现黄丕烈藏书志趣的室名如学耕堂、养恬书屋、听松斋、学圃堂等；有表现黄丕烈对前人仰慕之意的室名如太白楼、小千顷堂等。

将书作为祭祀对象，是从黄丕烈开始做起的。1801 年除夕，黄丕烈在书斋举行了第一次祭书典礼，"布列家藏宋本经史子集，以花果名酒酬之"[2]。后来，每年除夕这一天，他都要举行祭书典礼，并时常邀请书友一起参加，这种祭祀亦成为藏友之间展示藏品、切磋文化的桥梁。

---

① 姚伯岳：《黄丕烈评传》，南京大学出版社 2002 年版，第 10 页。
② 姚伯岳：《黄丕烈评传》，南京大学出版社 2002 年版，第 59 页。

　　黄丕烈偶然看到宋抄本《周易集解》，书商标价十两白银，当时有一个叫陈鳣的人已抢先订下该书。后来，黄丕烈即使卧病在床，仍念念不忘此书。陈鳣为了不加重黄丕烈的病情，放弃购买该书。黄丕烈听后，花钱从书商手中将此书买下，病也逐渐好了。这段以书愈病的故事成为他爱书的佳话。

　　为了收藏古书，黄丕烈不惜持续花费钱财购买。从"以制钱二千购得元刻本《读四书丛说》残本五卷"，"以番钱二十枚购得元刻本《宋朝南渡十将》不分卷"，"宋刻本《陶靖节先生诗注》四卷，百金得之"等记载中可见其花费颇多。① 当他以每叶白金二钱购得宋刻本《三谢诗》时，不禁发出"宋刻之贵，至以叶数论价，亦贵之甚矣"的声音，但也有"存此宋刻，差足自豪"的满足感。

　　63 岁的黄丕烈在走向生命的终点前仍广收古书，比如宋刻 50 卷《类编增广黄先生大全文集》，他还通过"此可为吾家世守之宝"之言来表达当时喜悦的心情。在去世前 11 天，他还在为他所收藏的一本书作跋，对书的感情溢于言表。

二、藏书家的识见

　　黄丕烈的藏书主要是以质取胜，而不是以量取胜。他为藏书的质量定下的标准是求古。关于求古，他说："蓄书必取旧刻名抄。"黄丕烈藏书依据之一是钱曾的《读书敏求记》中定下的书单。他自己说："余蓄杂家书多旧本，大半出诸《读书敏求记》所载者。"② 黄丕烈在学余堂书肆上看到旧抄本《孟子注疏解经》，翻阅中见该书有内容残缺之处，心生厌倦，便退还给书肆。等到他翻阅钱曾《读书敏求记》时，发现该书收录了《孟子注疏解经》，并且写有提要："《孟子注疏》是丛书堂本，简端五行，为毛翁手笔。"意识到这本书重要的黄丕烈急忙赶赴书肆中求找，发现该书被人带走了，他非常懊悔。过了一段时间，《孟子注疏解经》这本书又意外回到书肆。喜得这一消息的黄丕烈将该书购回。翻阅此书，看到的确有毛翁的手迹，他庆幸买到了这本古书。

---

① 姚伯岳：《黄丕烈评传》，南京大学出版社 2002 年版，第 184 页。
② 姚伯岳：《黄丕烈评传》，南京大学出版社 2002 年版，第 162 页。

　　从藏书范围来讲，古书中经史子集，他都有所涉猎。黄丕烈说："读书在广见博闻，余谓藏书之道亦然。"① 比如"集"，黄丕烈偏爱唐人文集，藏之甚多，"余最爱唐人文集，非旧刻即名校名钞，故所储甚夥"②。从藏书偏好来讲，他喜欢"兼蓄重本"，旨在能够通过相互比照，进行核实。黄丕烈说："余于古书，每见必收，故一书竟有重复至三四本者。"③ 比如《千金方》这本书，他就有钱曾述古堂抄本、宋刻配元明刊本、元刻本、明翻元刻本等。通过不同版本之书的收藏，达到"取其彼此可互勘"的目的。从藏书意识来讲，他讲究残全俱收。对于黄丕烈来说，求得一套完整的古书当然是理想之务。当黄丕烈看到宋刻本《春秋公羊经传解诂》12卷，保存完整，非常喜爱，不惜花费 120 两白银来购买。然而，古书由于年代久远，难免有散佚。黄丕烈能够独辟蹊径，致力于对残本的收藏，因为这里面有着他缺与全的辩证思想，收藏暂时的残本，目的是日后收其全。

三、藏书家的交友

　　黄丕烈说："爱书者尤不可不爱友也。"④ 爱书之人必爱交友，所交之友必是藏书有得之人。黄丕烈围绕藏书活动所交之友都跟书有关。他所交之友来自藏书界、学术界等，他所交之友又为他藏书眼光和活动增加了厚度。

　　杭州名画家陈鸿寿为当时苏州四个最有名的藏书家周锡瓒、顾之逵、袁廷梼和黄丕烈，作了一幅题为《藏书四友图》的画，"藏书四友"之名遂盛称于世。周锡瓒比黄丕烈大 21 岁，二人因书结成忘年交。在黄丕烈50 岁的时候，周锡瓒将自己珍藏的宋刻本《姚少监文集》赠予他。这也是黄丕烈有"知余有同嗜，故踪迹甚密"之语的来源。顾之逵与黄丕烈同时走上藏书之途，二人常因收书而赏奇析疑，尽友人之欢。袁廷梼家有余财，又有祖先遗书万卷。袁廷梼与黄丕烈因书结缘，继而成为儿女亲家。当袁廷梼去世时，黄丕烈还有"手触遗编涕泗流"的悼念语。

---

①　姚伯岳：《黄丕烈评传》，南京大学出版社 2002 年版，第 163 页。
②　姚伯岳：《黄丕烈评传》，南京大学出版社 2002 年版，第 164 页。
③　姚伯岳：《黄丕烈评传》，南京大学出版社 2002 年版，第 165 页。
④　姚伯岳：《黄丕烈评传》，南京大学出版社 2002 年版，第 83 页。

家乡的钮树玉、吴翌凤、张绍仁、汪士钟、石韫玉等藏书家皆与黄丕烈为好友。通音律、工篆刻,嗜好藏书的钮树玉在所游学之处,遇到旧书善本,一定会想尽办法收藏。钮树玉经常去黄丕烈家赏鉴各种古书版本,成为黄丕烈的好友。吴翌凤嗜书如命,但是因家贫,很多好书无力购买。于是,他经常从他人处借阅好书,亲自手抄。吴翌凤手抄之书,多为稀缺之书,加之其书法精妙,其手抄之书被收藏家所厚爱。黄丕烈赴吴翌凤家,与之订交,遍观其书,交往由是频繁。喜藏书的张绍仁精于校勘,有很高的造诣。张绍仁所住之地与黄丕烈家较近,一买新书,必邀请黄丕烈来家指导,购书经验不断提升。汪士钟家有巨财,喜欢购书,收购了黄丕烈大批好书,因之成友。作为黄丕烈表兄的石韫玉走过仕途,后返回家乡,致力于教育事业,激发了他藏书兴趣。石韫玉与黄丕烈诗词唱和,品鉴良书,成为佳话。

黄丕烈与江苏藏书家张燮、瞿中溶、张金吾、孙星衍等也有交往。张燮喜好藏书,聚书万卷。张燮与黄丕烈同去北京参加会试,闲暇之余,遍游书肆,有"两书淫"之称。后来,张燮高中进士,黄丕烈落第归乡,二人岁踪迹渐疏,但仍有书信往来,内容多为藏书事宜。瞿中溶访碑稽古,收藏颇丰,与黄丕烈私交甚笃。二人经常交流藏书心得,黄丕烈称赞瞿中溶"见古书必为讨厥源流"。被黄丕烈称为"爱书好古"的张金吾立志要收藏好书,其所藏之书,经过精心编排,体例精当,被世人所称道。孙星衍喜好藏书,所藏之书不下十万卷。黄丕烈经常向孙星衍借书,且把孙星衍"能再借我影抄"作为人生幸事。

黄丕烈与浙江藏书家黄锡蕃、吴骞、陈鳣、鲍廷博等均有交往。黄锡蕃家富余财,藏书颇丰。黄丕烈说:"椒升(黄锡蕃字椒升),余二十年前友也。颇藏书,最喜金石,好蓄古印,兼精篆刻。尝往来吴门,从潜研老人游。每至,必携古书相质证,余时或得之。"① 吴骞每遇善本秘籍,一定会倾囊而买,所购之书,筑拜经楼藏之。吴骞经常来苏州看望黄丕烈,每来总会和黄丕烈交换各自所需之书,交流藏书体会。陈鳣精通百家经史,性格喜藏,与黄丕烈为书友。陈鳣知黄丕烈购买到一本宋代《梅花喜神谱》,便为其代购一本《梅花百咏》,以配其书。随后,陈鳣又赠送黄丕烈

---

① 姚伯岳:《黄丕烈评传》,南京大学出版社 2002 年版,第 99 页。

明刻本《名花百咏》。黄丕烈视为珍宝。黄丕烈经常去陈鳢在苏州住所，知陈鳢有一本大德本《汉书》，便以家藏大德本《后汉书》相赠，受到陈鳢喜爱。鲍廷博藏书极多，曾经为朝廷进献自己所藏之书，得到乾隆褒奖。鲍廷博与黄丕烈二人曾"纵谈书林旧闻，娓娓不倦"，被传为美谈。

后 记

不知什么时候起，喜欢上了写作，而且沉浸其中，乐此不疲。在写作的过程中，总是能得到很多人的赏识和帮助。记得在《学习时报》上发表的第一篇文章是《魏晋风度中的贤媛们》。从此，陆续发表了许多关于文史方面的文章。《学习时报》文史版编辑曹颖新老师是我的"贵人"。她对我文章的赏识，对我个人的鼓励，时常想起，感动至极。同时，我要感谢《学习时报》的熊若愚、戴菁、林珊珊、陈思、王雪等编辑，他们曾给予我各种各样的帮助，让我觉得很温馨。此外，我要感谢《学习时报》的领导、老师，好多人都不认识，但想必在幕后坚定地支持未谋面的我，使得我的文章能够发表。

传统文史方面的文章写得多了，在友人的提醒之下，就有了出书的想法。非常荣幸地遇到了国家行政管理出版社的编辑老师。在其鼓励、支持、指导下，我对这本书的内容进行了分类、梳理和删选，最终得以成型。感谢国家行政管理出版社的领导大力支持这本书的出版。同时，非常感谢蔡启明先生抽出宝贵的时间为本书撰写序言。

历史是一面镜子，可以折射出丰富的内容。2014年习近平总书记在中共中央政治局第十八次集体学习时强调："历史是最好的老师。在漫长的历史进程中，中华民族创造了独树一帜的灿烂文化，积累了丰富的治国理政经验，其中既包括升平之世社会发展进步的成功经验，也有衰乱之世社会动荡的深刻教训。"通过对中国传统历史的学习和借鉴，可以不断提升领导干部的执政能力，为实现中华民族伟大复兴作出更大贡献。故本书以"历史之鉴"作为"为政九章"的副书名，突出当今领导干部学习历史的重要性。

最后，对所有帮助过我的人表达最真挚的感谢。同时，限于作者的水平，本书中必有疏漏和不当之处，敬请广大读者提出宝贵的意见和建议。

作者
2021 年 11 月